经济社会可持续发展思想文库

GUANLI SIXIANG PIPINGSHI

杨必仪 晔枫 著

管理思想批评史

——从外部性结构缺失看西方管理学理论短板

山西出版传媒集团
山西经济出版社

图书在版编目（CIP）数据

管理思想批评史 ：从外部性结构缺失看西方管理学理论短板 / 杨必仪，晔枫著 .—太原：山西经济出版社，2014 . 4
ISBN 978-7-80767-762-8

Ⅰ . ①管… Ⅱ . ①杨… ②晔… Ⅲ . ①管理学—思想史—研究—西方国家 Ⅳ . ① C93-091

中国版本图书馆 CIP 数据核字（2014）第 074989 号

管理思想批评史：从外部性结构缺失看西方管理学理论短板

著　　者：杨必仪　晔　枫
出 版 人：孙志勇
责任编辑：李慧平
装帧设计：赵　娜

出 版 者：山西出版传媒集团·山西经济出版社
社　　址：太原市建设南路 21 号
邮　　编：030012
电　　话：0351-4922133（发行中心）
　　　　　0351-4922085（综合办）
E — mail：sxjjfx@163.com
　　　　　jingjshb@sxskcb.com
网　　址：www.sxjjcb.com

经 销 者：山西新华书店集团有限公司
承 印 者：山西天辰图文有限公司

开　　本：787mm×1092mm　　1/16
印　　张：16
字　　数：280 千字
印　　数：1-1000 册
版　　次：2014 年 4 月　第 1 版
印　　次：2014 年 6 月　第 1 次印刷
书　　号：ISBN 978-7-80767-762-8
定　　价：36.00 元

总 序

20 世纪 70 年代初是一个特殊的历史时期。这一时期，两种相互交会的发展方式均同时显现：一方面是具有引领人类走向可持续发展战略时代之功效的米都斯《增长的极限》，于 1972 年 3 月以罗马俱乐部第一份报告问世，它直接影响到联合国同年 6 月 5 日在瑞典首都斯德哥尔摩召开的“第一次全球环境与发展大会”。《增长的极限》向世人发出忠告：“如果在世界人口、工业化、污染、粮食生产和资源消耗方面现在的趋势继续下去，这个行星上增长的极限有朝一日将在今后 100 年中发生。最可能的结果将是人口和工业生产力双方有相当突然的和不可控制的衰退。”在当时，这一震惊世界的警告，明确指出了传统发展方式的严重弊端。嗣后，1992 年在巴西里约热内卢联合国“第二次全球环境与发展大会”上，由世界各国首脑正式签署了《21 世纪议程》，自此，联合国官方为人类规定了可持续发展战略的宏伟目标；另一方面则是 20 世纪 70 年代海湾石油危机引发的西方资本主义世界的经济滞胀，对此，凯恩斯经济学失去了它以往的效率，这导致新自由主义经济学的趁势崛起。新自由主义学说经 1978 年英国首相撒切尔夫人和 1980 年美国总统里根采用，先后成为两大资本主义国家的主流意识。后又经 1990 年“华盛顿共识”，进一步发展成为整个资本主义世界的国家意识形态。新自由主义宣扬自由化、私有化、市场化、政府放松管制，并极力推行资本主义的国际垄断，推行与联合国倡导的可持续发展战略截然不同并且对自然生态系统具有巨大威胁性的另外一种发展方式。

两种不同的发展方式虽然都出现于同一历史时期，但实践已经清楚地告诉我们，新自由主义主导的自由市场经济和经济全球化导向，客观上已经严重阻碍了联合国为人类规定的可持续发展战略目标的落实。即如老自由主义学说那样，新自由主义同样以市场经济“经济人假设为前提”建构自己的理论体系，强调以市场经济的“看不见的手”主导一切社会经济领域。它不仅导致了由美国次贷危机引发的全球性经济危机，而且严重破坏了我们的自然支持系统，使我们的地球支持系统日益不堪重负，环境污染也越来越严重。正是由于后者，美国著名生态经济学家赫尔曼·E.戴利1993年就予以了严厉批评。戴利在《珍惜地球——经济学、生态学、伦理学》一书中指出：“污染是成本递增规律的另一基础，但在这方面几乎没有受到任何关注，因为污染造成的成本是社会的。”同时他又说：“结果产生竞争性的、肆意浪费的开发——生物学家加勒特·哈丁称之为‘公地效应’，福利经济学家称之为‘外部不经济’，而我想称之为‘看不见的脚’。亚当·斯密看不见的手使得私人的自利不自觉地为公共利益服务。看不见的脚则导致私人的自利不自觉地把公共利益踢成碎片。”另外，新自由主义主张不顾生态系统安全的所谓“经济增长”和“效率主义逻辑”。对此，戴利1996年又在他的《超越传统——可持续发展的经济学》一书中进一步批评指出：“以日益增长的速度使用资源并损坏生命支持系统、不能满足所有人基本需要的系统不能被称为有效率的。”难怪德国学者库尔茨说：全球资本主义制度连同盲目的市场机制这只“看不见的手”在自认为已经“战胜”了国有资本主义之后，却在“资源的合理分配”（尤其是资源生态合理性配置方面——引者注）中彻底失灵。今天，环境危机越来越严重，环境问题越来越突出。2013年10月17日，世界卫生组织正式公布：室外空气污染致癌。这一消息令人十分震惊，现在已经发展到人们都不能正常呼吸空气的程度了，尤其是我国多地出现的十分严重的雾霾污染，不能不使人们忧心忡忡。

我们所处的时代，不仅仅需要有效促进国民经济的迅速发展，同时也需要对发展过程中人与自然关系的行为进行反思，并积极寻求与自然界和谐相处的发展方式，寻求资源生态合理性优化配置的有效方法。改革开放以来，尽管我国经济发展取得“世界第二”的惊人的成就，但是也付出了十分巨大的环境代价。实践中，我们并没有很好地履行1994年国务院出台的《中国21世纪议程白皮书》中所强调的“绝不走资本主义工业化发展的老路”的承诺。加之新自由主义的风行，事实上已经直接影响到了社会经济生活中的每个经济组织和个人的强烈逐利行为方面。其实，我国著名伦理学思想家蔡元培先生1910年于德国留学时所撰《中国伦理学史》一书中就曾批评指出：“惑于物欲，而大道渐以澌灭”，“于是人人益趋于私利，而社会之秩序，益以紊乱，及今而救正之，惟循自然之势”。另外，清华大学卢风教授在《现代性与物欲的释放——杜维明先生访谈录》一书《前言》中也指出：目前“现代性的价值导向不仅是错误的，而且是极其危险的。说它是错误的，是因为人没有必要通过无止境地追求物质财富实现自我价值和人生意义，物质财富的增长并不与人们幸福感的提高成正比。现代性误导了大众，使大众相信，只有一种实现自我价值和获得社会认同的途径，那便是努力赚钱，尽情消费。实际上存在多种实现自我价值和人生意义的途径……说它是极其危险的，是因为几十亿人的物质主义追求会使人类在生态危机中越陷越深。用杜先生的话说就是，它使人类文明成了一列刹不住的列车，不扭转方向，它就会坠入毁灭的深渊”。今天，我们重温蔡元培先生的教导和阅读《现代性与物欲的释放——杜维明先生访谈录》，确实大有使人耳目一新和唤醒人的自然良知的感觉。我们急迫需要唤醒每个经济组织和个人的社会责任心，力求避免“经济人自身利润最大化”误导所导致的“异化自然”（马克思《1844年经济学与哲学手稿》中批评资本主义工业化发展方式的理论观点）。力求避免“经济人自身利润最大化”的物欲主义追求造成的“外部不经济”，以及力求避免由之产生的加勒特·哈丁所说的“公地悲剧”。这种发展方式，即使美国前副总统阿尔·戈尔在给蕾切尔·卡逊《寂静的春天》一书写的《前言》中也都予以了十分严厉的批评。

中共十八大报告首次单篇论述了生态文明，将生态文明建设纳入建设中国特色社会主义的总体布局之中，这就充分体现了我国对生态文明建设自觉性的不断增强，对中国特色社会主义建设规律的认识也达到了崭新的高度。正是出于这种原因，许多有着高度社会责任心的各界人士，主张反思现行的经济学和管理学理论，并再度重温和强调联合国倡导的可持续发展战略思想。2012年，山西经济出版社社长（总编）赵建廷先生和编辑室主任李慧平女士邀请我组织并主持撰写一套《经济社会可持续发展思想文库》。根据要求，为了积极响应和落实中共十八大报告着重强调的生态文明建设的相关规定，为了顺应联合国可持续发展战略的要求，同时也为了反思新自由主义风行导致的种种与生态系统法则相背离的理论问题，于是，我很快就对本文库进行了设计与论证。具体说，本文库由《经济思想批评史——从生态学角度的审视》《管理思想批评史——从外部性结构缺失看西方管理学理论短板》《清洁生产与循环经济——基于生态文明建设的理论建构》《地方政府治理的创新——基于资源型省域的探索与思考》和《福利经济学派伦理思想评价——从生态正义角度的探析》共五本书构成。在山西经济出版社的积极争取和努力下，它被列为山西省重点图书。故此，借出版之际，特对山西经济出版社表示深切谢意！但是，写作过程限于时间紧促，难免有许多不周之处，还望学界方家惠予指正。

2014 年 2 月于清华园

（总序作者为清华大学教授）

前 言

管理成为一门真正的科学，始于被泰勒创立的“科学管理”，算来不过短短百年时间，而管理作为实践则自有人类社会以来就未曾停歇。随着现代社会、经济与文化的发展和进步，管理理论也逐渐枝繁叶茂，形成流派纷呈的热闹景象。

一般认为，人类的管理实践由来已久，但是管理成为一门科学却肇始于工业革命带来了生产方式的巨大变革。这时，管理在整合生产要素和促进生产发展方面的作用日趋显著，由于对管理的日益重视，管理研究也成为必要。而将之作为一门科学管理学加以研究，则最早是从应对工业革命带来的挑战开始的，它主要从三个方面展开，即：① 有效的技术、材料、组织职能和生产过程结合起来的组织问题与方法问题；② 为了实现预想目的，如何促进、发展、激励和控制人的行为的人事问题；③ 为了实现目标，如何把前两者融合起来的问题。围绕这三个方面问题的解决，在实践中形成了各种管理思想和方法。

管理思想是人类在其生产经营活动中根据长期的实践经验总结出来的有关有效组织、控制、计划与协调的各种观念、主张和知识。管理理论则是管理思想的理论化形态。

一、西方管理理论的类型和特点

西方的管理思想和学说，除了早期管理思想以外，从其产生的历史时期来看，大致分为三个阶段：第一是古典管理理论阶段，产生并形成于 19 世纪末及 20 世纪初；第二是行为科学理论阶段，产生并形成于 20 世纪二三十年代；第三是现代的各种管理丛林学说，产生并形成于第二次世界大战前后一直持续至今。

这三个阶段理论，虽然产生的时期有先有后，后一类理论产生或盛行后，往往前一类理论并不因此而消失，有的甚至还在发展。各种理论和学派的产生同样如此，它们虽然同样有先有后，但是在其产生后却交叉并存，互相影响，继承和演变，进而形成各种思潮，故又出现了所谓“管理理论的丛林”之说。实际上，各个学派的理论分野主要在于对管理的本质是什么，管理理论和管理科学需要解决什么样的问题，以及怎样对管理展开研究这三个问题的分歧上。

作为理论化形态的管理思想，主要见诸各个管理学家的著作之中。因此，从管理理论著作者的角度看，20 世纪 50 年代以前的管理学著作主要是一些管理实践者的研究成果，而自 50 年代后，很多学者也开始进入管理研究者行列之中，并写出了大量新的管理学著作。在各种管理理论著作中，由于管理学家所处的时代背景、个人经历和主观认识方面的不同，内容上，有的侧重于组织理论和方法，遵循所谓“效率逻辑”，使并工具理性占了上风；有的则侧重于人，注重所谓“情感逻辑”，人的情感、道德和价值理性又在起着重要作用。

第二次世界大战前后，管理学研究的重点主要从生产组织、技术方法方面转向对组织与行为的探索上，这使得高层管理 或战略管理研究迅速崛起。面向 21 世纪，为了适应经济全球化、外部竞争环境复杂化和组织规模扩大化的种种要求，管理学除继续沿着理论研究、应用探讨两条道路前进外，综合研究也得到了相应发展。

二、西方管理理论的发展轨迹

根据西方管理思想的发展历程，对于工业革命之前的早期管理思想，本书只是在第一章作为历史管窥简略带过。这部分，主要沿着马克斯·韦伯《新教伦理与资本主义精神》提供的思路，侧重分析了诸如文艺复兴时期基督教新教改革对“经济人管理思想”形成方面的影响。但这并非本书重点，本书重点在于着重从以下四个阶段系统阐述西方管理思想的发展，并对其“外部性结构缺失”予以批判性分析。

（一）管理理论的萌芽时期（工业革命到 19 世纪末）

工业革命引起了社会生产关系的变革，同时也引起管理方式的革新和发展。在这一阶段中，资本主义生产关系已经基本建立，以自由竞争为主要特征的市场经济业已基本形成，管理问题也被引入竞争领域，技术进步和管理效率成为企业在市场竞争中生存的两个重要因素。因此，此时管理的出发点更集中在如何提高劳动生产率的问题上。管理所面对的主要问题是，如何使既定劳动者充分发挥他们的体力，并使之在工厂主可以使用的范围内生产出更多的产品，抑或创造出更多的企业利润。在当时，如何提高劳动生产率为目的的管理， 主要从两个方面展开：一是提高劳动强度，二是延长劳动时间；与之不同，另一些管理研究者则试图以合理分工、工资制度等物质刺激方式提高工人生产效率。在这一时期，亚当·斯密论述了分工问题和劳动报酬原则。欧文主张人道的管理方式，侧重于以人为本的管理，巴贝奇从效率和成本核算角度作了探索，麦卡勒姆在公司建立了组织、报告、会计和统计的管理体等，这些探索均为后来管理思想的发展奠定了基础。但是，这一时期也是“经济人理论”形成，并强烈影响管理“效率逻辑”的最重要时期。

（二） 古典管理论时期（19世纪末到20世纪20年代）

古典理论主要指泰罗创立的科学管理以及此后以泰罗、韦伯、法约尔学说为代表的管理学理论形态。

在当时，泰勒面对的是工厂以单纯延长劳动时间、增加劳动强度提高生产效率的方式。事实上，这种管理在两方面受到挑战：一是工人的生理承受力的限度，另一方面是劳资双方矛盾激化，乃至导致激烈的对抗。故此当时管理亟待解决的问题是，既能有利于劳动生产率的提高，又不至于使劳资矛盾再度加剧。换言之，在延长劳动时间和加大劳动强度之外，寻求另一种提高生产率的途径。泰罗的“科学管理”正是在此背景下产生，并代表了这一时期的总体方向。

泰罗号召劳资双方进行“心理革命”，即以合作取代对抗；在衡量任务方面，以科学取代经验，并将科学的方法引入生产过程之中。在管理上，他主要做了两方面工作：一是创造了一系列大幅度提高劳动生产率的技术与方法，如动作研究、定额原理、标准化原理、成本核算、计件工资制、计划和执行相分离、例外原则等；二是改变了人们对于管理的传统看法，即管理需摆脱简单依靠经验进行的传统模式，而用科学手段去探索工厂运作各个方面的规范、方法和技术，进而实行“科学管理”。实质上，泰罗把“效率”置于优先地位，即奉行所谓“效率逻辑”，并试图通过提高生产效率来增进劳资双方“共同利益”，但是他的“效率逻辑”从根本上说是为资本服务的，这也是作为古典管理学创始人之一的泰勒学说的本质特征。

与此同时，德国学者马克斯·韦伯从对权威的历史考察和分析入手，提出组织以权威为存在基础，并认为存在着三种支配组织的权威形态：传统权威、魅力型权威和法理权威。韦伯进一步分析了三种权威支配下的组织管理、结构，及其运转方式和功能等，这同样为大型组织中提高“效率”，推行“效率逻辑”提供了一种“理想官僚组织模式”，因而被称为“现代组织理论创始人”，其学说，也是古典管理学的另一组成部分。

在泰罗时代，法国的高级经理人员法约尔从高层宏观管理的角度，提出把企业的活动分为六方面：技术活动、商业活动、财务活动、安全活动、会计活动、管理活动。法约尔又把管理活动分为计划、组织、指挥、协调和控制五种要素。他从管理的通用性角度又提出了14项管理原则：劳动分工、权力与责任、纪律、统一命令、统一指挥、个人利益服从集体利益、人员报酬、集中、等级制度、秩序、公平、人员的稳定、首创精神、人员的团结。同时，法约尔还就管理教育提出自己的看法。除此，他的一般管理理论到后来逐渐演变为管理过程学派的理论框架，并为高层管理“效率逻辑”研究同样提供了理论依据。总之，泰勒、韦伯、法约尔均以各自的理论构成了古典管理学的重要组成部分。

（三）以行为科学管理理论为主的时期（20世纪20年代到50年代）

20世纪20年代，组织中人的因素得到进一步重视，此时管理更多地从人的角度出发探索提高“效率”的途径。自美国学者梅奥主持的霍桑实验开始（此前帕累托对此问题已有研究，并受到哈佛大学亨德森教授的关注。后者因举办了“帕累托学术圈”对梅奥产生过影响），工业心理学、社会学方法在管理研究中得到应用，进而进入了行为科学管理理论阶段。后来，这一阶段一直持续到20世纪70年代。

当行为科学的基因注入管理学理论研究之中后，更多地强调了工人对工作环境所做的积极反应，强调工人的社会关系对其工作积极性的影响，也强调了情感因素或曰“情感逻辑”问题。在行为科学角度看来，人的社会特性是决定人的工作状态的重要因素，因而需要从激励人的行为角度来提高工人对于工作的热情。这一时期，研究者们主要从人际关系、个体行为与团体行为、个性与组织、需要层次以及行为激励等“人性假设”方面提出一系列管理学理论。与此相应，也形成了人际关系学派、群体行为学派、社会技术系统学派等。行为科学管理理论更注重“效率逻辑”和“情感逻辑”两种因素。这一点，相对于古典管理学是一个历史进步。对以后的领导理论、人力资源管理中的激励学说也产生了较大影响。

（四）现代管理理论时期（20世纪50年代以后）

第二次世界大战前，随着组织规模的扩大和多种学科方法的运用，管理学研究也从多角度展开。从切斯特·巴纳德开始，现代意义上的管理学开始形成并迅速发展起来。这一时期流派众多，且均有各自的建树，管理理论的科学化程度也在提高。

1938 年，巴纳德的代表作《经理人员的职能》问世，他在韦伯的组织理论与梅奥的人际关系学说基础上，提出组织平衡论、协作系统论和权威接受论，并对组织管理理论开展了动态研究，巴纳德也因此被看作是“社会协作系统学派”的较早研究者。另外，此时美国女政治哲学家福莱特对冲突和团体心理进行了探讨，并做出了相应的研究成果。故此，可以认为，巴纳德和福莱特的管理学理论为行为科学转向现代管理理论起到了桥梁作用。后来，作为巴纳德的追随者，西蒙则在组织行为研究的基础上，于 20 世纪 40 年代提出决策理论，并探讨了理性因素与心理因素在组织中的意义和作用，明确提出“有限理性”与“满意解”。与此同时，他还将管理中的“事实判断”与“价值判断”加以区别。在西蒙管理思想的影响下，决策学派也迅速兴起。

第二次世界大战后，现代科学技术和新学科为管理学的发展提供了依据，这时计算机和计量方法也被应用于管理之中，使管理科学和运筹学得到发展。在系统论、控制论和信息论的影响下，以卡斯特为代表的系统学派从组织与环境（与组织经营相关的社会范畴的环境）互动的角度展开研究，试图寻找以往各种管理的统一性。另一方面，以卢桑斯为代表的权变学派则试图去寻找影响管理的各种变量因素之间的关系。在 60~70 年代，以戴尔、德鲁克、斯隆为代表的经验学派对管理理论和实践也产生了深刻影响，本尼斯、西肖尔则对韦伯的理想官僚组织提出批评。80 年代初，经理角色学派随之诞生。一些学者则又回到对一般管理理论、概念、原则、体系的探索之中，管理过程学派再度受到重视。

20 世纪后期，面对信息化，以及新自由主义的风行及其所掀起的全球经济一体化趋势，使国与国、企业与企业的竞争问题更加突出。企业的内部管理和对市场的适应性问题，也出现了与以往不同的态势，使管理理论研究和探讨呈现出一种新的时代特征。与之相应，在管理学上，主要出现了比较管理理论、企业文化理论、企业战略理论、企业再造理论、知识型企业管理理论等。这些新理论的出现，极大地丰富了管理思想宝库，也进一步促进了管理实践的当代特征——参与经济全球化前提下激烈竞争的特征。

三、对管理理论“经济人假设前提”问题的批判性反思

作为管理学，“人性假设”概念已经成为理论创新的重要逻辑前提。“人性假设”问题，对于管理理论的建构具有重要意义。因此，在深入了解和把握西方

管理理论本质前提下，对其中有关“人性假设”方面的历史变迁与发展趋势进行批判性分析，将有助于人类最终选择符合生态合理性原则要求的管理学理论。

（一） 仅以“经济人假设”研究管理问题科学吗？

毫无疑问，“经济人假设”，无论在亚当·斯密市场原教旨主义盛行的原初意义上，还是在新自由主义盛行及经济全球化的当今时代，都有很大的现实性和解释力。但是，解释力的强弱并不意味着能够理所当然地证明其思想内涵的真理性。“经济人假设”存在着以下诸多问题：首先，它具有很大的肤浅性。人与动物的区别在于人还要追求超验价值，而“经济人假设”将人看作追求经济利益的“经济动物”，这只是对人的低级的、浅层本质的一种把握。正因为如此，美国经济学家凯里就曾批评指出：“经济人假设”所讨论的乃是人的低级本能，是一种对人本质亵渎的、类似野兽哲学的假说。事实上，这也正是对新老自由主义学说思想的一种十分严厉的批评；其次，它具有很大的教条性。“经济人假设”认为，对人的自利性的把握是万世皆宜的，但实际上人的自利性仅仅是在自然资源稀缺和社会利益分化这种特定环境中形成的，它并不能科学反映很多利他主义的事实；再次，它具有极大的片面性。经济利益固然是经济事物过程中人的主要追求，但它并非唯一追求。人固然有自利性的一面，同时也有很多利他性的方面。商人对利益的追求是“最大化”（这里是带引号的“最大化”，因为西蒙以“有限理性”和“满意解”批评了这一观点）的，但并非所有人都是商人。

（二） 与“经济人假设”不同的“道德人假设”问题

“道德人假设”认为：人与动物的区别就在于其有道德性。显然，这就揭示出了人的重要本质特性。尽管“道德人假设”也有着忽略人性恶的方面的问题，但是，与“经济人假设”所不同，对“道德人假设”的强调，无疑有助于对人性的升华和人的思想境界的提高。尤其是在“经济人”为了自身无限度的最大利益，戕害我们的自然支持系统，导致马克思理论意义上的“异化自然”，庇古所说的“外部不经济”，以及加勒特·哈丁所说的“公地悲剧”的当今时代，不仅急迫需求，而且必须加强对它的重视。因为在“大自然报复了我们”（恩格斯语）的情况下，对它的重视，既有利于对新老自由主义学说和思想中“经济人假设前提”存在问题的反思，也有利于对“经济人”无限放大的逐利行为的遏制；既有利于对联合国可持续发展战略中强调的社会公平的积极促进，也有利于对这一战略思想中强调的“人与自然和谐相处”之要求的追求。因此，有关“道德人假设”也是当今时代亟待倡导的理论问题。

鉴于以上的分析，本书认为，人的本性不只是追求某一方面的价值，而是追求价值的全面性和总体性。尽管在不同的时代背景中，人追求的各种价值之间的比重不尽相同，但事实上并没有单纯追求某一单独价值的人的存在。所以，与“经济人假设”所不同，人最终追求的其实是各种价值，是追求包括经验价值和超经验价值在内的现实的“价值人”。而且这种“价值人”的追求，既是普遍意义的，也是逻辑外延更为广泛层面上的。亦即它不仅包含社会范畴价值的理论内涵，而且包含霍尔姆斯·罗尔斯顿《环境伦理学》和《哲学走向荒野》中所强调的“自然价值论”理论问题。因此，在人性和价值问题上，我们应以马克思主义的基本原理为指导，力求从“片面的深刻”走向“全面的深刻”，在已有的人性假设基础上综合创新，从而力求提出一种既有理论自洽性又有现实有效性的新的“人性假设”管理学理论和概念。

（三）西方管理思想发展史中“外部性结构缺失”情况

为了使管理学理论适应可持续发展战略时代的现实需要，本书在系统阐述西方管理思想史的过程中，也批判性地分析了其所存在的“外部性结构缺失”理论问题，对西方管理思想发展史的各个阶段因其“外部性结构缺失”所导致的对生态环境的破坏性影响进行了审视。西方的大多管理学说，因其“外部性结构缺失”而不能与当今及未来可持续发展战略的要求相适应，这也正是本书之所以为什么从这一角度出发，批评西方大多管理学说的原因所在。故此，与本书主题思想：“从‘外部性结构缺失’看西方大多管理学理论的短板”相一致，对西方管理思想史的审视，是从庇古所说的“外部不经济”角度开始，并且以此贯穿始终。因为，从学理上说，西方管理思想史的发展过程中，除了杰伊·福雷斯特的系统动力学，及其直接影响的米都斯《增长的极限》等管理思想和学说外，绝大多数管理学著述都是不涉足“外部性问题”讨论的。这种情况，客观上就造成了其学说建构过程“外部性结构”缺失情况的长期存在。理论上，如果没有对“外部性问题”进行审视，那么，它也必然不会产生与之相应的管理要求。这使之在对待外部生态环境保护的现实管理或实践方面完全没有了责任和义务。从这种意义上说，今天我们的生存环境之所以会在“经济人自身利润最大化”追求过程中遭到严重破坏，以致到了难以修复的灾变状态，都与以往及现行管理学说的“外部性结构缺失”有很大关系。故此，本书系统阐述和梳理西方管理思想的过程，也是事实上批判性分析西方管理思想史中“外部性结构缺失”情况的过程。对该过程进行系统阐述和批评的主要目的，就是旨在要求管理在以往仅被视作为“经济效率”范畴的“神圣的科学”自此放下身段，“走向荒野”，积极关注我们的生存环境抑或自然支持系统的平衡、和谐与安全问题。就像霍尔姆斯·罗尔斯顿要求哲学放下身段，“走向荒野”，能够密切地关注我们的外部生态环境问题那样，管理科学同样理应如此。理论上，罗尔斯顿的《哲学走向荒野》和《环境伦理学》，已经为管理学思想的当代定向树立了标杆。因此，我们希望管理学理论研究也能够做出相同的工作，希望能改变传统管理学理论研究的惯常思维，突破被市场经济原教旨主义亚当·斯密及新自由主义放大化了的“经济人假设前提”及其管理学说和思想的“片面的深刻”；突破现行“经济人”利己主义的思维定式，将以往视作“外部性问题”的生态环境的保护纳入管理学认知视野之中，使之在注重自身“经济效率”的同时，同样也关心我们生存栖息地的环境保护方面的效率问题（或称“环境效益”问题），并积极向联合国《21世纪议程》所规定了的可持续发展战略方向转变。这一点，正是本书的基本宗旨。

此外，基于上述阶段性特征及未来管理学发展展望，本书共分五章。其中，第一章“工业革命时代与古典管理理论的形成”。这一章除了阐述工业革命对古典管理学形成的直接影响外，还增加了对工业革命前管理思想，尤其是对文艺复兴时期基督教新教改革对“经济人管理思想”形成情况的简单分析。之所以如此，主要是顺着马克斯·韦伯《新教伦理与资本主义精神》提供的思路，从发生学意义上探析新教改革与“经济人管理”思想形成方面的内在联系，它也是对西方资本主义工业化发展的宗教根源上的一种追溯。同时，在这一章还着重批评了古典管理学片面的“经济人思想”及其注重的“效率逻辑”而忽略庇古理论意义上“外部不经济”，及其结构性的理论短板。第二章“‘社会人时代’与行为科学理论”。系统阐述了这一时期管理学不仅对“效率逻辑”，而且对“情感逻辑”同时注重的时代特征，并肯定了其走向人性化管理的时代进步意义和作用。但是，即如“科学管理”所处的“经济人时代”存在“外部性结构缺失”的理论短板一样，这一章同样批评了“社会人时代”管理学研究的“外部性结构缺失”情况。因为，理论上，它并不涉及“效率逻辑”和“情感逻辑”之外的外部“生态逻辑”理论问题，因而，也是一种“经济人式”的内部性管理学理论。第三章“科技时代的现代管理理论流派和思潮”。这一章主要阐述了孔茨理论意义上“管理理论丛林”学说各自的理论特征及其“外部性结构缺失”问题。与此同时，又展开了对“走出丛林的道路”的“权变论”学说的相关讨论。如果说，在管理学上卢桑斯《权变管理理论：走出丛林的道路》是对孔茨《管理理论丛林》的批评，那么，本书第三章则又是对“走出丛林的道路”的权变论批评学说的批评！因为关键点就在于：权变论学说在环境“定义域”方面存在的理论问题，亦即它所说的“环境”仅仅指组织经营所涉及的社会范畴的环境，而与我们赖以生存的生态环境保护之间没有逻辑上的必然联系。故此，“外部性结构缺失”依然是权变论学说自身固有的问题。第四章“经济全球化前提下的当代管理思潮”。这一章主要讨论新自由主义主导下的经济全球化时代的管理学理论研究及特征。在这一时期，由于新自由主义的风行和经济全球化的时代背景，管理学研究实际上是处于强烈的“效率主义逻辑”原地踏步。尽管也有诸如当代“文化管理思潮”等人性化管理的相关讨论，但本质上都是在为应对新自由主义主导的日趋激烈的“生存竞争”服务的。客观上，新自由主义不仅阻碍了联合国《21世纪议程》为我们规定了的可持续发展战略目标的推行，而且与之背道而驰。正因为此，才使我们的生存环境遭到了如此巨大的破坏，成了加勒特·哈丁早就明确指出的“公地悲剧”（庇古理论意义上“外部不经济”放大版的全球环境危机），以致就连空气都不能让人们正常呼吸了（2013年10月17日世界卫生组织对外宣布：确定室外空气污染为新的致癌物）。由此可见，与生态环境密切相关的“外部性”理论问题，相对于管理学来说绝不是无关紧要，而是至关重要！如果说，今天的环境灾难与新自由主义的风行不无关系，那么，在管理学上，因其迷思于“效率主义逻辑”追求，而忽略遏制经济人“外部不经济”造成的极大破坏力，客观上也使之对“公地悲剧”同样难辞其咎！第五章“未来管理思想的发展趋势”，主要介绍了与可持续发展相关联的一些管理学思想内容，具体包括：瑞士学者苏伦·艾尔克曼的工业生态协同管理、日本学者山本良一的“生态设计”和“三维管理方格”三个方面。旨在强调未来管理学理论研究，必须关注与可持续发展战略相关的许多思想内容，否则，它将依然是残缺不全的一种学说。因此，我们希望管理能够像关心经济人自身“经济效率”那样，也同时关注其所导致的“外部不经济”情况，自此积极承担起保护我们无机的身体，即自然界（马克思《1844年经济学哲学手稿》中用语）的社会责任！

作者

2013年年末

目 录

第一章　工业革命时代与古典管理理论的形成 …… 001
　第一节　工业革命时代以前的管理思想 …… 001
　第二节　古典管理理论形成的历史条件 …… 009
　第三节　古典管理理论中的科学管理理论的形成和发展 …… 021
　第四节　古典组织管理理论的形成和发展 …… 035

第二章　社会人时代与行为科学理论 …… 047
　第一节　行为科学理论的产生和发展 …… 047
　第二节　行为科学研究的理论与价值 …… 058
　第三节　社会人时代管理学“外部性”短板的批评与结构性修正 …… 080

第三章　科技时代的现代管理理论流派和思潮 …… 085
　第一节　现代管理理论的历史背景和准备 …… 085
　第二节　现代管理理论主要流派和思潮
　　——管理理论的丛林 …… 096
　第三节　管理理论主要流派和思潮
　　——走出丛林之路的权变论学说 …… 142

第四章　全球化发展下的当代管理思想的新发展 …… 157
　第一节　当代管理思想的历史背景 …… 157
　第二节　当代管理思想的新发展 …… 161
　第三节　当代管理思潮批评 …… 218

第五章　未来管理思想的发展趋势 …………………………………… 221
第一节　未来管理发展趋势——工业生态学协同管理 ……………… 221
第二节　未来管理发展趋势——“生态设计” ………………………… 225
第三节　未来管理发展趋势——三维管理方格 ……………………… 227

参考文献 …………………………………………………………………… 235

后记 ………………………………………………………………………… 239

第一章 工业革命时代与古典管理理论的形成

第一节 工业革命时代以前的管理思想

管理思想是人类在长期的实践活动中根据经验而总结出来的有关有效协调、组织和控制的各种观念、主张与知识。自从人类社会产生以来，由于共同劳动和实践，已经积累了许多的管理思想。在人类早期社会生产力水平低下的情况下，由于生产规模小，生产组织分散程度高的小生产的特征，使得管理不可能得到充分的发展。但是，即使如此，有些管理思想至今仍不失其光辉，在实践中，也积累了许多值得我们研究的管理思想，为古典科学管理理论的诞生提供了精神动力。

一、渗透在早期社会活动中的管理思想

自古以来，随人类集体协作、共同劳动，人类社会从群体产生到国家的形成，随着集体联合的规模从家庭演变为国家，组织中的权力就成为一个需要解决的问题。事实上，这种演变我们也可以将之视为管理活动的一种演化过程。这说明，人类的管理实践大约已超过六千年的历史。素以世界奇迹著称的埃及金字塔、巴比伦古城和中国的万里长城，这些神奇古迹的建设规模，就足以生动地证明古代人类的组织和管理能力。1987 年，彼得·德鲁克曾在一次美国闭路电视演讲中也阐述了这种思想，他说："世界上最伟大的管理者是那些修建金字塔的人"。一位希腊历史学家为了解金字塔建造情况曾访问过埃及。他记叙说，修造齐奥普斯金字塔曾在全国征调了大量的人力，组成各种庞大的专业队。在什么地方和什么时间采掘石头，石块要多大的以及如何运输等，都需要目前叫作"长期规划"的工作。古埃及人所留下的宏伟建筑，清楚地昭示着他们在管理上的有效性。对古埃及各个时期的政府体制进行研究，甚至还可发现其中包含着他们对集权控制原则的认识过程。

古罗马帝国之所以兴盛，在很大程度上也应归功于其卓越的组织才能，他们

采取了较为分权的组织管理形式，使之发展成为一个世界帝国，并在公元 2 世纪统治了欧洲和北非，延续了数个世纪之久。

通过法律进行政府管理，则是古巴比伦人对管理思想的最大贡献。从《汉穆拉比法典》的 282 条法律条文中，我们同样能够真切地了解到古巴比伦人在财产、借贷、租赁、转让、抵押、遗产、奴隶等各个方面，对各种职业、各个层面上人员的责、权、利关系给予了明确的规定的管理思想。

古典希腊产生了许多颇有成就的思想家，在他们的著作中，同样包含了古希腊人管理思想的文献。苏格拉底很早就认识到管理的普遍性原则。他认为，不同组织的管理技术和管理职责是相通的。在苏格拉底与尼科马齐德斯进行的辩论中表明了自己的管理观点。色诺芬著有《家庭管理》（又称《经济论》）。他对劳动分工的必要性作了精彩的分析，提出所遵循的原则是：一个从事高度专业化工作的人，只做一种最简单的工作，肯定能把工作做得最好。柏拉图从国家组织原理角度考察了社会分工问题。他认为，每一个人都有多方面的需求，但人生来就只具有某一方面的才能，因此，一个人不能不求于他人而自立自足，而必有待于互助。理想国家的组织和构造，应以社会分工为基础，即一国中应该有专门从事各种行业的人，而每一个人应担任哪种行业和职务，取决于其自身的秉性，是先天决定的。柏拉图的学说虽有唯心主义色彩，但他确实把社会分工和管理的纵向层次发展到了非常完整的程度。亚里士多德对管理思想的最大贡献，在于他提出了通过感觉和推理了解现实世界的观点，从而成为科学方法之父，并为文艺复兴和理性时代奠定了思想基础，在此基础上发展起来的科学精神和科学观点，也是后来科学管理运动的思想基础。

基督教信仰上帝创造并管理世界。《圣经》中所体现出的管理思想对后世影响很大。据《圣经》记载，希伯来人不堪忍受埃及人的奴役，在“上帝”的授意下，摩西领导希伯来人到“宽阔而美好的流奶和蜜的地方”。起初，摩西处理事务事必躬亲，其岳父叶忒罗向他提出了几点建议：一是制定法令，昭告民众，二是建立等级，实行分级管理。摩西依计而行，果然有效。在这里，我们既看到了分权管理原则、授权原则、管理幅度原则和例外原则的积极作用，也看到了管理咨询制度的重要意义。

罗马天主教除了崇拜上帝和耶稣外，有一整套按地理区域划分基层组织，并在此基础上又形成了等级森严的职能分工教阶管理制度。该管理制度可大体概括为：第一，层次分明的组织结构，金字塔式的指挥体系；第二，决策过程中的“幕僚职能”，即小事必先征询长老意见，大事必须征得全体僧侣幕僚同意的职能。这种征询过程，在程序上虽然具有强制性，但并不妨碍教会主教幕僚或顾问团成员发挥制衡作用。罗马天主教会之所以能够发展到后来有效地控制世界各地5亿以上教徒的宗教活动，在很大程度上同其所采用的这套组织形式有密切关系。

以上林林总总的古代实践过程中，无疑都孕育了它们各自特有的管理思想。从中，人们逐渐地观察管理在各种实践活动中对社会组织发挥的作用，并对之产生了一定认识，提出了某些见解，形成了早期的管理学思想内容，但这也只能是一些对管理的零碎的探讨。因而人们对它的认识和见解，也只散见于一些历史学、哲学、社会学、经济学、军事学等著作之中。它说明，19世纪以前还没有形成一套比较完整的管理理论体系。

二、中世纪的管理实践与管理思想

除了古代，中世纪也有许多散见的管理思想内容。5世纪末，古罗马帝国的灭亡使欧洲社会从此进入了封建主义的时代，对之，历史上通常称其为“中世纪”。与资本主义生产方式所创造的巨大生产力相比，这一时期的经济发展相对来说是比较缓慢的。然而，城市的兴起、贸易发展的实践都极大地丰富和发展了古典管理思想内容。从管理思想的继承性来看，它既有这一时期对管理的认知与理解，又有自己丰富的管理实践。

生产力的发展，使手工业和农业的分离成为必然。专门化，实际上是一个规模经济学的理论问题，它有赖于整合起来的需要或集中；但此时的市场，也只是可使需要集中的方法之一。这样，就使得交通要道、关隘、渡口及城堡或教堂附近，逐渐兴起集市。许多行商成为坐商，手工业商也聚居其地，因此，便出现了商业和手工业日趋活跃的城市地带。大批的农奴和庄园手工业者，纷纷奔向城市谋生，致使城市人口迅速增加，城市规模也越来越大，进而带动了城市的进一步繁荣。马克思和恩格斯在《德意志意识形态》一书中指出：“（城市）在那些中世纪时代不是从过去历史中现成地继承下来的，而是由获得自由的农奴重新建立起来的。”随后，行会这一城市手工业者保障自身利益的行业内部组织出现，这使之具有了迈向近现代管理的某些雏形。

在行会，规定了一套“行东—帮工—学徒”的人事等级制度，这一做法，也可以称之为近现代技术等级制度的源头；行会对产品质量做的严格规定，禁止偷换原材料、伪造产品等具体条例，可被认为是质量管理的较早尝试；行会限制了外来手工业者利用本行会所在城市的市场，可被看成是较早的行业垄断组织。商业的盛行扩大了人们的视野。商人将几个家庭生产单位集合起来，集中资本、集中生产、集中销售，这样就导致了工厂制度的产生。商业繁荣还进一步导致了较为复杂的商业组织的建立、银行的产生与核算技术的发展。而银行的出现，使集市上已经广泛采取的划拨结账方式，演变为运用复式记账的基本原理来记账。簿记的产生，既使会计核算方法更加科学，也使经营效果的衡量更加明晰和更具有说服力，从而大大促进了管理信息系统的基本完善，这样就有可能使经营决策建立在一个较为科学合理的基础之上。

位于亚得里亚海北岸，自公元 10 世纪末以来就从从事商业贸易活动中极早得益。威尼斯城也因 1436 年政府建立的以造船为主的兵工厂而在商业贸易上取得辉煌。这个当时拥有工人 2000 人左右的世界上最大的工厂，积累了此时较为丰富的管理经验。政府与工厂二者间，是一种控制与授权的经营关系 。即是说，政府给工厂下达明确的生产任务，并对工厂 生产过程加以平衡与制约，体现出当时较高的管理。在工厂内部的管理上，装配线同样也已具有较高的 组织水平。在生产部件和装配的管理方面，出现了标准化的概念。工厂成立了人事管理制度，对人事、工资、考勤等均做出了具体的规定。一般说，工人按照其工作情况，而分别付给计件工资和计时工资。工厂借助会计 进行控制 与核算，对资金、材料和人力消耗的核算实行了会计管理方式。威尼斯兵工厂也是最早实行成本控制，建立早期成本会计制度管理的典范。这些管理实践，均给后来管理思想发展以诸多启示。

在中世纪，尽管没有关于管理思想的专门著作，但是，在一些思想家的论述中还是可以 看到许多重要的经济管理思想内容。托马斯·阿奎那提出消费的适可原则，生产上的二因素论——劳动和徒弟，经济活动的干预主义 。他的老师亚尔贝兹·马格努则强调与公平价格、货币、利息、商业等相关的内容，认为只有以劳动等价交换为基础，方能使手工业和农民的生产得以继续，这种观点，当时也构成其朴素的市场经济思想。除了托马斯·阿奎那和其师亚尔贝兹·马格努，类似的观点也都散见于其他许多思想家的著述之中。帕西奥利于 1494 年发表了一篇关于复式簿记制的论文，建议要把备忘录、日记账和分类账编上号码并注明日期，所有的交易文件都要详尽完备并长期存档，以定期核查，以便及时了解和控制现金与存货的状况。意大利佛罗伦萨的尼古拉·马基雅维利(Niccolo Machiavelli)于 16 世纪所著《君主论》一书中，论述了有关领导者素质的管理思想。他对统治者怎样管理国家、怎样更好地运用权威，提出了四条基本原则：①权威来自群众，应得到群众认可；②组织要能够长期存在，就要有内聚力，而权威是必须在组织当中行使的；③领导者掌权之后要能够维持下去，就必须具备领导能力；④要有"居安思危"求生存的意志。在尼古拉·马基雅维利的《战争的艺术》、《佛罗伦萨史》等著作中很多地方也闪烁着管理思想的光辉。马基雅维利的人性论是"人性本恶论"，他认为沾染恶习容易，学习优秀品质难。因而他得出结论：必须使用强制手段对人进行管理和控制才能达到目标、完成任务，而这种强制性是可以不顾道德原则的。马基雅维利是较早认识到"物质利益"在管理中的重要性的思想家。在对政治体制的研究中，他认识到：人民在国家生活中具有重要作用。他说，"人民总是比国王更聪明，更为坚定，更有理性"，在国家生活中，他公开强调人民的作用。应该说，无论当时还是后来这对管理思想的影响都是巨大的。马基雅维利还指出：领导者"必须会那样随机应变，以便遵循时代潮流和变幻无常的命运所指的方向"。应当说，这些思想对研究现代领导科学都具有一定的借鉴意义。

欧洲早期空想社会主义者托马斯·莫尔（Thomas More,约 1478 ~ 1535）因用拉丁文写成的《乌托邦》（初版于 1516 年，译为《关于最完美的国家制度和乌托邦岛的既有益而有趣的全书》）一书而名垂史册。在书中，莫尔的管理思想主要是通过他对英国现实的批判和未来社会的设想而表现出来的。莫尔敏锐地观察到私有制是一切罪恶的根源，他认为"只有完全废止私有制度，财富才可以得到平均公正的分配，人类才有福利。莫尔的乌托邦岛已注意到生产的布局和生产的组织问题，故此，他主张采用民主方式选举官员，并使之作为国家管理者的方式治理国家，这也是莫尔表达的最重要的管理思想内容。

三、文艺复兴对管理思想发展的影响

14 至 16 世纪的欧洲生产力水平有了一定的发展，尤其是在威尼斯、佛罗伦萨，由于出现了商业资本，并且产生了包买主资本家，这使得生产方式从简单的协作演变成工场手工业。在生产力发展的过程中，生产工具的进步、生产组织方式的改变，尤其是人们对自然知识的认识程度的进一步提高，再加上当时意大利积聚了大批的优秀人才，这样，文艺复兴的产生就成为历史的必然。起源于意大利、繁盛于整个欧洲的 14 至 16 世纪的文艺复兴运动，是人类社会发展史上的一个重大转折点。这是人类历史上的一次思想大解放运动，它的影响是划时代的。

西方的管理思想随着资本主义的发展而不断发展，而这些又都是以古代和中世纪的管理思想为认识渊源的。从历史唯物主义角度看，文艺复兴运动是西方社会发展到一定历史阶段的生产关系和生产力矛盾的宏观表现，其成果主要表现在为人类开辟了通向现代文明社会的道路方面，它对于西方近代历史发展的影响是极其深远的。文艺复兴运动对西方古典管理思想的影响，主要表现在以下几个方面：

文艺复兴运动，它促使人格得到解放，使人格从宗教神学禁锢中解放出来，并还人以本来的、真实的面目。文艺复兴时期的主要社会思潮就是人文主义，其核心思想是：肯定人的地位，注重人性，要求把人性从宗教束缚中解放出来并加以还原。这种人文主义思潮，就是要反对神学中抬高神而贬低人的观点，肯定人的价值，强调人的可贵性，要求人的个性解放和自由平等，推崇人的经验和理性，提倡认识自然、造福人生。可以说，这不仅是对人本质认识的一大进步，而且是人类历史发展的一个巨大飞跃。人们知道，在奴隶社会和封建社会里，作为社会下层的人民是没有独立人格的，他们不是属于统治者财产的一部分，就是宗教枷锁下的一个囚徒。客观上，只有人性得到解放，才能使生产力真正得到发展。因此，文艺复兴运动首先就是从人性的解放开始的。与此同时，这一时期的人文主义的兴起，也是促进管理思想大发展的一个原因。15 世纪后期，文艺复兴逐渐由意大利扩展到西欧各国，其间也相应产生了无数优秀的文学和艺术作品。这些文艺作品，或者是对封建贵族进行了辛辣的嘲讽，或者是勾画出人类理性抑或社会图景，或充分刻画了人性的各个层面，这些至今还被人们所喜爱的优秀作品对人们认识人性具有巨大的启迪作用，对人文主义思想的发展同样起到了推动作用。另一方面，资产阶级要成为反对封建主义的独立的政治力量，就必须首先摧毁封建教会的精神枷锁，要求进行宗教改革就成为 16 世纪西欧各国反对罗马天主教会的社会运动。1517 年马丁·路德在德意志率先倡导“信仰耶稣即可得救”的原则，提出了简化宗教仪式，驱除天主教会势力的主张。路德发起的宗教改革得到了人民的支持，因而宗教改革迅速地波及西欧各国。宗教改革打击了西欧的封建势力，这次宗教改革后形成的新教和清教，对后来资产阶级革命产生了重大的影响。文艺复兴和宗教改革为进入工业革命时期储备了思想条件。宗教改革改变了生产力发展的环境问题，它为人的解放、生产力的发展提供了一个社会人文环境，使得资本主义发展得到持久的精神来源，并使这种精神成为构成资本主义生产方式的支柱之一，为后来的资产阶级革命和英国的工业革命提供了精神上的储备。文艺复兴运动和宗教改革运动解决了人的自身问题和人的发展环境问题。作为管理主体的人来说，其必要的条件是人必须要有独立的人格，使人和人性从宗教的束缚下解脱出来，使其必须在管理过程中服从理性，如果没有人性的解放就不可能进入到科学管理和现代管理的时代。文艺复兴运动首先解决的正是这个最重要最关键的问题，人格得以解放这个人自身问题的解决为管理思想的发展提供了新的历史条件。这对后来资本主义精神的形成及 20 世纪初科学管理的形成都有着深远的影响。

文艺复兴的另一个重大的成果是促进了近代自然科学的产生，使之成为决定时代管理思想水平的要素。正如恩格斯所说，“自然研究用来宣布其独立的一个革命行动，便是哥白尼那本不朽著作的出版，他用这本书（虽然是怯懦地而且可说是只在临终时）来向自然事物方面的教会权威挑战，从此自然科学便开始从神学中解放出来……科学的发展从此便大踏步地前进”。文艺复兴运动的一个伟大成果是哥白尼发表了《天体运行论》，它标志着近代科学的诞生，为古典管理思想的形成奠定了基础。哥白尼学说的提出对科学和哲学的发展有着重要的意义，它指出太阳是宇宙的中心，恢复地球是普通行星的本来面目，不仅打击了宗教创世说，而且撇开了宗教神学教条的教义，用天文观察资料来说明太阳系的结构，为今后人类认识自然提供知识理性的分析方法，使人类认识自然的水平产生了一个飞跃，为近代科学打开了大门，后来经过布鲁诺、开普勒、伽利略，最后到牛顿，终于建立了近代科学理论体系，从而使得科学技术成为推动历史前进的发动机。人类的发展历史已经证明，推动经济发展有两个轮子：一是科技，二是管理，而且这两个轮子是相互依存、相互促进、共同发展的。管理思想发展的每一个阶段都和当时人类对自然的认识水平，和当时的生产工具（科技）的先进程度，和当时生产的组织方式以及当时的文化背景是紧密联系在一起的。管理思想的发展与社会生产力的发展紧密地联系在一起，同时也是和生产关系的进步紧密相连。文艺复兴这一伟大的思想解放运动对上面这些要素的进一步发展与完善起着巨大而深远的影响，它对资本主义精神的建立，对资产阶级革命以及对工业革命的爆发都有着十分重要的影响。管理思想也因此而出现了新的转折点。

四、工业革命前管理思想“外部关联性”情况评析

对工业革命之前管理思想发展的溯源，旨在从历史唯物主义角度出发，从发生学意义上考察西方管理思想的传承、演变与发展情况。关于工业革命前的西方管理思想，本书大体从三个时间跨度中进行了简要分析。其中，就古代来说，无论是古埃及的金字塔的修建过程，还是罗马帝国兴盛时期的组织形式；无论是古

巴比伦的汉谟拉比法典，还是古希腊色诺芬的《家庭管理》抑或《经济论》；无论是基督教《圣经》，还是罗马天主教等级森严的教阶制度，无不呈现出渗透古代管理思想的内涵。此时的管理思想，不管是宗教还是非宗教意义的，无不体现并隐存于它们的统治术或统治实践过程之中。尽管从古迹方面也可看到蕴涵其中的许多管理奇迹，但客观上并未使管理形成一门专门意义上的独立科学。加之，由于生产力水平的低下，也未出现如工业革命以后那样的人与自然的严重对立，并由此形成对自然界的巨大冲击和破坏。但是，这种情况并不足以表明此时与组织管理相关的许多思想业已理性地具备了同自然界融洽相处的“外部性”方面的含义。因为，在西方古代，虽然也有诸如古希腊德谟克利特等人那样的光辉的自然哲学思想的出现，但在与管理相关的许多文献和典籍中，并没有像中国古代那样，凸显出“天人合一”的社会管理与运作思想。应该说，这一特征，与近现代西方许多同管理相关的典籍对外部生态环境的忽略不无关系。

中世纪的西方，在历史上通常被称之为神学统治和宗教禁锢时期。但从上面叙述中不难看出，此时与管理相关的一些思想观点还是具有一定价值和意义的。具体说，这主要体现在托马斯·阿奎那及其师亚尔贝兹·马格努与经济管理相关的记述中，尼古拉·马基雅维利《君主论》与当代“领导学”具有关联性的内容，以及托马斯·莫尔《关于最完美的国家制度和乌托邦岛的既有益而有趣的全书》中有关理想社会之假说同当代人性化管理学发展的渊源方面，等等。但是，即如西方古代管理思想并没有涉及“外部性”意涵那样，中世纪同样如此，因为此时的生产力发展状况同样尚未对外部自然界形成巨大破坏和威胁，这使得此时思想家们对外部生态环境问题也很少关注。

文艺复兴是西方历史上一次大规模的思想解放运动，它高举人文主义精神大旗，向中世纪神学统治、向封建专制和传统、向罗马天主教进行了宣战。文艺复兴所掀起的社会思潮主要是“社会人文主义”，其核心思想是：重视人、肯定人，并把人与人性从宗教神学的禁锢中解放出来。文艺复兴时期的宗教改革，主要体现在16世纪初由马丁·路德在德意志、加尔文在瑞士所发起的反对罗马天主教及教皇的改革方面。他们反对罗马天主教推行的教规，主张简化宗教仪式，驱除天主教会势力，倡导“信仰耶稣即可得救”原则，并以此挑战罗马天主教教皇权威。这次宗教改革，促成了清教和新教伦理思想的形成，它是一次与新兴资产阶级要求相适应的基督教伦理思想改革。通过改革，确立了社会中个人权利的自由及贸易交换自由的市场伦理关系，把当时的宗教活动与社会管理转向为个人谋福利的轨道。它充分满足了新兴资产阶级的愿望，为后来社会生产力的极大解放和资本主义在欧洲的迅速发展创造了条件。关于“新教伦理与资本主义精神”之间的关系，与泰勒和法约尔齐名的著名古典管理学家、组织理论的创始人马克斯·韦伯于20世纪初就有过深入的研究。他在《新教伦理与资本主义精神》一书中，从发生学意义上评价了这一过程。韦伯借助卫斯理评述指出：“那些伟大的宗教运动对于经济发展的意义首先在于其禁欲主义的教育影响，而它们的充分的经济效果，一般地讲，只有当纯粹的宗教热情过去之后，才会显现出来。这时，寻求上帝的天国的狂热开始逐渐转变为冷静的经济德行；宗教的根慢慢枯死，让位于世俗的功利主义。”从经济思想发展史意义上，现在看来，人们更加关注文艺复兴对生产力解放和资本主义制度在西方得以建立所发挥的重要作用。但是，与其说文艺复兴是西方国家生产力得以大力解放和资本主义制度得以形成的滥觞，毋宁说，它同时也是对外部生态环境构成威胁的发端。对此，除了马克思在《1844年经济学哲学手稿》中，早就批评资本主义制度会对“人的无机的身体，即自然界”造成“异化”外，其实韦伯也于20世纪初敏锐地发现了这样的问题。他指出：“当禁欲主义从修道院的斗室里被带入日常生活，并开始统治世俗道德时，它在形成庞大的近代经济秩序的宇宙的过程中就会发挥应有的作用。而这种经济秩序现在却深受机器生产的技术和经济条件的制约。今天这些条件正以不可抗拒的力量决定着降生于这一机制之中的每一个人的生活。也许这种决定性作用会一直持续到人类烧光最后一吨煤的时刻。”因此，与传统积极、正面的评价文艺复兴宗教改革所不同，我们认为，它不只是对社会生产力发展的一种积极促进，同时也有对自然环境形成潜在威胁的先导性作用。

第二节　古典管理理论形成的历史条件

一般认为，古典管理思想抑或科学管理是在西方大工业发展的背景下才得以产生的。因为，尽管管理与人类的共同劳动有关，但古典管理的理论形成及其体系建构却始终与人类高度组织化的劳动密切相关。客观上，当大工业产生和发展后，专业化和共同劳动的程度及规模空前提高，才使得管理科学和理论的产生有了必要前提，因为它既成了有效组织生产的必要条件，也出现了亟待解决的现实问题。因此，正是工业革命以来大工业的形成，为专门的管理科学的产生和发展奠定了社会基础。而西方大工业的形成与发展，即如马克斯·韦伯所说，又是在新教伦理影响的资本主义精神条件下催生和确立的，所以，资本主义工业革命时代对管理理论的形成和发展同样有着极为重要的意义，它为“经济人式”古典管理理论的建立提供了必须具有的历史条件。当然，这一时代，由于社会经济突飞猛进的发展，事实上，它也强化了人们仅对“经济效率”问题的片面关注，这使管理理论的早期建构过程也不可避免地产生了片面注重“经济效率”问题的原因，同时也是导致其严重局限性的关键所在。当然，这种情况，也为我们对古典管理理论所存在的问题和不足进行批判性反思留下了很大历史空间。

一、资本主义精神三大伦理观为古典管理理论形成提供了思想准备

前面我们对工业革命前三个历史阶段的主要特征做了简单评析，尤其是对文艺复兴时期，新教改革为资本主义精神产生所发挥的作用进行了解读。但是，仅仅侧重于马克斯·韦伯理论意义上的新教伦理对资本主义精神确立的影响方面还不甚完整。事实上，资本主义精神的确立，并不只限于此，故此，我们尚需从以下相互联系着的三个方面或三种伦理角度，即新教伦理、个人自由伦理和市场伦理方面进行综合性的解读与认知。

要知道，与资本主义精神相关联的一个先决条件首先是人，亦即人必须要从奴性走向自由。在当时的欧洲，由于资本主义生产关系业已确立，在文化上也必然开始反映新兴资产阶级的要求：即摆脱教会对人们思想的束缚，提倡个性解放，反对神权对人权的禁锢；提倡人权，争取政治和经济的自由的要求。文艺复兴最先强调的是人文主义，反对中世纪的禁欲主义的宗教观。在文艺复兴中，歌颂世俗，标榜理性并以此取代神祇是当时的主要特征。同时，文艺复兴运动也迅速地推动了科学、文学和艺术的普遍发展。科学的发展则为工业革命后的科技进步提供了重要条件。加之，这一时期，由于新航线的开辟和商业贸易的大规模兴起，使得当时正在走向崩溃的封建主义社会的内部的革命因素也迅速增长。这种情况，直接促成了资本主义精神来源的三大伦理思想：新教伦理、个人自由伦理和市场伦理思想的形成。理论上，这就为古典管理学的形成和建构提供了思想条件。

（一）新教伦理是人在精神上的解放

由德国的马丁·路德在德意志发起的震撼全世界的宗教改革运动，实际上，是一次重要的思想解放运动。在当时，马丁·路德提出了“天职”的概念，即每个人在世上完成了他的任务，就等于尽了天职。其后，加尔文在瑞士对罗马天主教进行了比路德更为激进的改革，并提出了上帝“选民”的概念。他认为，上帝把人分为注定要被其所抛弃的“弃民”和注定要得到其拯救的“选民”。这样就

形成了一种新的宗教伦理：人在现实的世上生活，每个人都在履行上帝所分配的“天职”，但在履行“天职”的生活中会有成功和失败，这就是“选民”和“弃民”的标志。由于每个人生来并不知道自己是弃民还是选民，因而，他们都要有勇气面对自己的苦难，并以毕生的努力争取自己的成功，以证明自己是上帝的选民而非弃民。这样，新教改革就把上帝与尘世间的活动紧密地联系起来了，它使人们在现实的生活和奋斗中找到了来自宗教神学方面的精神支柱。经改革后的新教认为：上帝将救助自助者。因而他们提倡积极的人生观，认为只有积极地工作才是善良的人生目标。事实上，在实际生活中也形成了许多与之相关的必然推论：①浪费时间是万恶之源，因为浪费掉的晨光都是你为上帝争光效力的机会；②乐于从事工作，不劳者不得食；③劳动分工和专业化，是神的意志，因为这样做使得技术得到更高的发展，使生产质量和数量都能提高，故此，它也符合所有人的利益；④消费倘若超过基本需求便是浪费，因而也是有罪的。上帝要求人们过自我引导和克制性的生活，并使之内心世界不断地恢复平静。他也希望人们获得利润，而浪费和减少利润，或者放弃一项有利可图的事业则是对神的恩典的不敬和辜负，是违背上帝的意志的。故此，新教认为：只要人们不追求奢侈的生活，就会在劳动中创造出利润。而创造的财富，满足人们的基本需要外的剩余部分，可投资到新的事业中去，或用来改造现有的生产。换言之，就是禁欲导致节俭，节俭形成积累，积累用于投资，这就是马克斯·韦伯所称的由新教伦理而开创的资本主义精神。

（二）个人自由的伦理是人在政治上的解放

人的个性解放是资本主义精神的首要条件。在中世纪即文艺复兴之前，人与人之间的关系反映出的是强权和奴性。这种情况，不论从理论上还是在现实中，都是要求少数人统治多数人，讲究的是服从，不服从就会被镇压。其中最典型的是马基雅维利在1513年写的《君主论》一书，在书中他提出“不管什么人，只要他渴望创造一个国家并为它制定法律，他首先必须设想所有的人都是坏人，而且一有机会，他们就要表现出其罪恶的本性。”因此，“统治者必须是一头能识别陷阱的狐狸，同时又必须是一头能使豺狼惊骇的狮子”。在这种状态下，人们只有服从或被奴役。这在需要获取成就和对个人世俗的努力渴望报偿的情况下，亦即政治制度必须有助于实现个人的自由情况下，显然是矛盾和冲突的。对此，霍布斯提出了自己的观点。他在1651年出版的《利维坦》一书认为，人们应该借助建立国家，来保障社会的和平。虽然，他也认为君主制是一个理想的政体，不过，他还指出，那只不过是统治者给予自身权利，而使之成为统治者的情况。

故此，他批判了国家及其起源的神学教条，反对君权神授，并猛烈地抨击了教会，进而提出了“自然状态”国家起源说。但是，霍布斯最终还是否定了自由民主的观点。与之不同，当时英国的另外一位哲学家约翰·洛克则更为进步，他的政治观点也更为明确，且其影响更为深远。在洛克的《政府论》中，首先提出君主或立法机构是否违背它们的职责，不是由自己而是由人民来作出判断。为了限制君主权力，洛克提出了分权的学说，即立法权、行政权和监督权三权分立并互相制衡，同时主张实行代议制度。这一观点，后来经杰弗逊之手于1776年在美国的独立宣言中得到充分反映。除此，洛克思想对法国大革命还产生了深刻的影响。洛克思想对人和人性的自由与解放发挥了巨大的作用，尤其是他的以下观点：①人民受理智的自然法则支配，而不是受专横的统治准则或为独裁者的各种念头所支配；②人类社会是以私有财产为基础的，自然和理智的法则规定了人们不得侵犯他人的财产，个人的财产权和政治自由都应受到保护。也就是说，既然人们具有天赋的财产权，那么国家就不能剥夺这种权利，相反，必须要保护人们拥有的财产权。洛克在政治上主张个人自由，在经济上主张私人财产不受侵犯的观点成了资本主义的信条，从而为鼓励人们利用财产来追求幸福，保护财产契约关系，进而积极促进社会生产力发展提供了有力的思想保障。

（三）市场伦理是人在经济上的解放

市场是资本主义赖以生存和发展的商品交换的环境。那么，人们是怎样认识市场并发现市场之魔力的呢？在中世纪，当时主要还是自然经济，市场也很不发达，经济基本上还处于一种自给自足的半封闭状态，因此，在其经济思想发展方面也基本上没有什么大的成就。到了16~17世纪，西欧出现了一种新的、相对统一的政权局面，尤其是新航线的开通和新大陆的发现，为开拓国际性市场提供了可能。这使得欧洲此时产生了重商主义倾向，以及与之相应的经济理论。由于国际商贸可以获得巨额的利润，所以，政府干预一切经济活动，从而约束了私人的主动性。这种情况，既鼓励了发展经济，同时又在一定程度上阻碍了经济的发展。随着当时由欧洲发起的国际战争的频繁出现和对殖民地国家掠夺的加剧，使得已形成的国际市场受到了严重破坏，同时重商主义也开始衰落。由于重商主义同启蒙时代的哲学思想存在着矛盾，客观上也导致了当时重农主义的兴起。魁奈认为财富不在于金银，而来源于农业生产。因此，他主张自由放任的资本主义，强调政府不应加以干预，而应使市场经济机制任其运行，因为这种机制有其本身和谐的内在规律，如果政府干预就会破坏这种规律。亚当·斯密进一步提出了只有市场与竞争才是经济活动的调节器，市场这只“看不见的手”能保证资源得到最佳配制，并发挥最大的效能。每个人、每个国家都可以在完全竞争的市场上使自身的利益实现最大化。亚当·斯密在《国富论》中，以制针为例，提出了分工的理论。分工可以大大提高劳动生产效率，从而使之获得较强的市场竞争力，并取得所谓“最大化的利润”。应当说，分工理论既是市场经济的一个重要支柱，也是工厂制度的基础。正如丹尼尔·雷恩在《管理思想的演变》一书中所评价指出的那样，由于亚当·斯密的著作，使得“英国在市场伦理中找到了在经济上对发挥个人主动性的支持而不是重商主义，找到了竞争而不是保护，找到了创新而不是经济的停滞，而作为激励的力量，找到了自我的利益而不是国家的利益。市场伦理是为工业制度繁荣发展而创造了文化环境的三种力量中的一个因素”。

概括起来讲，如果说，新教伦理是对教会的集权统治的挑战，它要求获得精神上的解放是对人们今生要争取取得成就之需求所做出的反应；那么，个人自由伦理与之不同，它是在反对铁板一样的政府形式的斗争中，要求确保保护个人权利在政治上的解放；市场伦理也有其特定含义，它使个人自由解放更推进了一步，换言之，就是在反对重商主义思潮中，尚需要求使个人进一步获得经济上的自由和解放。客观上，这三种伦理观的综合性力量，构成了当时资本主义精神的主要内涵，而资本主义精神也成了当时针对封建教会之革命中的强大的思想武器。所以，当生产关系和生产力发展的矛盾积聚到一定的程度时，资产阶级革命就成为历史发展的必然。

资产阶级革命首先是从英国开始的。16 世纪，英国开始进行海外贸易，与此同时它也进行海外掠夺。加上国内圈地运动，这为英国资本主义的发展积累了资本，逐渐形成了新兴的资产阶级。而此时封建王朝查理一世依然厉行的专制，经常地触犯新兴资产阶级的利益。这样，在 1640 年，酝酿已久的革命终于爆发了。直到 1688 年革命取得最终的胜利。英国资产阶级革命成为世界进入资本主义时代的标志。1789 年法国革命群众攻占了象征着封建专制统治的巴士底狱，法国大革命由此爆发了，随后也建立了资产阶级政权。1776 年 7 月 4 日，美国的大陆会议通过了《独立宣言》，美利坚合众国继之诞生了。在英国资产阶级革命成功后的短短一百多年里，西方资产阶级革命相继获得了成功，为生产力的发展开辟了道路。从此，人类社会进入到以资本主义为主的时代。在资产阶级革命的过程中，法国的启蒙运动对资产阶级革命的影响是十分巨大的，其中，思想界最著名的人物有伏尔泰、孟德斯鸠、卢梭和狄德罗。孟德斯鸠在他的《论法的精神》一书中提出了立法权、司法权、行政权三权分立的原则，继洛克之后，又一次提出了权力制衡的管理设想，并使之成为资本主义社会最佳的管理思想，为后来资本主义能够长期发展铺平了道路。应该说，这些思想对公司中股东大会、董事会、监事会和总经理之间的权力制衡结构方面，同样有着较大的影响。卢梭强调《社会契约论》，认为人人都应遵守社会契约。而狄德罗的《百科全书》则反映了启蒙思想的特质。它既体现了反迷信、反宗教迫害、反专制、反社会不公平，同时它也反映了当时的一切的科学成就。法国的启蒙运动突出宣扬天赋人权、三权分立，提倡自由、博爱和平等，这些思想不仅对当时资产阶级革命有巨大的影响和推动作用，而且也是以后管理思想发展的一个重要理论渊源。

二、英国的工业革命为古典管理理论形成提供了产业准备

工业革命的爆发是人们在新教伦理、个人自由伦理、市场伦理三种伦理观的综合作用下获得的精神方面的突破，进而在科技上不断获得突破的结果。三种伦理观再加上科技这个加速器的助跑，使得四种力量相互作用、相互配合、相互促进，从而促进了生产力的大发展以及生产关系的进步。也可以说，如果没有人的精神上的解放，政治上的宽松，经济上的自由和科技进步，那么，就不会有工业文明新时代的到来。同样地，当然也就不会有当时古典管理思想的出现。

工业的进步和贸易的发展是彼此联系在一起的，它们之间相互影响，并且相互促进。不仅工业的发展迫使人们不得不去寻找新的市场，从而促进了商业贸易的发展，而且商业市场的扩大也促进了工业企业的进一步发展。18 世纪后，由于重商主义的作用，商业贸易成为当时英国的主要经济活动。正是商业贸易的发展为工业革命做了准备。

近代大工业产生于 18 世纪最后 30 多年的英国，其发展之迅速和产生的影响之深远，是人们始料不及的。从某种意义上来说，它比一场政治革命还来得彻底。

18 世纪上半叶，英国国内的商业发展仍然局限于狭隘的地区范围之内，而提供这些商品的来源一般都是家庭作坊，销售商品者是一些中间商人、流动商人、小贩、城市开店人，销售形式则是定期的集市，以及较大城镇中工业品较为集中的一些市场。由于当时英国交通条件十分恶劣，这使商品流通受到极大的限制。英国是一个岛国，海岸有许多很深的河口和避风港，便于航行。航行条件的便利和水力资源的丰富，也使许多城市和集镇在这些地方开始建立起来。为了有利于商业流通，满足海外及国内自由贸易的发展，他们又开始开掘运河。1793 年，一大批运河已经开通，这使得一大批城市，诸如曼彻斯特、伯明翰、伦敦等

相应建立。客观上，这些都为工业革命提供了先决条件。换言之，由于商业的发展，促进了英国许多城市的建立，并最终引发了轰轰烈烈的工业革命。

工业革命的产生为古典管理理论的产生提供了产业条件。在英国，纺织工业是工业革命的源头。而毛纺业的发展引发了当时的圈地运动，改变了原有的土地所有制形式，使原有自然经济遭到严重破坏。这种情况，不仅为大工业的产生扫除了传统习惯上的障碍，而且促成圈地运动中使得失去家园的无业人员成为资本主义工业生产所必需的劳动力资源。当珍妮多轴的纺纱机出现以后，尤其是水力的多轴纺纱机由阿克赖特创造出来时，寻找一种随处可得并不受河流限制的动力就成了亟待解决的问题。这时，蒸汽机的出现，不仅为工业革命的爆发点燃了导火索，而且成为工业革命的推进器。在当时，蒸汽机很快被非常广泛地运用于工业领域，推动了所有工业部门的机械化。故此，历史上人们将蒸汽机引发的工业革命的时代，称为蒸汽机时代。蒸汽机是人类生产技术史上的一大进步和飞跃，它使当时工业生产摆脱了人力和自然条件的限制，使人的能力首次得以延伸。这既是生产力的一次大解放，也是工厂管理制度确立的基础。

英国工业革命的过程，基本上包括了三个方面：如果说，纺织机等机械的出现，是工具上的革命，那么，蒸汽机的产生则是动力上的革命。对于工厂制度来说，它的产生则属于生产组织方式的革命范畴。这三个革命，按时间来说均属同一个时代，并且在商业贸易的带动下相互补充、促进和推动，这就造成了英国工业革命得以爆发的客观条件。正如恩格斯所说："分工、动力，特别是蒸汽力的利用，机器的应用，这就是从 18 世纪中叶起工业用来摇撼旧世界基础的三个伟大的杠杆。"工业革命不仅促进了生产力的大发展，而且引起了社会的巨大的变革，使得资本主义最终战胜封建主义，并在全世界占据统治地位。

管理思想的发展也是同样，它是和当时人们对自然的认识水平、生产工具的先进程度、生产的组织方式以及文化背景紧密地联系在一起的。资产阶级革命成功地建立了资产阶级政权，这使得资本家在政治上得到了保证。加之，商业贸易的发达给资本家开辟了更加广阔的市场空间，工业革命的爆发使得资本家获得充足的动力，文艺复兴和思想启蒙运动又为资本家提供了强大的精神支柱。因此可以说，在 18 世纪后半叶工业革命爆发时代，无论是从社会发展的外部环境还是从人们自身的认识水平这一内在因素方面说，都为资本主义的高速发展提供了物质的、精神的和理论上的保证。接下来的工作便是：人们如何在市场运行过程中通过管理方面的努力，以高效率方式取得最大利润？因此，古典管理思想就应运而生了。

三、经济理论中的管理思想为古典管理理论的形成提供了理论准备

就早期的管理思想本身来说，除了上述的各种必要的条件和背景推动其发展外，我们也可以在管理思想发展痕迹中找到经济思想对管理产生的直接影响。在这些思想中，复式记账法的产生，斯图亚特、亚当·斯密、大卫·李嘉图的思想尤为重要。特别是，亚当·斯密的“经济人假设”理论，直接影响了古典管理理论的产生和发展。

复式记账法的出现，为企业提供了重要的管理和控制方法。在 13 世纪的意大利，由于商业贸易的发展，有些银行家开始采用复式记账法。1494 年卢卡·巴舒里出版的《算术、几何、对称和相似概要》首次对复式记账法加以理论说明。该书蕴含了许多现代管理思想的雏形。其大体内容有：第一，复式记账系统是一种管理信息系统，它告诉企业家其现金与库存的状况，并能核算现金的流量。而现金流量表是现代企业管理中最重要的报表之一，也是企业管理和控制的最为重要的手段之一。复式记账法在很大程度上也被现代会计所采用。第二，该书开始强调企业的内部管理，建议采用把备忘录、日记账和分类账都同时编上号码和注明日期，并且，要求文件务要详尽完备，并永久保存，以备管理方面的查询和研究之需要。18 世纪初，伦敦的一位会计教师托马斯·瓦茨也在一篇文章中论述了复式记账法的优越性，他指出：在复式记账中，各种账户之间存在相互联系和依存的关系，而且所有的账户必须保持平衡，以致不可能出现不公正或不正当的意图或事后把任何东西塞进账簿中去。而在记账的过程中，所发生的任何错误也必须应被核查出来予以更正。在 18 世纪中叶，人们已经开始有了关于计划职能方面的认识。而复式记账方法除了在当时发挥作用外，它也成为现代企业管理的重要方法之一。

分工是生产和工厂制度的一个主要支柱。最早研究分工的，是詹姆斯·斯图亚特爵士（1712 ~ 1780）。斯图亚特是英国重商主义后期的重要代表人物，他的《政治经济原理研究》出版于 1767 年，早于亚当·斯密的《国富论》9 年时间。在这部著作中，斯图亚特阐述了货币流通的一般规律，主张国家全面干预经济生活，并先于亚当·斯密提出劳动分工的概念，论述了工人由于重复操作而获得技巧性。他早于泰勒 100 多年时间指出工作中的研究方法和刺激性工资所发挥的作用。与此同时，他还指出了管理人员和工人之间的分工问题，指出机器代替工人的劳动，不但不会使工人失业，反而会有更多就业机会。因此，可以说，斯图亚特对古典管理理论的产生同样做出了贡献。

亚当·斯密（Adam Smith，1723～1790）是英国古典的经济学体系的创立者，他的最主要的代表作《国民财富的性质和原因的研究》（也称《国富论》）于1776年出版。该书的问世，标志着资本主义商品经济理论体系的完成。亚当·斯密经济思想的核心是自由市场经济。其研究视野开阔，涉及的问题和领域颇多。在他的著作中，除了与经济直接相关的问题外，还涉及与古典管理之形成直接相关的一些理论问题。例如，他把分工问题视为国家财富增长的根本原因，强调分工带来的经济效率。并且他认为，一个国家财富的多少，完全取决于这个国家中国民所提供的劳动的数量情况，而劳动数量又与参加劳动人数的多少和劳动生产率的高低两个因素紧密联系。因而他指出，劳动生产率的高低，不仅取决于个人的能力或技巧（技术），而且取决于生产中的分工，这也是被他所认为的、之所以能够提高生产效率的原因所在。亚当·斯密同时指出了“生产的合理化”这一重要管理学概念，并强调，如果说，劳动是国民财富的源泉，那么，提高劳动者的素质则是国民财富增长的原因。还有，他对控制职能方面也有所认识，认为控制职能就是要对被控制者施加影响，亦即，如果对控制者无法施加任何影响，也就无所谓控制。亚当·斯密还强调不能忽略计算投资成本方面的问题。他解释说，购置高价的机器，必然期望这种机器在磨损前所成就的特殊作业可以收回投资，并至少获得普通的利润即是当时的利息的两倍。可以说，除了在市场经济原教旨方面发挥的作用，亚当·斯密对早期古典管理学理论的产生也有着直接影响。他所强调的“经济人”的学说和思想，不仅是后来古典管理学理论建构的思想渊源，事实上也成了自古典管理学以来所有传统管理学理论建构的核心理念。

除了亚当·斯密，大卫·李嘉图的学说同样是西方古典管理学，以及所有传统管理学的思想渊源。大卫·李嘉图（David Ricardo，1772～1823）是19世纪初叶英国的资产阶级经济学家的杰出代表和完成者，其代表作是1817年出版的《政治经济学及赋税原理》。大卫·李嘉图有关管理思想方面的论述可从以下两个方面来了解：一是在资本和管理技术的关系上，他提出了所谓的“工资规律”概念，认为工人劳动创造的价值是工资、利润和地租的源泉。而这正是经营管理学中所涉及的重要问题。李嘉图不加掩饰地指出：工资越低，利润就越高；反之，工资越高，利润就越低。事实上，这正是资本主义前提下，所有管理者不懈追求“自身利润最大化”过程中所深谙或熟知的道理；二是他提出了“经济人的群氓假设”。该假设认为：①社会由一群群无组织的个人所组成；②每个人以一种计算利弊的方式为个人的利益而行动；③每个人为达到这个目的，尽可能地合乎逻辑地思考和追求。从这个假设前提出发的必然结论是，对这些被他所认为的“群氓”，只能以绝对的、集中的权力来统治和管理，这也是他继亚当·斯密之后，对“经济人”的较早研究和论述。因此可以说，这些思想对后来古典管理学的产生与形成，都有着直接影响。

四、从可持续发展角度对“经济人假设”理论短板的批评

传统的管理是被自由市场经济国家普遍应用的一种方式。这种管理方式更注重经济效益的目标，“经济人自身利益的最大化”是其不懈的追求。为了满足自身利益最大化的欲望，管理者抑或企业主的形象，就像保罗·J. 芒图在《十八世纪的工业革命》中所描绘的那样：他们“专横、冷酷无情、有时甚至到残忍的程度，他们占有的欲望和贪得无厌就像暴发户一样是无止境的”。传统的管理方式，在当时的制度条件下，一切都是为“经济人自身利益最大化”服务的，资本家所从事的一切，都是为了资本和利润的增值，人就成了实现这一目的的手段和工具。这种管理方式，实际上促成了马克思在《1844 年经济学哲学手稿》之中早就批评过的“人的劳动和自身的异化”的形成。这是管理科学史上最不关心人的时代的产物，因此，它只是片面地强调所谓“经济效率”的一种管理方式，或曰“偏执经济”的管理行为。传统的管理理论是一种“经济人”式的偏执理论，它既导致了社会经济管理过程中的严重失衡，同时也失去了管理过程与自然生态关系的融洽性。为了从根本上对这种管理方式进行批评，我们有必要对“经济人”理论进行评析，因为这是我们批评传统管理理论的重要前提。

其实，早在 18 世纪与 19 世纪之交，抨击“经济人”理论的学者就不乏其人。美国经济学家凯里就曾指出：“经济人假设”所讨论的乃是人的低级本能，这是一种对人亵渎的、类似野兽哲学的假说。而德国历史学派的学者们，诸如威廉·罗雪尔等人则更有力地抨击了古典经济学家亚当·斯密的学术观点，认为它是对人自利行为的放大化的片面的夸大和强调。故此，他们指出：古典经济学对“经济人”的抽象，没有从整体上反映人的面貌。它只是过分强调了人的行为中不健康的部分，只重视人的自身行为的驱动，而撇开了其所具有的、事实上也存在着的良好动机和特征。很清楚，逻辑前提的不正确，必然推导出荒谬的结论。片面地强调人的自利性而忽略作为正常人的其他因素，并将放大了的人的自利行为抽象和概括到所有的人，无异于把人降低到动物的程度。它不仅不符合正常人的行为，而且是对人的行为的亵渎与贬低。历史学派的学者们对古典经济学理论假设前提的批评非常深刻。他们还认为，在亚当·斯密的理论蓝图版本中，过分

纵容了对人性恶的一面的张扬和对人性善的方面的抑制。强调人的趋利意识无疑将会对社会产生很大的负面影响，故此，他们主张推行有助于遏制“经济人假说”理论的伦理观与价值观，以防止“经济人假说”理论对人类社会造成的不良后果继续扩大。

进入20世纪以来，诺贝尔经济学奖获得者阿玛蒂亚·森在其《伦理学与经济学》一书中，也同样批评了“经济人”学说的自利性特征。他说：“极为狭隘的自利行为假设的广泛使用，已经严重限制了预测经济学研究的范围，使其很难分析由行为多样性所引起的广泛的经济关系。”他还指出：“经济人”的学说，将使我们“陷入狭隘而不真实的绝对自利行为假设之中，可能会把我们引入一条有疑问的‘捷径’，它的末端并不是我们所希望达到的地方。我们的目标是理解、解释和预测人类行为，从而使经济关系得到卓有成效的说明，并应用于经济预测、判断和政策制定。从预测的有用性这一角度来看，把除了极端狭隘的自利动机之外的所有其他动机全部抛弃这一做法，就不是正确的，能否得到经验的支持也是相当可疑的。对于我们的工作来说，走入这一条狭隘的道路绝非幸事。”很清楚，森对古典经济学理论中所强调的“经济人”的自利行为持有十分强烈的否定态度。他以实证性的案例证明了没有充分依据表明“经济人自身利润的最大化”就是对人类现实行为的最好的揭示。同样地，也没有充分依据表明“经济人自身利益的最大化”与经济上的最佳成就二者间存在逻辑上的必然联系。为了证明“经济人自身利益最大化”假设理论的非正确性，一位叫哈维·莱本斯坦的学者研究出了一种“X非效率”的分析模型。该模型所依据的主要是主体行为动力学。这种理论观点认为，只有在压力极大的情况下，人们才会采取“最大化”的行动，通常在压力不大情况下，人们只是把部分精力用于做出合理决策所必需的信息上，让决策同时也依赖于习俗、惯例和道德习惯方面，而并不是努力追求什么“最大化”。鉴于这种情况，莱本斯坦强调：必须超越“经济人”并以“非最大化”作为衡量标准和假设前提。

另外一位对“经济人”学说提出批评的是诺贝尔经济学奖获得者赫伯特·西蒙（Herbert A.Simon，1916~2001）。针对“经济人自身利润最大化”新老自由主义学说观点，提出了自己的不同见解。西蒙认为：人们在现实生活中实际行为或可能行为，与“经济人假说”的最大化或最优解联系不大。现实中，我们根本无法准确地求解所谓“最优解”。因为企业家的目标是多样化的，并且有时还是相互冲突的，这就决定了我们决策时的目标多样性和决策目标间所必须具备的协调必要。决策时，人们必须协调个人价值目标、效率目标及利润目标多方面的因素

(其中包括受个人与社会联系的种种限制因素)。故此，与所谓“最大化”所不同，人们只能用“满意解”来解释。

自亚当·斯密以来的所有经济人学说，均以“经济人假设前提”为其核心目标建立经济学或管理学理论体系，从来不将庇古理论意义上“外部性”概念抑或体现外部生态环境内涵的“外部性”问题作为自己的目标和研究内容。可以说，这是与当今时代可持续发展战略目标极为冲突的。因为“最大化”意味着穷尽，而这在现实生活中是根本不可能的。在目标多元性和过程动态性的前提下，任何规定目标的所谓“最大化”，都不符合实际情况。这种“利润最大化”的原则制定，除了表明新老自由主义者对财富和利润的贪心外，就是不符合客观逻辑。当然，那些深谙此理的自由市场经济的推行者和获益者，通过非正常手段，掠夺式地实现上述目的，并以“利润最大化”作为自己始终如一的目标原则和信条，也就不否认其背后的深层用意了。在西蒙的陈述中，虽然没有将可持续发展置于突出位置，但其“多样化且相互冲突”的逻辑内涵和外延，已经切实蕴含了这种情况。因此，西蒙所说的“现实生活中无法准确地求得最优解”才更符合当今时代，尤其是有着经济、社会、生态复杂多元目标协同效应关系的整个21世纪的客观逻辑。

如前所述，较早研究“经济人伦理思想”的马克斯·韦伯在其《新教伦理与资本主义精神》一书中，力图说明西方国家经过宗教改革后，新教对近代资本主义形成和发展产生的重要意义，亦即新教伦理之中禁欲主义的节俭对促成西方资本主义的原始积累和投资所发挥的作用。并具体指出：“在清教影响范围内，在任何情况下的清教世界观都有利于一种理性的资产阶级经济生活的发展……它在这种生活的发展中是最重要的，而且首先是唯一始终一致的影响。它哺育了近代经济人。”这等于说资本主义“经济人”的形成和资本的原始积累，只是一种节约精神和行为的产物。作者做出这样的结论，等于他在很大意义上掩盖了资本主义原始积累的真实本质。韦伯虽然强调新教伦理对资本主义“经济人”贪婪本质的直接影响，不过，在最终意义上，他还是承认“经济人自身利润最大化”原则将会导致不可避免的灾难性后果。20世纪初韦伯就已经意识到了“经济人的自利行为”连同“自身利润最大化”原则所误导的西方资本主义必然造成的后果的严重性。即使如此，人类迟到的可持续发展的战略思想，在许多国家依然得不到真正意义上的贯彻和实施。忽略与自然生态系统联想的其他目标，只突出强调“经济效率至上的原则”的情况，在新自由主义政策导向的直接影响下，在许多国家经济发展战略中依然占据着优势。

第三节 古典管理理论中的科学管理理论的形成和发展

前面已经论述到，早期管理思想的发展，基本上是辅佐君王以获取个人政治上的统治地位，并借此调整人与人之间的关系为主要特征。当然，其中也不乏论述者实现个人政治抱负和期望方面的思想内涵。但是，最终都没有出现有关管理学方面的、独立的理论体系。19世纪初到30年代，是以科学管理理论为代表的古典管理学理论得以形成的时期。古典管理学的代表人物分别是美国的著名科学管理之父弗雷德里克·温斯洛·泰勒（1856~1915），法国行政管理理论的创立者亨利·法约尔（1841~1925），还有德国集权组织管理理论的创始人马克斯·韦伯（1864~1920）。古典管理学理论是以追求“效率”为主要特征，以“经济人假设前提”建构理论体系的。而泰勒科学管理则是古典管理学理论中最具代表性和影响力的学说。

一、倡导“效率原则”的科学管理学说产生的时代背景

科学管理制度的产生有着特定的时代背景。美国经过1861至1865年的南北战争以后，资本主义经济得到较快的发展，形成了一种新的工业发展氛围，不少地区开始出现了大型企业。可是，由于工业的快速发展，对提高生产率来说，管理成为最为薄弱的环节，车间管理如劳动的专业化、操作的标准化和程序化都没有建立起来，更谈不上工作的协调化、一体化和系统化了。这不仅造成了极大的浪费，而且造成效率低下和生产潜力得不到发挥的局面。尽管一些人曾对管理问题进行了探索，但基本上仍然是凭传统的经验办事，致使管理过程十分粗糙，达不到预期目的。这使美国经济的发展和企业中劳动生产率的提高严重滞缓，远落后于当时科学技术成就及国内外当时经济条件所提供的可能性。故此，美国有人认为，如果能够改进管理，美国企业中同样的人力和设备可以提高产量好几倍。这种情况首先引起了同企业管理有关而又具有科学技术知识的一批工程技术人员和管理者的注意，于是一批工程师、企业家对工厂、车间经营效率不高的原因进行了研究，他们进行各种试验来寻求合理协调生产过程和发挥工人潜力的方法，试图把当时科学技术的最新成就应用于企业的生产和管理之中，以便大幅度地提高劳动生产率，并利用美国的机械工程师协会发表各自的看法，从而形成了一套

科学管理的理论和方法。泰勒就是在这种情况下走上历史舞台，并成为其中最突出代表的。泰勒在当时之所以能创建出一套科学管理理论或方法并不是偶然的天才发明，因为他既吸收了前人的成果，又得到了同时代人的帮助。正如英国的管理学家林德尔·厄威克所指出的："泰勒所做的工作并不是发明某种全新的东西，而是把整个19世纪在英美两国产生、发展起来的东西加以综合而形成一整套思想。它使一系列无条理的首创事物和实验有了一个哲学体系，称之为科学管理。"

古典管理是以"经济人假设"为特征，以"生产效率"为原则的科学管理。它是以资本主义工业化大生产为主要背景，以及亚当·斯密理论意义上的市场经济运行机制为前提组织、协调并研究管理理论和思想的。它的主要特征，就是使企业获得最大化利润，并使之在市场的时空条件中能够获得生存与发展空间为最终目的的。与以往管理思想研究相比较，泰勒式的科学管理的出现，是一次有关管理思想研究的系统化和大综合，是管理成为科学的一次质的飞跃。在当时，它的作用是巨大的，因此，它也成了管理思想史上的一个里程碑。

二、泰勒对科学管理所做的探索

（一）泰勒的生平及其对所面临问题的思考

弗雷德里克·温斯洛·泰勒，1856年生于宾夕法尼亚杰曼顿一个富有的律师家庭。他的母亲是清教徒。泰勒在这个家庭中受到了不寻常的教育。在早期教育中，他大量学习古典著作，并努力学习法语和德语，同时也迷恋科学调查研究和实验，希望遵照事实改进和改革事物。泰勒的父母原本打算他能继承父业去当律师，故此，让他到菲力普斯·埃克塞特学院上学，以便能够进入哈佛大学。当时，由于他健康受损和视力下降，不得不辍学去费城的液压机厂做了3年学徒。清苦的学徒生活，使泰勒在自我管理和控制方面受到了非常严格的锻炼，为他以后的工作打下了坚实的基础。学徒期满后，22岁的泰勒来到了米德维尔钢铁公司做了一名机械工。其后，泰勒又参加了新泽西州的斯蒂文斯理工学院业余学习班，于1883年毕业，同时获得该学院的机械工程学位，并被提升为总技师，1884年又提升为总工程师。他在米德维尔工作了12年后，于1890年到一家制造纸板的投资公司任总经理。1898年，受雇于宾夕法尼亚的伯利恒钢铁公司做咨询工作。在此期间，他同怀特一起发明了高速工具钢并获得了专利。1906年，泰勒担任了声誉很高的美国机械工程师协会主席。到1915年病逝，终年59岁。他的墓碑上刻着"科学管理之父：弗雷德里克·温斯洛·泰勒"。他的著作较多，其中最著名的就是1895年发表的《计件工资》（Piecework）和1903年发表的《车间管理》（ShopManagement），以及1912年问世的《科学管理原理》。

泰勒真正开始观察管理问题是刚到米德维尔工厂当工人时的事情，当时他发现许多工人在干活时有磨洋工的现象，工作效率低下的问题比较突出。尽管此时有些工作早已实行了计件工资制，从道理上讲，工人是希望获得较高收入的，所以采用计件工资应该很容易地达到目的，但是工人仍然不愿多干活。泰勒当了工长后，就开始对这一问题进行了深入思考，为什么产量就是不能提高？他认为，工人磨洋工的原因如下：第一，存在工人的认识问题，因为他们认为，加快工作将会使一部分人找不到工作。不仅如此，它还会造成已有工作的工人失去现有工作，因此，出于从帮助同伴的角度考虑，努力增加产量的必要性也就不存在了；第二，当时的管理制度存在严重的缺陷，最主要的是经营者因产量的提高而调低单位产量的工资水平，这也引起单位产量的工资率下降的情况出现。这样，工人们就把工作量定在只要适当地把活干到不被解雇的程度，就不再继续提高产量；第三，工人们使用代代相传的单凭经验的传统工作方法影响了劳动生产率的提高。

泰勒通过以上分析，觉得主要责任在管理部门。那么，如何切实为每项工作规定完全公正的标准呢？亦即怎样取得“合理的工作量”才是解决问题的关键？这就必须从事实出发，通过科学的试验来找出这个含有深刻科学管理意义的标准。

（二）泰勒对科学管理所做的探索

泰勒针对上述问题的研究是从实验开始的，他结合多年从事机械生产的经验进行了分析，并设法寻找到解决问题的方法。其探索的主要成果反映在以下三个最有名的实验之中。

1. 搬运铁块实验。1898年，泰勒转到伯利恒钢铁厂工作，同时也请来了一些助手，让他们发挥各自的特长，并就此开展了艰苦的实验工作。泰勒把这项实验归结为4点核心内容：第一，精心挑选工人；第二，引导工人使之了解这样做对他们并没有损害。不仅如此，他们还可以从中得到利益；第三，对他们进行训练和帮助，使之获得完成既定工作量的技能；第四，按科学的方法去干活能够节省体力并完成既定工作。泰勒相信，即使搬铁块这一种纯体力劳动，也是一门很深奥的科学。通过实验得到证实，他取得了圆满的成功。

2. 铁砂和煤炭的铲掘实验。早先，铲掘工人用自备的铲子干活时，由于用铲子铲铁砂，每铲重量太重就容易疲劳；与铲铁砂所不同，铲煤则又因比重轻而使每铲重量不足。经研究泰勒发现，当平均负荷量大致每铲 21 磅时，工人就能干出最大的工作量。因此，他就准备了 8 ~ 10 个分别适合铲某种特定物料的不同的铲子，这不仅使工人能平均铲掘达到 21 磅，也是为了使这些铁铲能适应若干不同的条件。这项实验表明了“每一项简单的动作都隐含一种科学的成分。”通过这项实验，泰勒提出了一些新的管理思想：即将实验的方法引入到经营管理领域；把计划和执行相分离；形成标准化管理概念；人尽其才，物尽其用，等等。这些都是被他所认为的提高效率的最好办法。

3. 金属切削实验。在米德维尔公司时，泰勒为了解决车床工人怠工和效率低下问题，对金属切削进行了长达 26 个年头的研究，花费了约 15 万美元的巨额资金，耗用了 80 万吨钢材，各项试验达 3 万次以上。这项实验结果，不仅取得了各种机床的适当转速、进刀量数据和切削用量标准等资料，而且形成了金属加工方面的工作标准规范。除此，还发现了能大大提高金属切削机工产量的高速工具钢，并取得了专利。

泰勒的三项实验虽然也付出了巨大的代价，但都取得了成功。他从实验中概括出了科学管理的理论要点，具体包括：科学管理的中心问题是提高劳动生产率，为此必须配备“第一流的工人”,并且要使他们掌握标准化的操作方法；对工人的激励采取“有差别的计件工资制”；工人和雇主双方都必须来一次“心理革命”，变对抗为信任，共同为提高劳动生产率而努力；把计划职能同执行职能相分离，变原来的经验工作方法为科学工作方法；实行职能工长制；在管理和控制实验科学基础上，使管理成为一门真正的科学。在当时，它以“泰勒制”在美国很多工厂广泛流传，这也正是他的管理思想之所以能对当时社会起很大作用的原因。

三、泰勒科学研究群体中的同时代人对科学管理的贡献

到了 20 世纪 20 年代，科学管理经许多泰勒追随者的共同努力基本发展成熟，其大厦在历尽艰辛之后也较为完整地建立起来。在它的学科体系的完善过程中，不仅有泰勒本人的贡献，还有许多企业家和学者诸如卡尔·乔治·巴思、亨利·劳伦斯·甘特、吉尔布雷斯夫妇、哈林顿·埃莫森、莫里斯·库克等人为之付出的努力。

（一）泰勒最忠实的“嫡系追随者”卡尔·乔治·巴思

巴思是一位真诚的信仰者，他忠诚地贯彻了泰勒的正统思想，可以说，巴思

对泰勒的态度几近崇拜。巴思同泰勒私人关系最为密切，因而他也最能得到泰勒的信任。在当时的管理学界，普遍公认他是泰勒最早、最能干、最亲近的助手。巴思不仅帮助泰勒解决了许多数学难题，而且还在推广“泰勒制”中不遗余力。1908 年哈佛成立工商管理学院后，巴思尽自己所能说服了该学院院长将“泰勒制”作为当时管理学的最新成果和标准加以讲述。经过巴思的力荐，1909 年泰勒被破例接受哈佛邀请讲授其所创立的科学管理理论。这也使科学管理由工厂进入大学讲堂。后来，巴思在哈佛大学和芝加哥大学讲授科学管理时，也声称只有像他这样直接同泰勒一道工作的人，才真正了解“泰勒制”的真谛，也才是“嫡系追随者”。专门研究科学管理、曾任泰勒协会主席的教育家珀森博士，曾经对巴思给出了这样的评价：美国所产生的最伟大的工程师有两位，一个泰勒，一个就是巴思。泰勒富有远见，但不愿在细节上耗费过多精力，他需要得力的助手，而巴思就是这些助手中最能干的人。这两种类型的天才的结合，使他们二人都能发挥出更多的创造性。泰勒本人对巴思也有很高的评价，他在著名的美国国会听证会证词中这样说：“在设计出新方法把科学管理迅速付之行动方面，巴思先生也许是最有效率之人。我能想出一两个例子来，几乎是在一夜之间，巴思能设计出一种方法，使工人不必多花气力而能提高产量约 20 倍。”巴思长于数学，他协助泰勒、甘特进行科学管理中的各种实验数据分析。他竭尽全力去解答泰勒提出的各种管理问题，并创造性地提出自己的见解，力求做到尽善尽美。巴思和泰勒合作的典型例子，就是在金属切割工艺方面的研究。作为泰勒研究的补充和发挥，巴思还在 1903 年撰写了《作为泰勒管理制度一部分的机械厂计算尺》，1912 年撰写了《用科学的金属切削法改进机械工具作业》，1920 年撰写了《泰勒的“论金属切削技术”一文的补充》等一系列文章。除金属切削外，在工时研究、疲劳研究等方面，巴思也充分发挥了他的数学天赋，给予泰勒极大的协助和支持。但是，就整个科学管理而言，巴思的贡献，主要集中在与数学相关的技术层面方面。

（二）在泰勒指导下进行工作的亨利·劳伦斯·甘特

亨利·劳伦斯·甘特（Henry Laurence Gantt，1861~1919）是人际关系理论和科学管理运动的成员之一。甘特出生于马里兰州的一个贫穷的农民家庭，幼年的艰辛使之养成了勤勉、俭朴、自省、奋斗的习惯。1880 年，他在霍普金斯大学以优异成绩毕业后，一边在原来的母校麦克多纳预备学校任教，一边在史蒂文斯技术学院继续学习。到 1884 年，他已经成了一位名副其实的机械工程师。1887 年，甘特来到米德维尔钢铁厂任助理工程师时结识了泰勒，并在后来和泰勒一起到了西蒙德公司和伯利恒公司工作。此后，甘特同泰勒密切合作，共同研究科学管理问题。甘特是在泰勒的指导下进行工作的，他重视人的因素在科学管理中的作用，并做出了突出的贡献。尤其是，他发明了通过对生产日期和产量图示来控制计划与生产的甘特图（又称生产计划进度图），这是他在科学管理思想完善中的最主要贡献，为科学管理增添了光彩的一页。1902 年以后，甘特离开了泰勒，独立开业当了企业咨询工程师。第一次世界大战期间，甘特为政府和军队充当顾问，对造船厂、兵工厂的管理进行了深入的研究。由于甘特在战争期间做出贡献，因此他获得了美国联邦政府颁发的“服务优异奖章”。

（三）在“动作”研究上有着重要贡献的吉尔布雷思夫妇

与泰勒工时研究相关，吉尔布雷斯夫妇发展了这一研究成果，他们的工作，主要倾注在有关“动作”研究上。在这方面，他们夫妇有着独特的着眼点，使其工作具有开创性的意义，并丰富了科学管理的研究内容。后来，他们将研究领域扩展到对工人的“疲劳”和“心理”的探索方面，使科学管理研究视野进一步得到拓宽。故此，吉尔布雷思被称为“动作研究之父”；其夫人也被称为“管理的第一夫人”。他们在科学管理思想上的主要贡献是：在动作研究中坚持“动作经济原则”并将之推广到了工人的操作中，以使工人的工作效率大为提高。在“疲劳”研究方面，他们也有重要发现，并将之推广到了工人的工作过程中，建议在工作中以播放音乐来减轻疲劳。同时他们向社会呼吁：要把消除疲劳放在头等重要的地位。继之，他们又探讨了工人工作与工作环境之间的相互影响。弗兰克·吉尔布雷斯则强调进行“制度管理”，他认为任何工作都有一种最好的管理方法，应该把这些方法系统化为一套制度，使人人都可遵照执行。总之，这些方面都使在主要侧重“效率”的科学管理之中，略微增加了一点儿人性化气息，也略显了一点儿关注工作中“人的因素”的内容，舒缓了科学管理仅偏执地注重“效率”的主流意识。

（四）提出了职能参谋制和效能原则的哈林顿·埃莫森

哈林顿·埃莫森（Emerson.Harrington，1858~1931）是“为发展中的美国工业找到节省时间和开支方法的新型‘效率工程师’的代表人物”。1900 年，他著有《效率是作业和工资的基础》、《效率的 12 条原则》等著作。他在科学管理理论建构上的作用主要是：改进泰勒的“职能工长制”为“职能参谋制”。他提出的所谓“直线和参谋组织”，在当时，既能发挥专业知识的长处，又可不破坏统一指挥的原则，这是其一。其二是他的效率原则的 12 条具体内容。埃莫森在《效率的 12 条原则》中明确了效率的原则分别是：明确规定目标；常识；向有能力的人请教；纪律；待人公平；可靠、及时、充分、持久的记录；工作调度；标准和日程表；标准化的条件；标准化的操作；书面作业指导；效率的奖赏。除此，埃莫森的“职能参谋制”探索，也对后来企业组织理论的研究起到了先导性作用。

（五）把科学管理应用到教育和市政管理上的莫里斯·库克

莫里斯·库克（Cooke.Morris，1872~1960）是科学管理的早期研究者之一，也是泰勒的亲密合作者，他的主要研究范围是：在非工业组织中传播和应用科学管理思想。首先，库克建议在高等学校的管理中应用科学管理的原理和方法。他认为，教师应把更多的时间用于教学和研究方面，管理工作则应由专门的专家或职能人员去做，而不应由委员会来管。同时他认为，在高校，应该更多地使用助教来担任一些次要的工作，以便让高级人员多承担一些复杂工作。其次，受泰勒委托，在他担任费城市公共工程局局长的四年时间中，使市政管理中应用了科学管理基本原理，推广采用了科学管理中的高效率工作方法。除此，在申诉处理、财务计划、装备更新、人事管理、公共关系等方面，他也进行了多项变革，并按泰勒的思想建立了“职能管理”组织，使工作同样有了很大成效。即如吉尔布雷斯夫妇略显关注人的因素那样，库克同样主张管理需要人性化，主张在工资、定额、职工福利等方面，可使工会出面进行谈判，并设法使科学管理过程和有组织的工会建立起良好关系。相应地，这也受到了工会领袖的一定欢迎，对当时企业处理紧张的劳资关系也有某种程度的帮助。

上面的叙述表明，正是泰勒研究群体中这些管理学家与泰勒一起所做出的共同努力，使得科学管理的理论体系或大厦得以建立与完善。假如我们仅仅着眼于其中某个人，那么，就有可能对他们的工作做出较为狭隘的界定。尤其是，就有可能忽略科学管理在当时的管理学思想意涵。总之，在泰勒的追随者中，既有拘谨的巴思，又有开放的甘特；既有舒缓科学管理共同体中“效率”主流意识，使当时管理略显人性化的吉尔布雷斯夫妇，也有以“职能参谋制”先导性探讨早期企业组织理论的埃莫森；同时还有使科学管理跳出企业界，将之导入其他领域的库克。这使得，该管理“科学共同体”（库恩用语）中的所有人的工作，都能够形成明显的互补，并以整体面目出现，大大地促进当时的生产力和资本主义工业化的迅速发展。

四、科学管理理论的传播

从某种意义上说，泰勒的科学管理也代表了当时英美管理学界的时代特征。英国的著名管理学家林德尔·厄威克曾指出：“泰勒所做的工作并不是发明某种全新的东西，而是把整个19世纪在英美两国产生、发展起来的东西加以综合形成的一整套的思想，他使一系列无条理的首创事物和实验有了一个哲学的体系，称之为科学管理。”（厄威克编：《管理备要》）这里有巴贝奇的作业研究、汤的利益分配思想、杰文斯的劳动强度和疲劳问题研究，等等。同时，还有同时代的甘特、怀特（MunsellWright）、巴思等所做的相应贡献。就连“科学管理”这个名称也不是泰勒发明的，而是由泰勒学派的支持者布兰代斯（Louis Brandeis）在1910年10月的一次讨论中提出来的。当时泰勒并没有参加，后来，对此命名他也不是十分满意。泰勒的科学管理既是当时意义上的一次管理思想上的综合，也是管理思想发展史上的一个转折点，同时它还是一个看似完整，但并非如此的“管理学思想体系”。不过，对于科学管理在当时的建立，它还是做出了一定贡献，它使得管理自此成为一门独立学。因此，在当时条件下，它也得以迅速传播，因为他积极顺应了欧美当时的工业化发展需要，因此也很快出现了许多积极的响应者和倡导者。即如美国著名管理史学家丹尼尔·A.雷恩在其《管理思想的演变》一书中所指出的：科学管理很快找到了一些其他的倡导者，他们努力使科学管理思想在很大范围内发生影响。在他们的努力下，科学管理的理论和实践都获得了较快的发展。在实践方面，先是在美国的杜邦公司进行了广泛的应用，然后扩展到美国的通用汽车公司。与此同时，科学管理理论也走进了当时美国高等院校的课堂。在大学教育中进行管理学方面的教学和研究，不仅促进和完善了科学管理，而且还促进了企业管理水平的提高，并为企业培养了大批人才。

哈洛·珀森（Harlow Person）就是在泰勒的科学管理得到普及之前，在大学为研究生开设管理课程的。他主持了美国第一次科学管理会议，并作为泰勒协会的主席对泰勒的科学管理运动产生了巨大的影响。他认为教育者应该强调科学管理的基本原理，并集中力量对工业中的领导问题进行创造性研究。他还认为行政管理是处理企业经营中的道义、社会和政治方面的问题，而科学管理是解决技术方面的问题。珀森成为发展科学管理思想的一位重要人物。

德克斯特·金布尔（Dexter Kimball）是美国的管理学教育家。他曾在美国担任很多重要的职务，如，1920～1936年，任康奈尔大学工程学院院长，以后任康奈尔大学代理校长；1922年，担任美国机械工程师学会会长；1926～1928年，任美国工程技术委员会主席；1929 年，任工程教育促进会主席。在上述任职期间，他为普及科学管理做了大量的工作，并且著有许多的著作。他在泰勒的《工厂管理》出版后的第一年，就决定在大学里开设一门泰勒的科学管理课程。在当时的美国，这也是一项开创性的工作。直到 4 年以后，哈佛大学工商管理学院才开始按泰勒的思想来讲授工厂管理。金布尔在长期的教学实践中同样写了一些著作。其中《工业组织原理》（Principles of Industrial Organization）一书在该领域堪称开创性的著述，长期以来一直是一本标准的教科书。他能把科学研究和实际经验结合起来进行教学，这对传播科学管理理论起着很大的作用。

雨果·迪默（Hugo Diemer）是美国管理教材的编写者和管理学教育家。迪默自学成才，他于 1910 年出版的《工厂组织和经营管理》一书影响很大。他把自己对科学管理原理的领会及其在咨询工程师工作中应用泰勒制方法的经验结合起来，并且阐述了各项管理原则之间的相互联系和应用价值。他还在管理教育（包括函授管理教育）方面做出了较大的贡献。在其管理实践的过程中，也长期从事着与管理学相关的教育工作。他在任宾夕法尼亚州立学院教授时，是最早主张把工业管理作为教学大纲的中心人物之一。即使在他生命的最后 19 年中，还在芝加哥拉萨勒函授学院工作，并对成千上万不脱产的管理人员进行函授教育，使他们都能自学成才，以便提高工作中的管理效率。总之，他的管理实践活动、咨询工作、著作及教学等，都对促进美国管理学教育和发展产生了较大影响，同时也对泰勒科学管理的传播起到了积极的推动作用。

五、对泰勒科学管思想的评述——从“外部性”角度的审视

作为古典管理学的科学管理是对资本主义工业化起飞阶段积极顺应的产物，是以市场经济“经济人假设前提”所建构，并极力强调工业企业“效率原则”的一种管理学说。所谓“效率原则”，在此，我们称为“效率主义逻辑”，它所注重的是对资本主义工业化起飞阶段经济效率的大力推动作用。换言之，也就是以所谓“科学管理”之手段，对资本主义工业化起飞阶段生产力发展起到极大的助推作用。如前所述，在本书虽然我们对之也做出了积极评价，那也是以历史唯物主义的态度，将之置于一定历史条件下所做出的客观分析。尚需进行批判性的冷静的反思。这种反思，在今天外部环境危机十分严峻的情况下尤其必要，因为这也是我们所处的可持续发展战略时代亟待解决的理论问题。因此，本书从以下两个方面，尤其是从“外部性问题”角度对之进行审视和评价。

（一）科学管理是顺应大工业起飞阶段之需要的管理学理论

科学管理诞生在美国，是与美国当时的社会、经济、文化的发展有着紧密联系的。根据美国经济学家罗斯托的经济成长五阶段论的观点，人类社会的发展经历了传统社会阶段、起飞前阶段、起飞阶段、成熟阶段和高消费阶段等五个阶段。而科学管理时代美国正处于起飞阶段。这个阶段在社会历史进程中，是有着决定意义的时期。在这个阶段中，它不仅出现了大工业的迅速发展，而且社会经济出现持续的增长。主要成长部门有可能通过革新创造或者通过利用新的资源，从而形成很高的成长率，并带动社会经济中的其他方面不断扩充能量；经济的补充成长部门，由于直接适应主要部门的发展，或者作为主要成长部门发展的条件，如与铁路发展有关的煤、铁和机器工业等；派生成长部门，这些部门的发展同实际总收入、人口、工业生产的增长之间存在着某种稳定的关系。由于经济处于起飞期，几乎整个经济都是处于快速增长过程。因此，起飞阶段与工业革命和生产方式的剧烈改变直接有关，它在比较短的一段时期内产生了决定意义的后果。在这个阶段，要使具有经济现代化观念的人战胜坚持传统社会观念的人，在社会、政治和文化方面取得胜利。所以，对起飞的强大的刺激力量，既可能表现为政治革命的形式，也可能是技术革新的方式，还可能是管理方式变革的形式，并以此顺应快速发展的工业化经济。科学管理运动正积极顺应了这种工业化经济起飞的需要。

钱德勒将美国工业化大企业发展的历史分成四个阶段：① 资金的初步扩大和积累；② 合理使用资金；③ 发展新的市场和行业，以保证继续充分利用资金；④ 建立一种新的结构，以便有可能继续有效地动员资金来满足变化中短期的市场需求和长期的市场趋势。[①]按此理论分析，科学管理时期正是美国大公司处于资金积累阶段向资金使用阶段过渡的时期。在这个阶段中不仅亚当·斯密所说的“看不见的手”在强烈地支配各个企业的运作，而且另外一只钱德勒所称的“看得见手”，也在快速形成和支配着企业的运作，即由支薪经理管理的现代工商企业管理，协调着企业运作，用管理上看得见的手取代市场机制看不见的手。而这只看得见的手所操纵的就是管理思想和管理方法，这正是科学管理所提供的。正是这种科学管理思想把管理职能从工业生产中分离出来，从而形成管理阶层。管理层级制一旦形成并有效地实现它的协调功能后，层级制本身也就变成了持久

① 钱德勒. 看得见的手：美国企业的管理革命. 重武译. 北京：商务印书馆，2001.

性、权力和持续成长的源泉。科学管理理论为企业层级制的形成提供了锐利的武器。

当时的自然科学对科学管理思想的形成以及扩展也是有一定影响的。为了追求效率，通过科学管理来把人训练成“肉体机器”，这个直观上的观念给当时资本家提供了一个很好的口实。这时，达尔文的《物种起源》一书中关于进化以及通过生存竞争进行自然选择的理论已经相当普及，社会达尔文主义就把这一理论引入了人类社会。因此，所谓优胜劣汰、适者生存的信条进入人类社会的各个方面。客观上，这也成了企业、市场等方面竞争而不择手段的主要依据。通过不受限制的所谓竞争，使最适应者生存下来，并沿着社会成功的阶梯向上爬去，相反地，不适应者将永远处于社会底层，通过进化最终被消灭。适者生存的哲学为残酷无情的商业竞争和各种毫无原则效率的活动提供了依据。所以，科学管理理论的产生，尽管当时也有人反对，但还是符合当时社会伦理观念的。应当说，在管理思想史上，到行为科学出现之前，科学管理理论一直都占据着统治地位。

客观地说，科学管理思想的确立对当时的生产力发展和社会进步，也发挥了重要的推动作用。它给当时的工业文明发展和进步提供了重要的思想方法。尽管这一思想方法的很多方面不尽完美，具有很大的片面性，片面地注重工业管理过程的“效率原则”，既忽略了管理中的人性化色彩，亦即维尔弗雷多·帕累托理论意义上的“情感逻辑”，更忽略了人类赖以生存的自然环境的保护——庇古理论意义上的“外部性问题”。

(二) 泰勒科学管理局限——对外部社会范畴和自然生态系统的无视

古典管理理论是人类历史上首次以科学方法探讨管理问题取得的成果，其实质上反映了资本主义生产力发展到一定阶段对管理的要求，亦即要求管理应当顺应当时的生产力发展。反之亦然，当时管理思想、技术和方法的进步，又促进了当时生产力的进一步发展。在此情况下，科学管理理论，首先表现在以它为核心的古典管理理论将作为现代管理理论的基础之一，它所要解决的问题也同样是现代管理理论要解决的问题，故此，以科学管理为核心的古典管理理论对现代管理研究依然具有参考价值。其二，古典管理理论对今天的企业管理仍然有着巨大的指导作用，古典管理理论对提高产量、提高生产和工作效率等方面具有不可替代的作用，其管理方法对今天的企业管理来说仍然是十分重要的。科学管理不仅为现代管理理论的建立提供了必要的基础，而且还为现代企业在管理方法上提供指导，应该说它是不朽的。其三，古典管理理论是在当时的生产力发展水平背景下建立起来的，这是与当时的生产力发展水平相联系的，或者说古典管理理论适应于其相应的生产力水平。而对于发展中国家来说，其生产力的发展水平如果相当于美国、欧洲 20 世纪初的生产力水平的话，那么古典管理理论应该是这些国家主要适用的管理理论，若再结合本国的特点，就会构成指导该国的管理理论。

当然，随着社会的进步和生产力的发展，科学管理的局限性也逐步暴露出来，科学管理也与其他的一切管理理论一样是不可能解决一切管理问题的。之所以把泰勒等所创立的管理理论称为古典理论，一方面是出于对时间阶段的划分，另一方面是古典管理理论和现代管理理论有着重要的区别，这些区别正是科学管理理论的理论缺陷所在。如前所述，首先是其对帕累托理论意义上人性化即“情感逻辑”研究的忽略和缺失方面（在古典管理学科学共同体中，虽然也有吉尔布雷斯夫妇对人的因素的微弱讨论，但总体上说，并不构成主流），对人性化管理的探索，事实上依然仅仅停留在“效率主义逻辑”的范畴之内。总之，从泰勒的科学管理理论中可以总结出三个基本出发点：其一，效率至上原则，亦即管理的中心问题就是提高劳动生产率；其二，为了谋求最高的工作效率可以采取任何方法，特别是在各项工作或作业中运用标准化的操作方法，而不用考虑人性的特点。第三，为追求最高效率，管理人员和工人都要实行所谓“重大的精神革命”。其所强调的“劳资双方应该互相协作”，不是帕累托理论意义上的人性化管理，而是以牺牲工人的利益来达到他所讲的“共同利益”。泰勒通过科学管理不断地增进资方的经济效益，这是他核心的思想。尽管他并不完全承认这一点，而是强调其研究工作对劳资双方的互惠性质，但是，他所研究的成果在当时是完全符合美国资本主义经济发展的趋势，也是顺应自由市场经济“经济人自身利润最大化”原则要求的。事实上，历史的发展却给了否定性的结果，1929 年至 1933 年资本主义危机造成的失业大军就对泰勒非人性化的“劳资双方互惠整体”作了最好的说明与注解。

泰勒的科学管理理论还存在其他局限性。如研究的范围比较小，只关注研究对象的内部，研究内容也比较窄，侧重于生产作业管理，仅仅把管理的对象看作是一个客观存在，这个客观存在没有一定的抽象性，就事论事，尽管也对这种客观存在进行了一些概括，并提出了一些规律性的认识和原则，但是没有把管理对象上升到系统高度来认识。这也许是和泰勒本人的经历有直接关系；泰勒的研究对于现代企业的经营管理、市场、营销、财务等，都没有涉及；更为重要的是，泰勒认为人仅仅是一种经济人的人性假设所具有的局限性限制了泰勒的视野。泰勒所处的时代，是亚当·斯密的自由市场经济在西方资本主义诸国盛行的时代。无论他对科学管理如何认定，其研究成果总是深受自由市场经济“经济人”理念的影响。他的理论，无论如何也难以摆脱为资本主义私人占有制“经济人自身利润最大化”服务的宗旨。尽管他试图通过其研究成果弥补劳资双方之间天然存在着的鸿沟，但是，正如丹尼尔·A. 雷恩所评价的那样，“泰勒既有长处也有缺点，以他的《科学管理原理》为例，鼓吹的成分胜于事实，改革的设想多于科学方法。他提到了‘真正的科学管理’，然而在实践中却多次违背他自己的原则。”“他在担任机械厂工长时取得的初步经验使得他同工人们发生了激烈的对抗。”以致使他自己也不得不承认：“我要对付的是一座石墙。”泰勒，他毕竟是自由市场经济时代“经济人”式管理科学理论研究的代表性人物，与“社会人时代”一些管理思想家的理论探索工作相比，二者必然有着根本性的差别。因为，后者通过深入研究和实证性讨论，并受哈佛大学心理学家亨德森教授的帕累托学术圈之影响，人们已经认识到“人际关系”抑或“社会关系”对于管理工作的重要意义。因此，他们又形成了一种与“经济人”理论相区别的、新的理论样态，并把管理科学理论研究推向了一个新的研究领域。在古典管理理论中没有把人作为管理的中心。在现代管理理论中，人是所研究的中心课题，而正是因为对人性的深入探索，才使现代管理理论丰富多彩。

其次，泰勒的科学管理理论没有把它的研究对象视为一个内外上下诸要素结合的系统来进行考察，而现代管理理论的基础就是把管理的对象看成一个系统，以系统理论的方法来对管理对象进行深入研究的。古典管理理论的着重点是放在经济人式的内部组织，即所研究的是生产部门的内部如何把提高生产率作为管理的目标。而与之不同，现代的管理理论特别关注的是把企业赖以生存的市场作为研究对象，把消费者作为考虑的重点。客观上，这是企业研究的重点不仅着眼于企业组织内部，而且伸向社会范畴的外部方面。简言之，现代管理理论对企业经营管理的研究主要是人和市场，而这两点都是古典管理理论没有进行研究和涉足的。根据现代系统理论，任何一个企业系统都是在一定的环境（社会环境）下生存发展，而且环境是在不断变化的，这样企业的生存发展也是在不断地与社会环境变化交互作用下进行的，这是一个动态过程。古典管理理论对企业发展的社会环境考虑得非常少，这种社会范畴外部社会因素研究的严重缺乏的缺陷及其在今天表现出的局限性，也为现代管理理论提供了批判的空间。正因为此，后来现代管理理论才呈现出学派林立的局面。

再次，泰勒的科学管理不只是对社会范畴外部性问题的忽略，更严重的是它对外部生态环境保护问题的无视。事实上，他所主张的“效率主义逻辑”在极力助推资本主义工业化生产力迅猛发展的同时，也极力助推了生态环境的极大破坏。这种情况，早在19世纪马克思就曾予以过严厉批评。他在《1844年经济学哲学手稿》一书中，严厉抨击了资本主义工业化发展无视自然界而导致的十分严重的异化问题。“异化自然”，在福利经济学派创始人庇古理论意义上被称之为“外部不经济”。今天的所有环境危机问题，都与市场经济“经济人”追求“自身利益最大化”的所谓“内部经济”而无视“外部不经济”的行为密切相关。故此，从这种意义上说，我们不能仅仅滞留在对泰勒科学管理一味地溢美方面。因为他所主张的“效率主义逻辑”只是在单纯意义抑或片面意义上对资本主义工业化生产力发展的极力助推，而严重忽略人与自然关系方面的协调问题。正因为如此，今天的环境危机与首倡“效率主义逻辑”的“科学管理”也不无关系。马克思十分关心我们赖以生存的自然环境，他指出：“自然界，就它本身不是人的身体而言，它是人的无机的身体……所谓人的肉体生活和精神生活同自然界相联系，也就等于说自然界同自身相联系，因为人是自然界的一部分”（《马克思恩格斯全集》第42卷第95页）。马克思又批评指出：在资本主义制度下，“人的类本质——无论是自然界，还是人的精神的、类的能力——变成了人的异己的本质”（《马克思恩格斯全集第42卷第95页》）。1920年，福利经济学派创始人庇古继马克思之后做了相同的工作。他以“外部不经济”概念指出资本主义工业化发展对环境的破坏问题。这使得英国学者罗杰·珀曼在其《自然资源与环境经济学》一书中不无溢美地指出：庇古是“第一个把污染当作外部性进行系统分析的人”。对泰勒科学管理来说，我们同样应当结合马克思理论意义上的“异化自然”抑或庇古理论意义上的“外部性不经济”概念进行分析。倘若以此方式来评价，显然泰勒的“科学管理”并非科学，或者它也只能是打引号的“科学管理”。因为它只是片面地主张对生产力的促进而忽略管理对人与自然关系的协调能力。所以，如果说自行为科学以来西方许多管理学派对“科学管理”社会范畴外部性问题研究缺失情况进行了剖析，那么，本书则对其对自然环境范畴“外部不经济”无视的情况同样进行批评。因为就后者而言，它不仅对我们自然支持系统——环境越来越严重的危机情况的管理严重失灵，而且还极大地助推了环境问题的进一步恶化。至于从与可持续发展战略攸关的现实管理需要方面说，主张“效率主义逻辑”的“科学管理”更是无能为力。从学理上说，这与“科学管理”理论自身所存在的外部性结构缺失情况密切相关，外部性结构缺失是“科学管理”所固有的理论短板。

第四节 古典组织管理理论的形成和发展

对古典管理理论的认知与了解，除了泰勒的科学管理之外，尚需了解与之相关的古典组织理论的形成与发展情况。在泰勒与他的追随者们逐渐把科学管理理论塑造成型的同时，欧洲古典组织管理理论的奠基者、开创者亨利·法约尔、马克斯·韦伯也在形成他们的管理学说。我们曾经谈到，科学管理理论主要关注点是在“作业管理”方面，但同时对组织管理也有一些研究，如把计划、职能同执行职能相分离，实行职能工长制等。但在这个领域中，相对来说，古典组织管理理论比科学管理理论更有优势。其实，与科学管理所不同，古典组织理论开创者法约尔通过自己的实践及对管理过程的研究，创立了古典组织管理理论，其理论也成为后来管理过程学派的理论基础。与法约尔的工作相似，在本书前面分析文艺复兴时期所涉及的评析基督教新教改革的德国著名学者马克斯·韦伯也是古典管理学的奠基者之一。他以官僚行政管理学的理论建构，构成了另外一种样态的古典管理学理论。马克斯·韦伯既是经济学家也是社会学家，他不仅著述了《新教伦理与资本主义精神》及其他宗教方面的学说，而且为官僚行政机构建立了一个看似完美的管理学模型，从而也创立了一种新的、与法约尔具有区别性特征组织管理理论。下面，通过对他们所做工作的介绍，了解他们对古典管理学的理论贡献及其存在的问题。

一、法约尔的组织管理理论

亨利·法约尔（1841~1925），古典管理学中组织管理理论的创立者之一，与泰勒的科学管理所不同，他更关注管理过程的组织，以及组织的管理过程。有关管理的具体界说主要从六个职能方面来回答。他在其管理学思想体系中，倡导了与泰勒不同的管理的原则和要素。他所说的管理要素或基本概念：计划、组织、指挥、协调和控制迄今都在许多管理学著作通用。其理论不仅涉及与组织管理理论密切相关的许多概念的创立，而且对后来管理过程学派的理论建构不无影响。

（一）亨利·法约尔及其生平

法约尔 1841 年出生于法国一个资产阶级家庭。1860 年，主修矿业的法约尔毕业于圣艾蒂安国立矿业学院。同年，进入科芒特里富香博公司担任工程师，并同该公司紧紧地联系到了一起。在该公司工作的 26 年中，作为煤矿的技术负责人，他发表了许多有关地质学和矿井安全方面的文章。即使在担任总经理以后，他仍然从事管理和技术方面的探索。1893 年，由于其在技术上的成就而荣获德拉斯奖金和工业促进协会颁发的金质奖章，并因此而成为法国荣誉勋章的获得者。法约尔当了 30 多年的总经理，75 岁时才发表了其名著《工业管理与一般管理》。他在退休 7 年后逝世，终年 85 岁。他比泰勒长寿，但生前并没有像泰勒那样出名，也没像泰勒那样遭受工人的敌视。

法约尔的管理才能是在他 47 岁被任命为总经理以后显示出来的。在他担任科芒特公司的总经理时，该公司几乎濒于破产，而且所处煤矿的储量近于枯竭。故此，1892 年该公司被收购成立了新的科芒博联营公司，但法约尔本人仍然为总经理。当时，面对这家新的联营公司所存在的各种问题，法约尔依其管理才能成功地使之正常运行，并且得以顺利发展。之后，该公司正是凭借沿袭他在管理上的优良传统，以致延续至今都是法国著名的冶金工业企业。

法约尔还创办过一个管理研究中心。该中心每周都要举行一次由各界著名人士参加的会议，会议通常是由他本人主持，他的许多著作及管理思想也大都是在这里形成的。在古典管理学中，法约尔的学说与泰勒并立，并有明显差别。他们各自都试图通过不同的方法改进管理，因而两个人的著述也形成了古典管理学中风格各异却又能相互补充的互补性前提。泰勒是从工场管理的一端，即车床的旁边开始实施他的方法，并从中归纳出管理科学的一般性结论。而法约尔却与之不同，他是从总经理的办公桌旁创立了他一般性的组织管理学说体系，然后再将之应用到下一级的组织机构当中去。法约尔的理论，原本打算撰写四个组成部分，他把其中前两部分写成了管理学界通行和熟知的《工业管理与一般管理》。而后两部分则没有完成，这也是管理思想史上的一大遗憾。

（二）法约尔的管理思想

法约尔 1916 年问世的名著《工业管理与一般管理》，是对他一生管理经验和管理思想的总结。他认为，其管理理论虽然是以大企业为研究对象，但在最广泛意义上也适用于政府、教会、慈善团体、军事组织以及其他各种组织范畴。所以，人们一般认为法约尔是第一个概括和阐述一般管理理论的管理学思想家。具体说，其理论大体包括以下主要内容：

1. 管理中的基本职能。法约尔指出，任何企业都存在着六种基本职能，而管理只是其中之一。这六种基本职能分别是：技术职能（指生产、制造、加工等活动）；商业职能（指购买、销售、交换等活动）；财务职能（指资金的筹措和运用）；安全职能（指设备维护和职工安全等活动）；会计职能（指货物盘存、成本统计、核算等)；管理职能(与前五种职能所不同，负责制定企业总计划和协调各方面力量的职能) ①。而他本人对管理学的定义与界说就同这六个方面紧密联系，这也是构成其《工业管理与一般管理》第一部分所叙述的重要内容之一。

2. 管理的原则与要素。在《工业管理与一般管理》中，法约尔将第二部分的内容分为两个组成部分：① 管理的一般原则；② 管理的要素。因此第二部分的题目就是《管理的原则与要素》。其中，前者分别由 14 个方面具体体现；后者则是他所概括的至今都在通行的计划、组织、指挥、协调和控制的分别陈述。

（1）管理的一般原则。

分工。他认为这不仅是经济学家研究有效地使用劳动力的问题，而且也是在各种机构、团体、组织中进行管理活动所必不可少的工作。

职权与职责。他认为职权是发号施令的权力和要求服从的威望。职权与职责是相互联系的，亦即在行使职权的同时，必须也承担相应的责任，有权无责或有责无权都是组织管理上的缺陷。

纪律。纪律是管理所必需的方面，是对协定的尊重。这些协定，是以达到服从、专心、干劲，以及尊重人的仪表为目的。换言之，组织内所有成员要通过各方达成的协议对自己在组织内的行为进行约束。他认为，纪律对企业的成功与否极为重要，要尽可能做到严明、公正。

统一指挥。指组织内每一个人只能服从一个上级并接受他的命令。

统一领导。指一个组织，对于目标相同的活动，只能有一个领导，一个计划。

个人利益服从整体利益。即个人和小集体的利益不能超越组织的利益。当二者不一致时，主管人员必须设法使之一致起来。

个人报酬。报酬与支付的方式要公平，给雇员和雇主以最大可能的满足。

集中化。这主要指权力的集中或分散的程度问题。要根据各种情况，包括组织的性质、人员的能力等，来决定“产生全面的最大收益”的那种集中程度。

等级链。指管理机构中，最高一级到最低一级应该建立关系明确的职权等级系列，这既是执行权力的线路图，也是信息传递的渠道。线路图的制定，一般情况下不要轻易违反之。但在特殊情况下，为了克服由于统一指挥而产生的信息传递延误，法约尔设计出一种“跳板”，也叫“法约尔桥”(Fayol bridge)。

① 参见 H. 法约尔. 工业管理与一般管理. 北京：中国社会科学出版社，1998.2~6.

秩序。指组织中的每个成员应该规定其各自的岗位，亦即“人皆有位，人称其职”。

公正。主管人员对其下属仁慈、公平，就可能使其下属对上级表现出热心和忠诚。

保持人员的稳定。意指人员若不断变动，工作将得不到良好效果的情况。

首创精神。这是提高组织内各级人员工作热情的主要源泉。

团结精神。它指必须注意保持和维护每一集体中团结、协作、融洽的关系，特别是人与人之间的相互关系的情况。

法约尔强调指出，以上14条原则在管理工作中并非指在死板和绝对意义上使用，它反映的是一个尺度问题。在同样的条件下，几乎从不两次使用同一原则来处理事情，应当注意各种可变因素的影响。故此，这些原则既是灵活的，也是可以适应于一切需要范围的。

(2) 管理的要素。

计划。计划指预计未来并为未来做准备的一种管理要素。因此，它既体现同预测的密切相关，又反映为未来做准备情况。

组织。组织指经营企业所必须要提供的必要的原料、设备、资本、人员方面的管理要素。从逻辑外延方面说，它大体可分为两大部分：物质组织和社会组织。

指挥。指挥的任务旨在使组织发挥作用，它与组织中任务的分配情况相关，因此，它指要求组织中各级领导都要承担并完成各自单位的任务与职责的管理要素。

协调。协调的目的旨在要求组织所有工作都要和谐配合，以便各项工作顺利进行，并取得成功。因此，它指各职能社会组织机构和物资设备机构之间保持一定比例，有保证，且经济地完成自己任务的管理要素。

控制。控制就是旨在证实各项工作是否都与既定计划相符合，及所下达指示是否与已定原则相一致的管理要素。控制既可对人，也可对物，同时还可对行动等方面。[①]从控制论视角看，它是指借助反馈信息加以修正和调整目标信息的过程。

总之，法约尔对管理过程和组织管理理论的开创性研究，尤其是关于管理职

① 参看H.法约尔.工业管理与一般管理.北京：中国社会科学出版社.1998.51~135.

能划分，以及管理原则方面的系统论述，对后来的管理学理论研究都具有非常深远的影响。此外，他还是一位概括并阐述一般管理理论的先驱和管理学教育家。通常，后人称他为“管理过程之父”。

二、马克斯·韦伯的行政集权组织理论

（一）马克斯·韦伯的生平

马克斯·韦伯出生于德国的一个富裕家庭，他的家庭在当时有着相当广泛的社会关系和基础，其父曾任普鲁士下院议员、帝国议会议员等要职。韦伯受过良好的教育，1882 年，他进入海德堡大学学习法律，并先后就读于柏林大学和哥丁根大学。他还先后三次受过军事训练，并参加了 1888 年的波森军事演习，因而对德国的军事生活和组织制度也有相当的了解。应当说，这些经历对他日后建立组织理论都有相当大的影响。1889 年，他开始撰写其博士论文——《中世纪商业公司》；1891 年，他受聘于柏林大学，在该校任教并讲授法律；1894 年，又获得海德堡大学的教授资格；1903 年，他开始着眼于基督教新教伦理方面的理论探索，同时也涉足其他宗教领域；1905 年，出版了他的名著《新教伦理与资本主义精神》，继之，又撰写和出版了组织理论方面的著作《社会和经济组织理论》(The Theory of Social and Economic Organization)。他于 1907 年获得了一笔丰厚的遗产，因而有足够的财力使其生活得以支撑并从事专门的著述和学术研究。他对法学、经济学、政治学、历史学和宗教学等领域有广泛的兴趣，并对这些领域的许多问题有独到的见解。广泛的学科知识和丰富的阅历，使之先后从事过许多行业的工作。他既做过教授，也做过政府顾问，同时还是编辑和著作家。

（二）马克斯·韦伯的行政集权组织理论

继卡尔·马克思之后，马克斯·韦伯(Max Weber)是最有影响的德国社会科学家。他在管理学上的研究主要集中在组织理论方面，其贡献是首次提出了“理想的行政组织体系理论”。这一理论的核心是组织活动要通过职务或职位而非世袭地位来组织管理。他所主张建立的“理想的行政组织体系”，正是为了更有效地促进各方面组织的工作效率。有关这方面理论，都体现在其《社会和经济理论》一书之中。

此时韦伯也已经了解了一些马克思主义的学说和思想，但在客观上却偏离了它。即如马克思一样，韦伯也有许多话要说给资本主义制度听。然而，对他来说，资本主义只是大问题中的一小部分。他认为，这个大问题事实上就是现代社

会的合理化问题。因此，就在马克思把注意力向经济系统集中和转变之时，韦伯却将之看成是许多社会中都普遍存在着的正常情况；马克思谴责资本主义的剥削制度，韦伯却考虑合理化社会越来越严重的不公平问题；马克思是一个乐观主义者，他认为经济系统转变与剥削问题都能够通过推翻资本主义经济制度加以解决，但韦伯是悲观主义者，他认为未来社会的合理化问题将会变得越来越严重，尤其是在推翻资本主义以后。韦伯不是现代社会的革命者，但却是细心的、对现代社会有洞察力的分析家。

韦伯的理论具有以下特点：一是强调明确的分工。他认为每个职位的权利和义务都应有明确的规定，人员应当按职业专业化进行分工；二是强调自上而下的等级制度。认为组织内的各个职位，均应按照等级原则进行法定安排，以形成自上而下的等级系统；三是人员任用方面的规定。认为人员的任用要完全根据职务的需要，通过正式考试和教育训练来实行；四是强调职业管理人员。认为管理人员应当是一种具有固定薪金与明文规定升迁制度安排的职业管理人员；五是强调遵守规则和纪律。认为管理人员必须严格遵守组织中规定的规则、纪律和办事程序；六是注重组织中人员之间的关系。认为组织中人员之间，应当完全以理性准则为指导，应当只是职位关系而非个人情感所影响。

韦伯又是一位社会学研究的思想家，他的理论对后来社会学家和政治学家都有深远的影响。他研究了工业化发展与组织结构之间的关系问题。其中，不仅涉及组织的行政管理，而且广泛地分析了社会、经济和政治结构方面的相关情况。在组织管理方面，其行政组织理论的观点，既是对社会和历史因素引起复杂组织演化的相关研究结果，也是其社会学理论的重要组成部分。韦伯认为，这种高度结构的、正式的、非人格化的理想行政组织体系，是人们进行强力控制的合理方式，同时也是高效率地达到目标的有效手段，因为它在精确性、稳定性、纪律性和可靠性方面，都优于其他组织方式。显然，这对当时日益增多的所有大型组织，诸如教会、国家机构、军队、政党、经济企业和各种团体的管理工作来说都非常适用。他的行政官僚体系的组织理论也是泰勒和法约尔未涉足的方面。其学说，无论对当时的管理学家，还是现代组织理论研究者影响都很大，因此，在管理思想发展史上，韦伯与泰勒和法约尔一起均被称为古典管理学的奠基者。

三、古典管理学奠定的内部性体系及其固有的外部结构缺失问题

20世纪初，资本主义已经牢固地在全世界范围内建立起来。这时，由于国

际市场的不断扩展，企业规模也急剧扩大，相应地，对组织管理的要求也在逐步深化。一种体制的建立，首先需要有一定的物质基础，这种物质基础将有利于生产力的发展。在经济基础方面以蒸汽机为代表的产业革命和以电气化为先导的现代工业进步，为资本主义的市场制度奠定了极为坚实的物质基础，使其能够在更为广阔的领域内以更快的速度加以发展，反过来又以更为强大和持久的力量推动生产力向前发展。在科学领域里，更具戏剧性的是20世纪初，英国科学家开尔文勋爵（Lord Kelvin）在一次国际物理会议上宣布，物理学的大厦已经建立起来了，以后的物理学家们只要将这个大厦建造得更加完美就可以了。但在这个晴朗的天空上有两朵令人不安的乌云，这两朵乌云是黑体辐射实验和迈克尔逊·莫雷实验，它们最终引发了现代物理学革命。而在20世纪初，由泰勒发起的科学管理革命创立了古典管理理论。泰勒、法约尔、韦伯分别从不同方面将古典管理理论的大厦建立起来。人们在研究当时各种管理思想的时候，也发现他们的研究有许多相同或相似之处。这就使人们进一步相信管理存在着共同的规律。在诸多研究者中，厄威克和古利克的研究影响最大，他们对古典管理理论进行了较为全面的总结。在总结过程中，他们也加进了自己的管理思想和智慧，这对管理学理论和思想的发展做出了应有的贡献。

（一）关于古典管理理论的基本原则

在厄威克和古利克对古典管理理论进行的较为全面的总结过程中，古利克的七职能论基本代表了古典管理理论的职能理论研究的范畴，亦可作为对古典管理理论的职能理论范畴的系统化概括。进而厄威克和古利克又对管理原则进行了归纳，这也可作为古典管理理论中管理原则的宏观认识，他们的总结代表了古典管理学中管理原则问题上的基本观点。

1. 为组织机构配备合适的人员。决定某种目的需要一些什么活动，并把这些活动分成小组，必须用一种冷静和超然的态度来对待组织。这项工作，即如绘制一份工程图纸那样，应考虑到目前组织中的每一个人，必须没有任何倾向性地确定相应的组织机构，然后再采取适当的步骤为组织配备合适的人员。

2. 一个最高的主管或一个人管理的原则。即由一个人承担管理职责，不能用委员会来管理。

3. 统一指挥原则。例如，一个仆人不能同时侍候两个主人。

4. 专业参谋和一般参谋并用的原则。此项原则强调，一方面要坚持一人管理的主张，另一方面则由于不断扩大的组织规模情况，而使高级主管人员也需要越来越多的专家和专业的工作者来协助其工作。而参谋人员的增加，客观上必然涉及协调问题的凸显。但在专业问题上，专家职能主要是作为高层管理当局的咨询人员，而不应拥有行政指挥的实际权力。除了专业参谋以外，尚需增加一般参谋，以便帮助最高主管人员承担指挥、控制和协调的重要职责，但他们并不是以自己的身份，而只是作为上级的代表来指挥，并且只限于上级决定的范围实行其代表性的工作。

5. 工作部门化原则。在组织中需要划分部门，其主要依据有以下四个方面：依据组织目标实行部门化；依据作业实行部门化；依据所涉及的机构或服务的人与事进行划分；依据地区情况进行划分。

6. 授权原则。领导者要能够把某些职责授予下级人员。在组织管理中，缺乏恰当的授权勇气以及缺乏如何进行授权的相关知识，是组织失败最常见的原因之一，故此，授权是高级主管人员进行有效工作的最重要的条件。

7. 职权相符原则。仅仅把责任加到管理人员的身上是不正确的，因为，管理过程还需要把相应的权力赋予他。换言之，在各级管理人员中，责和权都应当是相称并明确的。

8. 控制幅度原则。这项原则的实质是，一个主管者直属的下级人员的数量是有一定限度的。每一个上级领导者所管辖的相互间有工作联系的下级人员，通常不应超过 5 ~ 6 人。

（二）古典管理理论总结和评析

古典管理理论对管理学思想的发展主要体现在：自文艺复兴运动以来，资本主义从萌芽到在世界范围内占据统治地位已历时 500 余年。而以市场经济为主体的古典管理思想形成也经历了数百年时间。其间，无论从思想、理论等方面，还是实践工作中都进行了大量的准备性工作，致使古典管理学理论体系在以泰勒为代表的一代管理学思想家手中得以创立。与此同时，古典管理学又经法约尔和韦伯从不同于泰勒的视域出发，对当时管理过程亟待解决的其他理论与方法问题做了深入探索，为进一步拓展并丰富古典管理学理论和思想发挥了同等重要的作用。因此，在管理思想史上，20 世纪初古典管理理论的最终形成，是由泰勒、法约尔、韦伯三个角度各异，但目标一致的管理学思想家共同完成的。他们分别从个人、组织和社会诸方面，较为完整地解答了整个资本主义社会宏观和微观的管理学理论问题，都对古典管理学的创立做了同等重要的奠基性工作。他们的工作，为资本主义工业化过程借助管理上的高效率助推，对当时生产力突飞猛进的发展起到了十分重要的指导作用。但是，古典管理学自其建构和创立之日起，就存在着十分严重的“外部性结构缺失”理论问题。因此，在总结古典管理学理论方法时，我们需要从以下两个方面来加以评价：① 古典管理学在当时社会的理论作用和意义；② 古典管理学“外部性结构” 缺失的理论问题。

1. 古典管理学的理论价值和意义。

其一，古典管理学理论提出管理的重要性与普遍性。有组织存在就需要管理，管理的普遍性和社会有组织活动的普遍性同样重要。无论是企业、政府、学校、医院等都需要管理，管理的普遍性意义就在于它的重要性、实用性和科学性。显然，这对管理实践有很大的指导意义。

其二，古典的管理学理论认为管理原则和管理职能均存在于社会之中，通过科学方法能够发现这些原则。时间研究和动作研究的开展，使管理摆脱了传统的经验式或凭感觉进行的方法。这对当时管理思想的发展有着重要作用。

其三，古典管理学理论提出了一些管理原则和管理职能，并且极力主张将这些原则与职能作为管理工作的理论基础。这种情况，对当时工业管理经济发展有很大的指导意义，同时也为研究管理思想史上 20 世纪初的状况提供了极为重要的参考依据。

其四，古典管理学理论奠定了管理学发展的前提和基础（尽管这种前提和基础是存在外部性结构缺失问题的），当代管理技术与管理方法探讨从根本上说也大都来源于古典管理理论，因此，古典管理研究的许多问题有些至今都是管理学上所要探讨的方面。譬如，当代管理学所面对的总计划和策略计划的研究、战略方面的研究、组织形式的研究、企业社会效益问题的研究，以及对企业外部行为审视与生态环境保护问题的研究等，都是对古典管理思想存在问题的深化性探索。

总之，古典管理理论的建立为现代管理理论的进一步发展开启了思想之门，并且在管理思想史上起到了很大作用。

2. 古典管理学设定了管理的内部性质——从“外部性结构”缺失看其理论建构的弊端。古典管理学是以“市场经济经济人假设前提”和“效率主义逻辑”为中心的理论与思想体系。这一理论和思想体系，对后来社会生活与企业管理运行过程的影响至深，可以说，绝大多数管理者的管理实践活动都受其深刻影响。在前面，我们已经就泰勒古典管理学所存在的问题进行了评述，就是说，泰勒的科学管理在他主张“效率主义逻辑”的时候，严重忽略和无视了经济人组织的“外部不经济”行为。但是，对古典管理学中组织管理创立者与“外部性”相关情况尚未进行分析。同泰勒科学管理相一致，法约尔和马克斯·韦伯的学说同样如此。前述有关法约尔和韦伯学说思想的介绍已经清楚地告诉了我们，无论是法约尔的

“管理的一般原则”（即他所说的“管理的 14 条原则”）和“管理的要素”（即他首倡的“计划、组织、指挥、协调和控制”），还是韦伯“行政集权组织理论”中系统阐述的“分工、自上而下的等级制度、人员任用的相关规定、职业管理人员的设定等”，都是围绕“效率主义逻辑”的轴心展开的，都同样存在“外部性结构”缺失理论问题。这使之在面对当今可持续发展战略时代经济、社会、生态多元目标生态合理性优化配置及动态平衡关系的协调时将无能为力。虽然，在法约尔的“管理的要素”之中也涉及“协调”概念，但他所说的“协调”却仅限于“经济人组织”内部的经营管理范畴，而与可持续发展的当今时代所面对的经济、社会、生态多元目标协同管理理论意义上的协调并无联系。这一点，从法约尔本人有关他所说的“协调”这一管理要素的叙述中也不难看出。他在《工业管理与一般管理》一书中指出：“协调就是指企业的一切工作（指‘经济人组织’内部经营管理的一切工作——引者注）都要和谐地配合，以便企业经营的顺利进行，并且有利于企业取得成功”[①]。尽管法约尔的管理学著述也谈到“一般管理”问题，理论上，这似乎使其逻辑外延更为宽泛。但从他对“协调”概念的全部论述中，我们看到的逻辑外延最宽的也只是“协调就是指各职能的社会组织机构和物资设备机构之间保持一定比例。这种比例适合于每个机构有保证地、经济地完成自己的任务。”[②]正因为这样，法约尔理论意义上的所谓“协调”，说到底，也只是旨在使“经济人”组织连同与之相关的其他社会组织之间具有一种合理化意义上的调整。不难看出，他所说的“协调”依然是被设定于经济人组织，抑或其他社会组织之间的“有序的、合理化的”获利范畴，而与在“经济人组织”同外部生态环境之间寻求资源生态合理性优化配置意义上的“协调”关系不大。

韦伯的《社会和经济理论》一书中所阐述的“行政集权组织理论”也是同样，他的组织理论与法约尔的学说具有相似之处，所不同的只是其“行政集权组织理论”会使“经济人组织”从事内部性管理时的“效率主义逻辑”要求更高、更突出。相应地，在不考虑“外部不经济”行为对环境造成影响的前提下，这种更高的“效率主义逻辑”也会形成更大的环境威胁，亦即马克思在其《1844 年经济学哲学手稿》中早就批评过的资本主义制度造成的异化劳动对人的“无机的身体即自然界”的异化，马克思说：“因为从人那里夺走了他的无机的身体即自

①② 法约尔. 工业管理与一般管理. 北京：中国社会科学出版社，1998. 130.

然界”[①]。应当说，韦伯是一个十分敏锐的学者。前面在论述文艺复兴时期基督教新教改革时就已谈到，韦伯十分敏锐地意识到这种奉行“效率主义逻辑”的资本主义制度所产生的作用“决定着降生于这一机制之中的每一个人的生活，而且不仅仅是那些直接参与经济获利的人的生活。也许这种决定性作用会一直持续到人类烧光最后一顿煤的时刻”[②]。但十分遗憾的是，他的这种以赛亚式的预见并没有被整合于他的经典的古典组织理论之中。客观上，这也使他的管理学理论和思想即如泰勒和法约尔的学说那样，成了管理思想史上推行“效率主义逻辑”的发端。在古典管理学理论体系中，不要说与外部生态环境相关的“生态逻辑”会进入其认知视野，即使维尔弗雷多·帕累托理论意义上的“情感逻辑”也并不构成他们研究的主要内容（虽然吉尔布雷斯夫妇也做了管理过程“人的要素”的个别讨论，但并不能改变古典管理学偏执的“效率主义逻辑”的主流性质）。相反地，理论上，古典管理学却为经济人组织的“外部不经济”行为从管理学角度制造了高速率的预设性前提，因为这是其学说体系的“外部性”结构缺失所使然。

---

① 马克思恩格斯全集. 北京：人民出版社，1979. 97.

② 马克斯·韦伯. 新教伦理与资本主义精神. 北京：生活·读书·新知三联书店，1987.142.

第二章 社会人时代与行为科学理论

古典管理学理论体系的建立，为当时生产力的发展和社会的进步提供了可操作性的理论与方法。但是随着社会的发展，人们发现古典管理理论并不能解决实践中所遇到的一切问题，尤其是在对于人的问题的研究方面，泰勒学科管理学共同体中尽管也有吉尔布雷斯夫妇这样为数不多的探讨者的出现，但并不构成该共同体的主体性研究内容。因此，从总体上说，“效率主义逻辑”才是其所注重的主体目标。相反地，在有关人的需要和情感的研究方面，他们却涉及得非常少。客观上，管理实践中存在的大量的问题都是和人的情感需求密切相关的，人的行为与管理过程中的效率关系问题，也会随着管理过程中的人性化程度提高而改变。这使得继泰勒式“效率主义逻辑”之后，“情感逻辑”问题又被强烈地凸显了出来。“情感逻辑”，是在对古典管理片面地强调“经济人假设前提”和“效率主义逻辑”的质疑，以及对管理过程“社会人假设前提”的大量实证性研究中被加以证实的，研究者旨在证明符合人性化要求的管理需求的合理性。因为，经过研究发现，注重“情感逻辑”的工业管理不仅能够提高生产效率，而且能够行之有效地突破泰勒所面对的“一堵墙”的问题。恰在这时，许多心理学家加入了管理研究的行列之中，使片面注重“经济效率主义逻辑”的泰勒式科学管理，从原有的前沿地位让位给了人际关系学派或行为科学家们的工作。

第一节 行为科学理论的产生和发展

一、行为科学的诞生及管理思想发展的新方向

（一）行为科学产生的历史背景

从大的历史背景方面讲，行为科学的出现既是生产力发展到一定阶段的产物，也是管理思想演进的必然结果。在此，我们首先从泰勒科学管理建立以后的社会经济发展状况中寻找原因。

第一次世界大战是因资本主义国家之间矛盾空前尖锐所导致。战后，经过调

整，1920年整个资本主义恢复到大战前的水平，马克思所预言的周期性经济危机又开始了。这次经济危机带来的后果特别严重，其猛烈性和全面性，既反映了战后资本主义经济危机的不可克服程度，也证实了马克思预言的科学性和真理性。经济危机过后，资本主义进入了相对稳定的发展时期，欧洲主要国家的工业生产相继恢复到战前的水平，加上美、日等国工业生产的进一步增长，从而使世界工业在20年代中期就已经恢复和超过战前的水平。①

当时的经济虽然已相对恢复正常，但广大工农群众的生活仍然十分贫困。资本家由于有了泰勒制这样的所谓科学管理，使其产业化和工作标准化程度更为提高，但相反地，它却使工人的劳动强度越来越大。劳动生产率虽然进一步提高，但工资增长情况却十分缓慢。1929年资本主义国家又爆发了新一轮的经济危机。这次世界经济危机是资本主义历史上最深刻、最持久的一次经济危机。经济危机从1929年开始到1933年结束，前后历时长达5个年头。危机的最低点是，1932年资本主义世界生产资料生产比1929年减产43%，各种工业产量（或消费量等）指标的下降都是创纪录的，有些几乎是完全接近于停产状态。煤、生铁、钢、棉花的消费量，分别倒退了28年、36年、31年、11年时间。在这种历史背景下，资本家为了摆脱危机，充分利用泰勒的科学管理原理加紧对工人的剥削，使得工人的生活水平急剧下降，工人的反抗斗争也就愈益激烈。

为了实现一种新的“平衡”，资产阶级的学者们也开始寻求解决问题的答案：一方面，他们对传统的经济学理论进行反思，亦即反思亚当·斯密的自由放任的市场经济理论是否能够在垄断资本主义高速发展的时期继续应用？另一方面，他们又对泰勒的科学管理理论在工厂管理方面的效能情况和适应性进行了思考。

反思的结果是：在经济学方面，凯恩斯主义对资本主义制度的弊端提出了修正性的方案，为资本主义持续发展开出了新的药方；在管理学方面，梅奥则开辟了人际关系和行为科学研究的新的方向和路径。行为科学就是在大萧条之中，即1927年，经过著名的霍桑实验而兴起的。但事实上，霍桑试验也并非无源之水和无本之木。根据美国著名管理史学家丹尼尔·A. 雷恩等人的研究，它的出现，既与意大利著名经济学家和社会学家维尔弗雷多·帕累托（1848~1923）《普遍社会学》理论中提出的“社会系统”概念相关，又同传播这一思想的哈佛大学心理

① 宋松超. 现代管理理论简介第二讲行为科学与管理[J]. 中国医院管理，1982(9)；施宙，张永风，王茗. 西方管理思想的发展历程与趋势[J]. 科技创业月刊，2009(2).

学教授劳伦斯·J.亨德森所举办"帕累托学术圈"有联系。雷恩的研究表明："梅奥参加了亨德森的研究会。……梅奥在讨论社会秩序和平衡效率逻辑与情感逻辑的必要性时提到帕累托和亨德森。罗特利斯伯格和迪克逊撰写了有关霍桑试验权威性的研究报告《管理和工人》，他们进一步运用了帕累托关于工厂是一个社会系统以及社会平衡的观点"①。因此，从思想根源上说，我们尚需注意到与泰勒科学管理同时期的帕累托学说和思想对后来人际关系学派及行为科学所产生的影响。

（二）行为科学的主要思想先驱

奥列弗·谢尔登（1894~1951），他是英国著名的管理学家，注重管理过程中的人的因素问题。在牛津大学毕业后从军，退伍以后定居在英国的约克郡，之后一直在朗特里股份有限公司工作。其管理思想体现在1923年出版的著名的《管理哲学》（The Philosophy of Management）一书之中。根据美国学者克劳德·小乔治的研究，与以往不同，谢尔登则把管理学研究的重点"放在伦理或'正当性'以及工业责任的人的因素上"。他较早强调管理对社会的责任，"认为工业的问题是在'生产的物的方面'和'生产的人的方面'做出恰当的平衡——在科学方法和社会责任之间做出平衡"②。可以说，除了以上谈到的帕累托，他的思想对后来人际关系学派及行为科学产生了直接影响。

玛丽·福莱特（1868~1933）出生于美国的波士顿，先后在波士顿塞耶学院、麻省拉的克里夫学院及英国剑桥大学纽罕姆学院学习哲学、法律和政治学等，终身未嫁。她从1891年开始，从事社会教育工作。直到1933年去世，一直致力于建立一种管理哲学。她认为任何一个持久的、有生产性的社会都必须建立在对个人和集体的激励愿望之上。所以，这一哲学是一定存在的。在管理思想的发展过程中，她的工作起着由对物与物、物与人的关系的研究，过渡到对人的行为的研究的中介作用。因此她对后来行为科学的研究同样有着直接影响。她对管理学的贡献是很大的。在生活年代上，福莱特是属于科学管理时代，从哲学和知识上，她则是社会人时代的一员。这种情况，即如帕累托与泰勒同代，但其人性化管理思想超前那样，福莱特的工作同样如此。她同这两个时代都有联系。她既把泰勒的许多想法加以概括，又影响到霍桑实验的许多结论。从而她是成为这两个时代

① ［美］丹尼尔·A. 雷恩. 管理思想的演变. 北京：中国社会科学出版社，1997. 227.

② ［美］克劳德·小乔治. 管理思想史. 北京：商务印书馆，1985. 155~156.

之间联系的一个环节。她的贡献，正像小乔治所总结的，“玛丽·派克·福莱特是一位真正的管理哲学家，一位在泰勒的机械方法和我们当代强调人们行为的方法之间架起桥梁的先行者”[①]。人际关系学和行为科学的思想先驱还有许多，诸如雨果·芒斯特伯格、沃尔特·迪尔·斯科特等，均对之产生过影响，在此我们不一一赘述。

（三）行为科学的提出与管理思想发展的新方向

行为科学是在“人际关系”学说基础上产生的，它出现于20世纪20~30年代。作为一门学科，行为科学正式诞生于20世纪的40年代末与50年代初。1949年，在美国芝加哥大学的一次跨学科的科学会议上，讨论了如何以可能利用的现成的科学知识，研究人类行为的一般性理论问题，以便寻找出人的行为方面的规律性知识。此次会议，肯定了这种可能性的存在，并决定采用“行为科学”这个名称。1953年，美国福特基金会召集一些大学的科学家开会，正式将研究人的行为规律的综合性学科定名为“行为科学”。1952年又成立了“行为科学高级研究中心”，并决定每年选拔40位美国行为科学家和10位其他国家的行为科学工作者进行有关行为科学理论与实践方面的讨论。1953年，该基金会又拨款给哈佛大学、斯坦福大学、芝加哥大学、密执安大学及北加罗来纳等大学，并委托许多学者从事行为科学的理论研究与探索。此外，美国联邦政府和另外一些基金会也先后拨款，支持了行为科学的研究工作。到了20世纪50年代末，行为科学的研究者们提出了“工业人本主义”的理论概念，其主要内容就是在工业组织中消除独裁倾向，实行民主管理，促使个人目标和组织目标趋向一致。

20世纪60年代中叶，行为科学的又一个重要发展方向是对组织行为问题的探讨，其主要目标就是讨论企业性组织内部的个人或群体的行为问题。研究的主要特征是既注意组织中的个人的因素，又关注组织整体需要，例如工作任务和组织结构等问题。这种情况，在一定意义上讲，它也是人际关系学派的出现和组织理论探索的综合性体现。行为科学主要是围绕着组织行为的理论方面进行讨论，同时它也在围绕组织行为方面做了一些实证性课题研究，因而当时比较流行的就是将借此方式研究的学科称之为“组织行为学”（Organization Behavior）。组织行为学的出现，是管理理论发展的一种必然结果，它反映了当时组织管理理念的重大改变。古典管理理论，将营利性的经济组织——企业作为组织研究的典型，强

①〔美〕克劳德·小乔治. 管理思想史. 北京：商务印书馆，1985. 163.

调经济效益或“效率主义逻辑”是其核心。故此，它们主张从产品开发、市场营销、生产制造到增加企业盈利等方面，都是管理活动关注的重点。相反地，员工和其他资源一样则被视作生产要素。对员工的激励，也仅仅是实现利润的手段。人际关系学派和行为科学出现后，对非营利性组织如学校、医院、政府等机构研究也越来越关注。因此，人力资源成为组织最重要的一种资源，满足人的需要、提高人的生活质量同样被看作组织活动的新的目标。客观上，这种与古典管理学不同的方式，也需要以全新的视域，从不同的角度来审视组织的管理行为问题。

如前所述，行为科学是一个综合性的学科，它本身也有一个发展的过程。一般来说，早期它被称为人际关系学，后来则发展成行为科学（亦称为组织行为理论）。有关行为科学的定义，有广义和狭义两种情况：

广义的行为科学是指研究人的行为以及动物行为的科学。从逻辑外延方面讲，它是指一个学科群。美国卡·海耶尔主编的《管理百科全书》中，将之定义为：行为科学是运用自然科学的实验和观察方法，研究在自然和社会环境中人的行为（以及低级动物的行为）的一切科学。从这个定义中不难看出，它就是从学科外延上把行为科学看作是包括心理学、社会学连同人类学在内的学科群。

狭义的行为科学则是指运用心理学、社会学、人类学及其他相关学科的研究成果，来探索组织管理过程中人的行为和人与人之间关系的一门学科。它主要研究人行为产生的原因，及人的行为动机和发展变化的规律等问题，目的在于有效地调动人的积极性，推动人们努力实现组织目标。与此同时，它也研究个人与个人，个人与群体，以及群体与群体的关系，旨在创造一种良好的工作环境，使人们的主观能动性得到充分发挥。在通常意义上，人们所说的行为科学往往指狭义的行为科学。

泰勒、法约尔、韦伯等人开创的古典管理理论，完成了使管理从经验上升为科学的转变。但是，从很大意义上说，古典管理学的理论研究是以机械的观点来看待组织和组织中的各项工作。研究中，尽管他们也承认个人的作用，但事实上却强调的是对个人行为的全面控制与规范，这种管理理论，不要说与工业管理过程中的人性化需求极为相悖，它同康德《道德形而上学导论》中所说的“人是目的公式”之要求也大相径庭。因此，在古典管理学学说体系中，从本质上讲，认为人与机器没有多大差别，它自始至终都是把人当作手段。另外，古典管理学还是基于“经济人假设前提”基础上所建构的一种学科理论，这种假设前提自然也就局限了它们的认知视野，使之不能积极顺应社会化、人性化管理的现实需求。与之不同，行为科学则从心理学、社会学、文化人类学角度较为全面地研究人的行为，并对其产生原因进行分析，由此形成了较为人性化的有别于古典管理学的新的理论体系，所以，它与当时社会、人性化管理的现实需求较为适应。后来，这一学科体系又有了新的发展，它又融合了人力资源学、管理心理学和组织行为学等学科内容，使它们都成了行为科学的重要组成部分。在当今时代，由于工业化社会的快速发展，人们也自然随着社会环境的变化而变化。所以，对行为科学的探索，越来越显得十分重要。为了了解这门学科的产生与发展，我们尚需从深受帕累托、谢尔登和福莱特等管理思想家影响的梅奥霍桑实验开始评析。

二、梅奥霍桑实验与行为科学的建立

（一）梅奥霍桑实验的历史背景与实验进程

前面对古典管理学的相关陈述已经表明，在 20 世纪 20 年代，资本主义国家中许多企业采取了泰勒的科学管理以及古典管理学中的其他理论，但劳资纠纷和罢工还是此起彼伏。此种情况，促使资产阶级的学者们深入研究问题产生的原因。于是，在美国国家科学委员会的赞助和支持下，原籍澳大利亚的学者、哈佛大学教授梅奥（1880~1949）展开他的著名的霍桑实验。实验是在芝加哥城郊外的西方电器公司制造电话机的霍桑工厂中进行的。该工厂设备完善，福利也较为优越，除此它还具有齐备的娱乐设施、较为完善的医疗制度和养老金制度。但是，工人仍然愤愤不平，生产效率也很不理想。到底是什么原因呢？有人认为阻碍生产效率提高的原因是照明问题。为此，1924 年美国科学院组织了一个包括各方面专家在内的研究小组，对该厂的工作条件和生产效率的关系进行了全面的考察和多种试验。其中，一个主要的实验就是照明实验，大约前后花了两年多的时间。此次实验之后，也拉开了著名的霍桑实验的序幕。

起初，霍桑实验是一项以科学管理的效率逻辑为基础的实验。从 1924 年开始到 1932 年结束，前后共进行过两轮实证性研究过程：第一轮是从 1924 年 11 月至 1927 年 5 月之间，它是在美国国家科学委员会赞助下，进行车间照明变化对生产效率影响的各种考察；第二轮则是从 1927 年至 1932 年，它是在原籍澳大利亚籍的行为科学家、哈佛大学教授乔治·埃尔顿·梅奥(George Elton Mayo)的主持下进行的，实验分工作时间和其他条件对生产效率影响的实验阶段；了解职工工作态度的会见与交谈实验阶段；影响职工积极性的群体实验阶段。[1]梅奥所主持的这 3 个阶段的实验工作，目的是为了解决照明实验所发现的问题。当时人们并没有认识到霍桑实验的伟大意义之所在，但经过八年的实验后取得了意想不到的成果。

霍桑试验第一阶段——“车间照明实验”。该实验的目的是为了弄清照明强度对生产效率所产生的影响。实验是在被挑选的两组绕线工人中间进行的：一组是实验组；一组是参照组。在实验过程中，实验组不断增加照明强度，而参照组的照明度始终保持不变。通过这一实验发现照明的变化对生产效率只是影响生产的一种因素，而且是一种不太重要的因素，人们无法确定改善照明会对工作的效率的提高有什么积极的影响。由于涉及的因素太多，一时也难以控制，而且其中任何一种因素的变化都可以影响实验的结果，故此，照明对产量的提高无法加以测定。当时，这家公司的一位检查部主任潘诺克推测，认为产量的增加有可能是由于工人被实验所鼓动起来的一种工作热情所致。后来，他参加了美国哈佛大学教授梅奥举办的人事经理报告会，把自己的想法告诉了梅奥，邀请梅奥参加霍桑实验，梅奥接受了潘诺克的邀请，并组织了一批哈佛大学的教授会同电器公司的人员成立了一个新的研究小组，于是霍桑实验便开始进入第二阶段的研究。[2]

霍桑实验第二阶段——继电器装配“福利实验”。为了能够找到更有效的影响职工工作积极性的因素，梅奥选出了 6 名女工，在单独的房间中从事装配继电器的工作。实验过程中，不断地增加福利措施，例如缩短工作日，延长休息时间，免费供应茶点等。然而结果却并不理想。后来他们取消了这些措施，但实际情况表明生产反而继续上升了。经过深入了解发现，产量上升的原因源于职工与研究者之间融洽的人际关系致使职工积极性提高。这说明，调动职工的积极性，人际关系比福利措施更为重要。

梅奥他们对以上实验进行了五个假设方面的归纳分析：① 照明实验说明改进物质条件和工作方法可导致产量增加是不成立的；② 由于取消增加休息，缩短工时的优惠未见产量下降，可见安排工间休息和缩短工时可以解除或减轻疲劳的假设同样也是不成立的；③ 单调性是一种心理感受，不能只根据产量的变化

① Ellerman, David. “The Employment Contract and Liberal Thought”[J]. Review of Social Economy,44:1(April 1986),pp14−15.

② 罗建文. 经济管理现代化和经济管理发展新趋势[J]. 广西轻工业,2007(7).

加以估计，工间休息可减少工作的单调性的假设缺乏说服力；④ 个人计件工资能促进产量的增加的假设虽然要认真对待，但实验的结果表明，工资制度的变化与产量的提高并无直接关系。⑤ 改善的人际关系可改进工人的工作态度，并促进产量的提高。这才是导致产量增加的原因。

根据上述分析，他们又进行了下面的两项因人际关系的改善引起产量提高的实验。一是大规模的“访谈实验”。从 1928 年 9 月到 1930 年 5 月不到两年的时间里，研究人员对工厂中的两万名左右的职工进行了访谈。访谈中，工人可以就任何一个问题自由发表言论。虽然工作条件或劳动报酬并没有多少实际上的改变，但是工人普遍认为自己的处境比以前好了。在了解了工人们对管理的种种想法后，企业对基层的管理人员进行训练，使他们成为能够倾听并理解工人的访谈者，并能够重视人的情感和心理需求，这样能够促进人际关系的改善和职工士气的提高。

二是继电器绕线组工作室的“群体实验”。此种实验旨在证实在工人当中存在着一种非正式组织情况，及其对工人工作态度产生的影响。

通过对参加此项实验的 14 名职工在同一工作室内工作状态的观察，发现工人之间有着不同的派别，这种自然形成的非正式组织（群体）职能在于：对内控制其成员的行为；对外保护其成员，使之不受来自管理阶层的干预；这种非正式的组织通常也都存在着自然形成的领袖人物。至于它形成的原因，并不完全取决于经济的发展因素，而是与更大的社会组织的联系相关。

霍桑实验的结果由梅奥于 1933 年将之以著作形式正式出版，书名为《工业文明中的人的问题》，该著述完整地记载了行为科学产生之前借霍桑实验而建立的人际关系学说的全部情况。

（二）霍桑实验的新发现与人际关系学说的建立

经过 8 年的艰苦努力，霍桑实验终于完成了它的历史使命。它使西方管理思想在历经了古典管理学盛行期之后进入了行为科学的理论阶段。所谓行为科学，它是指利用多学科知识来研究人类行为的产生、发展和变化规律的科学。这种科学以探析、预测和引导人的行为为宗旨，进而达到充分调动和发挥人的积极性的目的。在工业化社会中，人的行为均发生于一定的组织和群体之中，并在一定主管人员的领导之下表现出来。它不仅与个体的行为有关，而且还与群体环境和管理人员的领导方式相联系。因此，在此前提下对人的行为的了解，就是在此相互关联的整体机理中的认知过程。但是，对资本主义工业化发展过程管理学思想的改进来说，与其说霍桑实验是一次管理思想上的突变，毋宁说它是西方管理学者在当时的历史背景下寻找出路的结果。1929 年的经济大萧条集中暴露了资本主义的致命弱点。在当时的情况下，古典管理学的运作方式，无疑也加剧并助推了当时劳资关系的紧张。那么，新的出路何在？梅奥试图给当时的资本主义社会开一个较好的药方，他提出了现代大工业管理必须解决的 3 个问题或 3 项基本任务：① 将科学和技术应用于物质资料的生产过程；② 系统化地建立生产经营活动的秩序；③ 组织工作，其实质是在工作集体中实现持久的合作与协调（与法约尔理论意义上的"协调"所不同，梅奥更关注"协调"与工人的情感需求之间的关系）。以上的 3 条中，前两条历来受到重视，第三条却几乎完全被忽视，事实证明，如果这 3 条失去平衡，任何组织都无法获得总体上的成功。

（1） 霍桑实验证明人是一种社会人，注重了人的社会人属性。科学管理把人当作"经济人"来对待，认为金钱是刺激人的积极性的唯一动力。事实上，影响人的劳动积极性的因素，除了物质利益之外，尚有作为社会人的心理因素。每一个人都有自己的特点，个体的观点和个性都会影响个人对上级命令的反应和工作的表现。因此，应该把职工当作不同的个体来看待，当作社会人来对待，而不应将其视作无差别的机器或机器的组成部分。

（2） 霍桑实验告诉我们，企业中存在非正式组织。工人在企业内部共同劳动的过程中，必然会发生一些工作以外的联系，这种联系会加深他们的相互了解，从而形成某种共识，建立起一定程度的感情，逐渐发展成为一种相对稳定的非正式组织。这种非正式组织对工人起着两种作用：保护工人免受内部成员疏忽所造成的损失，如生产过多以致提高生产定额，或生产过少引起管理当局的不满，并加重同伴的负担；保护工人免受非正式组织以外的管理人员干涉所形成的损害，如由降低工资率或提高生产定额给他们造成的伤害。由于与正式组织相互依存的非正式组织的存在，它往往会通过影响工人的工作态度来影响企业的生产效率或目标的达成，因此，管理人员应该正视这种非正式组织的存在，并利用它为正式组织的活动和目标服务。

（3） 新型的领导的管理能力在于有效地提高职工的满意程度（包括社会情感需求方面）。科学管理研究者主张生产效率的取得主要取决于作业方法、工作条件和工资制度等外在要素，因此，他们认为只要采用恰当的工资制度，改善工作条件，制定科学的作业方法，即可提高工人的劳动生产率。霍桑实验则证明：实际的情况是提高职工的满足程度（包括社会情感需求方面），对提高工作效率有着不可忽视的作用。

梅奥等人根据霍桑实验得出了不同的结论，他们认为，生产效率的高低主要取决于工人的士气，而工人的士气则取决于他们感受到各种需要（包括社会情感需要）的满足程度。在这些需要中，金钱与物质方面的需要只占很少的一部分，更多的是获取友谊、得到尊重或保证安全等方面的社会情感需要。新型的管理人员应该认真地分析职工的这些需要，不仅解决工人生产技术或物质生活方面的问题，还要掌握他们的心理状态，了解他们的思想情绪，以便采取相应的措施。这样才能充分地激励工人，并达到提高劳动生产率的目的。

三、梅奥的“社会人假设”评价及其“外部性”情况审视

“社会人假设”认为，在社会上活动的员工不是各自孤立存在的，而是作为某一群体一员并有所归属的“社会人”存在，是社会存在。人具有社会性的需求，人与人之间的关系和组织的归属感比经济报酬更能激励人的行为。“社会人”不仅有追求收入的动机和需求，他在生活工作中还需要得到友谊、安全、尊重和归属的情感需求。因此，“社会人假设”为管理学理论研究和实践开辟了新的方向。

“社会人假设”的依据和理论基础是人际关系学说，它是由梅奥提出，后又经英国塔维斯托克学院煤矿研究所再度验证而得到证实的。后者发现，在煤矿采用长壁开采法先进技术后，生产力理应提高，但由于破坏了原来的工人之间的社会组合生产反而下降了。之后，由于吸收社会科学的相关知识，重新调整了生产组织，生产就上升了。这两项研究的共同结论是，人除了物质外，还有社会需要，人们要从社会关系中寻找乐趣。①

1933年梅奥总结了霍桑实验以及其他实验的结果，概括出下述结论。

第一个结论：传统管理认为，生产效率主要决定于工作方法和工作条件。霍桑实验认为，生产效率的提高和降低主要取决于职工的“士气”，而士气取决于家庭和社会生活，以及企业中人与人之间的关系。

第二个结论：传统管理只重视“正式群体”问题，诸如组织结构、职权划分、规章制度等。霍桑实验与之不同，它强调还必须注意到某种“非正式群体”的存在，因为这种无形的组织，同样有其特殊规范影响群体中每个成员的行为。

第三个结论：霍桑实验还提出新型领导的必要性。领导者在了解人们的合乎

① 芮明杰，杜锦根. 人本管理[M]. 杭州:浙江人民出版社，1997. 5.

逻辑的行为的同时，还须了解非逻辑的行为，要善于倾听和沟通职工的意见，使正式组织的经济需要与非正式组织的社会需要取得平衡。

梅奥从“社会人假设”出发，认为应采取不同于“经济人假设”的管理措施，主要有以下几点：第一，管理人员不应只注意完成生产任务，而应把注意的重点放在关心人和满足人的需要上；第二，管理人员不能只注意指挥、监督、计划、控制和组织等，而更应重视职工之间的关系，重视职工的归属感和整体感；第三，在实际奖励时，提倡集体的奖励制度，而不主张个人奖励制度；第四，管理人员的职能也应有所改变，他们不应只限于制定计划、组织工序、检验产品，而应在职工与上级之间起联络人的作用。这就要求：一方面，要倾听职工的意见和了解职工的思想感情，另一方面，要向上级呼吁和反映职工的思想情感和呼声；第五，提出“参与管理”的新型管理方式，即让职工和下级不同程度地参加企业决策的研究和讨论。

梅奥认为，能否建立一种良善的人际关系，既是一个经理人员是否成熟的一个重要标志，也是一个组织是否有效的一个重要标志。他指出经理人员应该将他的下属视为社会群体中的社会人，而不应该看成是群氓的个人。对于社会人来说，梅奥认为：①社会人的本质特点之一是在劳动中同他人进行交往，并紧密地结合到了一起的客观事实。经营管理者倘若忽视人际关系的这种事实，必然会造成生产中问题的不断出现；②一个工人进入工厂以后与同班组的其他人的关系如何，在很大程度上决定这个工人的工作表现，并直接地影响其才能的正常发挥；③经营管理人员一旦抛弃被以往认为的“工人是群氓”的错误假设，重视企业内部人际关系的不断调整，就能获得惊人的效果。梅奥指出：如何协调好社会中的人际关系，仍然是文明世界的一个重大的问题。[①]

梅奥的“社会人假设”对管理的发展具有开创性的意义，它使管理理论从古典管理学的一维性质走向了二维，从“经济人”范畴，走向了“经济—社会人”范畴。为管理科学研究的发展和管理理论的实践开拓了新的天地。随着社会生产力的发展，企业之间竞争的加剧和企业劳资关系的紧张，使得管理者开始重新认识“人性”问题的重要。从“经济人假设”到“社会人假设”；从以工作任务中心的管理到以职工为中心的管理，无疑管理思想与方法前进了一大步，因为它不仅仅注意的是古典管理学理论意义上的“效率主义逻辑”，而且将管理学研究的

① 马克思恩格斯全集(第42卷)[M]. 北京:人民出版社,1979. 93~94.

视域延伸到了“情感逻辑”范畴。在当时，资本家实行工人参与管理，满足工人一些需要，这在企业中确实起到了缓和劳资冲突的效果。在使得，当时西方许多企业都收到了显著的效果。

尽管如此，“社会人假设”也存在不可摆脱的局限性：其一，假设中的人际关系，并未改变资本主义社会的雇佣关系和剥削本质，也未涉及社会生产关系上的根本改变，因而它不能从根本上解决资本主义社会的阶级矛盾与冲突，资本家和劳动者之间的关系，仍然处于实质上的剥削与被剥削的雇佣关系。其二，“社会人假设”认为人与人之间的关系对于激发动机、调动职工积极性是比物质奖励更为重要的，因此，这一点对于我国企业必须注重关心职工各种需求，注重更加人性化的管理方式有很大参考价值，但它过于偏重非正式组织的作用，对正式组织必须具有的社会文明趋向放松研究，因而存在不完善之处。其三，“社会人假设”的出现，开辟了管理和管理理论的一个新领域，并且弥补了古典管理理论的不足，为以后行为科学的发展奠定了基础。但是如同“经济人假设”一样，都没有涉及“外部结构问题”，这个理论上的缺陷在管理科学发展史上的影响是长远的，因而也是严重的。因为，其所奠定的理论基础，即如古典管理学的“经济人假设”仅注重管理的内部性质，而忽略“外部性”关联那样，它同样属于这种情况。这使得管理过程并不涉及理应协同关注的组织自身的“外部行为”，譬如对外部环境破坏和污染的行为。然而，恰恰是这一点，在 21 世纪的当今时代，是管理学必须引起重视的方面。否则，其所做出的贡献在当时无论如何先进，在今天来说都是残缺不全的。

第二节　行为科学研究的理论与价值

在考察梅奥霍桑实验以后，我们尚需对它所引发的行为科学的研究过程进行了解。20 世纪 20 年代末到 30 年代初，整个资本主义世界出现了大的经济危机。面对危机，在美国，罗斯福政府从宏观上对经济实施管制。在英国，则出现了经济学范畴的凯恩斯革命，批判性地纠正了亚当·斯密自由市场经济理论的不足。而此时的管理学家们也开始从微观方面探讨资本主义制度“硬件”之外的、导致企业效率下降的管理学范畴的影响因素和问题。尤其是霍桑实验当时在管理学研究上所取得的成功，迅速引起了管理学界对人的行为探讨的极大兴趣和由此掀起的对“效率逻辑”与“情感逻辑”效应关系协同关注的研究趋势。并且，这种趋势所产生的影响还随着时间的推移而逐渐扩大。这时，很多大学开始设立与人际关系学相应的课程，广泛传播并继续深入探讨人际关系学的理论问题。继之，人际关系学及其成果也逐渐步入不少企业管理实践过程之中，它对当时西方各国企业管理界发挥了很大作用。与此同时，人际关系学还使一些管理学家、社会学家和心理学家开始对人行为的特点、行为的过程以及个人行为与组织行为等，进行了多方面、多角度的关注，从而也促进了行为科学理论研究的深入发展，并产生了与之相关的一系列的理论和成果，使行为科学研究成为现代西方管理发展史上的一个重要流派，并且呈现出了这一学科理论研究的丛林现象。

一、个体行为的研究与评价：关于人的动机与需求理论

（一）马斯洛的需求层次理论

1. 马斯洛的需求层次理论的具体内容。继霍桑实验对人的行为的关注之后，著名的人本主义心理学家马斯洛开始了人的行为动力学方面的理论探索。他的“人的需求层次理论”（Maslow's hierarchy of needs），亦称“基本需求层次理论”，即是行为科学研究方面的理论之一。亚伯拉罕·马斯洛（1908~1970），美国著名哲学家和人本主义心理学的创始人，其“人的需求层次理论”于1943年在《人类激励理论》论文中首次提出。该理论将人的基本需求划分成相互关联的生理上的需求、安全上的需求、情感和归属的需求、尊重的需求、自我价值实现的需求五种层次结构：

（1）生理需求。生理需求也称级别最低、最具优势的需求，如：食物、水、空气、性欲、健康。其研究认为，未满足生理需求时的基本特征是：什么都不想，只想让自己活下去即可。另外，处于生理需求层次，思考能力、道德观一般都变得明显脆弱。在管理方面，若根据“生理需求层次”特征激励下属，其激励措施是增加工资、改善劳动条件、给予更多的业余时间和工间休息，并提高福利待遇。

（2）安全需求。安全需求同样属于低级别的需求，其中包括对人身安全、生活稳定以及免遭痛苦、威胁或疾病等方面的需求。缺乏安全感的特征：通常感到自己及身边的事物受到威胁，觉得这世界是不公平或是危险的。由此，使之心理上变得紧张、彷徨不安，不相信社会，不敢拥有社交活动，自暴自弃，整日借喝酒、吸烟来寻找短暂的心理安慰。在管理方面，以“安全需求层次”特征激励下属的措施是：强调规章制度、增强职业保障、增加福利待遇，并保护员工不致失业，提供医疗保险、失业保险和退休福利待遇，避免员工收到双重的指令而导致

工作中的混乱等。

(3) 社交需求。社交需求属于较高层次的需求，是对友谊、爱情以及隶属关系方面的需求。缺乏社交需求的特征是：由于没有感受到身边人的关怀，而认为自己活在这世界上没有价值和意义，通常多表现为悲观和厌世，或无视道德观与理性地积极地寻找朋友，或吸烟、酗酒及恶作剧等。在管理上，以“安全需求层次”特征激励下属的措施是：提供同事之间的社交往来机会，支持与赞许员工寻找及建立和谐温馨的人际关系，开展有组织的体育比赛和集体聚会活动等。

(4) 尊重需求。尊重需求属于较高层次的需求，如：成就、名声、地位和晋升机会等均属此列。尊重需求既包括对成就或自我价值的个人感觉，也包括他人对自己的认可与尊重。无法满足尊重需求的特征是：变得很爱面子，或是积极地用行动来让别人认同自己，同时也很容易被虚荣所吸引。在管理上，用尊重需求激励员工的措施是：公开奖励和表扬，强调工作任务的艰巨性以及成功所需要的高超技巧，颁发荣誉奖章、在公司刊物发表文章予以表扬或制作优秀员工光荣榜等。

(5) 自我实现需求。自我实现需求是最高层次的需求，包括对于真善美的追求或对至高人生境界获得方面的需求，如：自我价值实现，发挥自身潜能等均属于此。自我实现需求是一种衍生性需求，即只有前面四项需求得到满足后，这一最高层次的需求方能产生。缺乏自我实现需求的特征：觉得自己的生活被空虚感给笼罩着，要自己去做一些身为一个“人”应该在这世上所做的事，极其需要有能充实和提高自己的事物，尤其是让人深刻地体验到自己没有白活在这世界上的事物出于自己手中。也能开始认为，价值观、道德观胜过金钱、爱人、尊重和社会的偏见。在管理上，满足“自我实现需求层次”的激励措施是：设计工作时运用复杂情况的适应策略，给有特长的人委派特别任务，在设计工作和执行计划任务时为下级留有余地等。

马斯洛在晚期时还提出“超自我实现”这一理论。这是当一个人的心理状态充分满足了自我实现的需求时，所出现短暂的“高峰经验”，是在执行或完成一件事情时才能深刻体验到的这种感觉。这种情况，通常出现在艺术家或是音乐家身上。

2. 马斯洛的需求层次理论的应用价值及评析。马斯洛理论的需求理论中，生理需要不是简单的食欲、性欲等，而是一种更高层次的抽象概括，它与安全和感情上的需求，都属于低一级的需要。一般来说，这些需要通过外部条件就可以满足；而尊重的需求和自我实现的需求则不同，它属于高级需求范畴，因此，这种需求是通过内部因素发挥作用才能满足的。而且一个人对尊重和自我价值实现的需求，一般都是无止境的。人的需求有一定层次性，其满足过程像阶梯一样从低到高，按层次逐级递升，当较低级的需要满足后，就向高层次发展，并且层次越高，越难满足。因为，高级需求的满足比低层次需要满足的愿望更为强烈，并且它的满足比低层次需求之满足要求具备更多的前提条件（包括内部条件和外部条件）。但其次序也并非绝对，通常也会有一些例外情况出现。①

需求层次理论有两个基本出发点，一是人人都有需要，某层次需求获得满足后，另一层次需求方可出现；二是在多种需求未获满足前，首先满足急迫需求。因为，只有此种需求满足后，后面的需求方能凸显激励作用。就需求层次间的关系而言，一般来说，在某一层次的需求相对满足情况下，追求更高层次的需求便成为驱使行为的动力。相应地，获得基本满足的需求也不再具有激励作用。有时，同一时刻，一个人往往可能也存在几种需求，但总有某种优势需求会占支配地位并对行为发挥决定性作用。当然，优势需求也会不断变化，因为不同层次需求既与个体年龄增长相适应，也同社会经济及文化教育的程度相关联。有些情况下，各层次的需求也相互依赖和重叠，任何一种需求都不会因为更高层次需求的出现而消失，往往高层次的需求出现后，低层次的需求依然存在，只不过，它会对个体行为影响的程度大大减弱。需要强调指出的是，若一个人某种需求受到强力制约时，便可能使其生命前途，乃至人生观发生改变。

马斯洛和其他的行为心理学家大都认为，一个国家多数人的需求层次结构，是同这个国家的经济发展、科技水平、文化教育程度直接相关的。在不发达国家，生理需求和安全需求占主导的人数比例较大，而高级需求占主导的人数比例较小；发达国家，则刚好与之相反。马斯洛还认为，需求的产生，由低级向高级发展是呈波浪式的，在低一级需求尚未完全满足时，高一级的需求便出现了。而当低一级需求的高峰已经过去，同时尚未完全消失情况下，高一级的需求也会逐步增强，直到占有绝对优势。

马斯洛的需求理论对管理学研究具有重要意义。从积极方面来看，马斯洛提出人的需求层次说，这在一定程度上也是符合人类需求发展一般规律的。一个人从出生到成年，其需求的发展过程，基本上是按照马斯洛提出的需求层次说进行

① 乔东，李海燕. 中西管理哲学比较研究及其意义[J]. 淮北煤炭师范学院学报(哲学社会科学版),2003(03).

的。尽管有关“自我价值实现”能否作为每个人的最高需求层次这一观点尚有争议，但马斯洛提出的需求是由低级向高级发展是无可置疑的。马斯洛的需求层次理论反映了人在每一个时期，都有一种需要占主导地位，而其他需求处于从属位置，这一点对于管理工作具有重要的启发意义。马斯洛需要层次论的理论基础是他的人本主义心理学，他认为，人的内在力量不同于动物的本能。人内在价值和潜能的实现乃是人的本性，人的行为是受意识支配的，并且具有目的性和创造性。应该说，马斯洛的需求层次说对管理科学研究的“社会人”范畴的“需求特征”产生了实质性的影响，因而受到了较为广泛的注意，它所提供的是有关人的动力学方面的理论基础，是管理科学理论人性化变革的重要前提。然而，需求理论的消极因素也是十分明显的。

第一，马斯洛是离开社会条件、离开人的历史发展以及人的社会实践来考察人的需求性质及结构的，其理论基础是存在主义和人本主义学说。它倾向人的本质是超越社会历史的抽象的“自然人”，而非历史唯物主义意义上的“社会人”。这种情况，正是其局限性的理论局限所在，这使得其理论观点难以适合处于贫穷落后阶段之国家的特殊情况。

第二，人的行为除了受其需求、欲望或愿望影响外，还会受到其信念及信心方面的影响，而信心就是人们对行为实现之可能性或必然性的一种预期。如此说来，人的动机也可以是构成行为的原因。而需要层次理论所强调的则是“人的动机是由人的需求决定的”。但实际上，从心理角度来说，虽然很多人会有当歌星或体育明星的愿望，但绝大部分人还不至于痴迷到真正地去追求这一目标的地步。所以说，有的时候需求也并不是决定人们行为动机的唯一动力或原因。

第三，需求归类有重叠倾向。如，尊重的需求是贯穿整个马斯洛需求层次的心理现象，实际上穷困潦倒的人或夸耀财富的人都有自尊心理，而且还会有以朋友众多为受尊重的心理。事实上，尊重是不能作为一种单独的需求层次加以对待的，它只是各项需求是否满足的表现而已。同时，安全需求和交往需求从人际方面来说也有相互重叠的方面，某人交往环境不好，有受欺辱的现象，以至孤独自闭，这样的结果很难说是安全需求受挫所导致，还是交往需求受挫所导致。

第四，需求层次说认为，高层次的需求是建立在低层次需求基础之上的，这就造成了需求层次理论对个人主义作了合理化注解。实际上，人们的基本需求与其高级需求往往是统一的，人们不仅可能从低层次需求的基础上去追求高层次需求，而且还可能在高层次需求实现后，更容易地去得到低层次需求。需求层次学说中大部分高层次需求本身应该就是包容有低层次需要的。人们的社会交往需求也是一样，其根本目的还是为了更安全地保障自己的生理需求。同理，自我实现需求满足后，随之而来的则是各项低层次需求的唾手可得。

第五，实际上，需求满足的量化标准和强弱程度往往是很模糊的。人们各项需求满足的标准是受人们最根本的信念控制的，而人们的信念又是人们道德观和价值观的底线，是人们世界观、人生观等基本需求欲望连同其行为志向的综合性结果，当人们各项需求相互矛盾和冲突时，各项需求的程度必然要首先满足信念的需求而受到信念的调控。

（二）赫次伯格的双因素理论

双因素理论（Two Factor Theory）又叫激励保健理论（Motivator-Hygiene Theory）或双因素激励理论，是美国的行为科学家弗雷德里克·赫茨伯格（1923~2000）有关人的行为需求方面的学说。赫茨伯格曾任美国犹他大学的管理学特级教授，获美国匹茨堡大学博士学位，主要从事管理教育和咨询工作，也曾任美国凯斯大学心理系主任。其“双因素说”观点尽管存在争议，但他的名字也因此理论的提出而蜚声世界，因此，他能在美国与其他30多个国家被聘为高级咨询人员和管理教育专家。在20世纪50年代末，他同助手在美国匹兹堡附近对200多名工程师、会计师等进行了访问。访问主要围绕两个议题进行，即在工作中，哪些事项是让他们感到满意，并估计这种积极情绪能够持续多长时间？另外，又有哪些事项使他们感到不满意，并估计这种消极情绪会持续多久？此次访问及研究结果，使之在工作丰富化方面提出了具有开创性的研究成果。赫茨伯格从其研究中发现，能使职工感到满意的，通常都是属于工作本身或工作内容方面的事情；而使之不满的则都属于工作环境或工作关系方面的情况。他把前者叫作激励因素，后者叫作保健因素。赫茨伯格还注意到，激励因素与保健因素都有若干重叠现象，譬如赏识就属于激励因素，一般起着积极作用；但当没有受到赏识时，又可能起消极作用，这时又表现为保健因素。工资是保健因素，但有时也能产生使职工满意的积极结果，等等。①

1. 双因素理论的内容与应用。

第一类因素，即激励因素，包括工作本身、认可、成就和责任，它们既涉及对工作的积极情感，又与工作本身的内容相关联。既然这些积极情感和个人过去

① 高全喜. 从非常政治到日常政治——论现时代的政法及其他[M]. 北京：中国法制出版社，2009.

的工作被人认可，那么，它的基础在于工作环境中持久的性质，而非短暂的成就。

第二类因素，即保健因素，包括公司政策和管理、技术监督、薪水、工作条件以及人际关系等方面。这些因素反映工作中的消极情况，也同工作的氛围和环境相关联。就是说，对工作和工作本身而言，这些因素是外在的。

激励因素包括：成就、赏识、挑战性的工作、增加的工作责任，以及成长和发展的机会等方面，这反映带来积极态度、满意和激励作用的一些情况，是能满足个人自我价值实现需求的因素。倘若具备这些因素，就能对人们工作产生更大推动。从这个意义出发，赫茨伯格认为传统的激励因素，如工资刺激、人际关系的改善、提供良好的工作条件等，固然能消除不满意，防止发生问题，但不会出现更大的激励。

按照赫茨伯格的意见，管理当局应该认识到保健因素是必需的，不过它一旦使不满意中和以后，就不能产生更积极的效果。只有“激励因素”才能促使人们有更好的工作成绩。

从不同角度来看，外在因素主要取决于正式组织（例如薪水、公司政策和制度）。只有公司承认高绩效时，它们才是相应的报酬。而诸如出色地完成任务的成就感之类的内在因素则在很大程度上属于个人的内心活动，组织政策只能产生间接的影响。例如，组织只有通过确定出色绩效的标准，才可能影响个人，使他们认为已经相当出色地完成了任务。

尽管激励因素通常是与个人对他们的工作积极情感相联系，但有时也涉及消极情感问题。而保健因素几乎与积极情感无关，只会带来精神沮丧、脱离组织、缺勤等结果。成就的出现在令人满意的工作经历中超过40%，而在令人不满意的工作经历中则少于10%。

赫茨伯格的理论认为，满意和不满意并非共存于单一的连续体中，而是截然分开的，这种双重的连续体意味着一个人可以同时感到满意和不满意，它还暗示着工作条件和薪金等保健因素并不能影响人们对工作的满意程度，而只能影响对工作的不满意的程度。

赫茨伯格的双因素理论实际上是针对满足的目标而言的。所谓保健因素实质上是人们对外部条件的相关要求；而激励因素才是人们对工作本身的要求。要调动人的积极性，就要在“满足”二字上做文章。满足人们对外部条件的要求，称为间接满足，它可以使人们受到外在激励；满足人们对工作本身的要求，则称为直接满足，它可以使人们受到内在激励。根据赫茨伯格的理论，在调动员工积极性方面，可以分别采用以下两种基本做法：

（1）直接满足。直接满足又称为工作任务以内的满足，它是一个人通过工作所获得的满足，这种满足是通过工作本身和工作过程中人与人的关系得到的，它能使员工学习到新的知识和技能，并产生兴趣和热情，使员工具有光荣感、责任心和成就感，因而可以使员工受到内在激励，产生极大的工作积极性。对于这种激励方法，管理者应该予以充分重视。这种激励的措施虽然有时所需的时间较长，但是员工的积极性一旦受到激励，不仅可以提高生产效率，而且能够持久，所以管理者应该充分注意运用此方法。①

（2）间接满足。间接满足又称为工作任务以外的满足，这种满足不是从工作本身获得的，而是在工作以后获得的。例如，晋升、授衔、嘉奖或物质报酬及工资、奖金等福利等，就都是在工作之后获得的。间接满足虽然也与员工所承担的工作有一定的联系，但它毕竟不是直接的，因而在调动员工积极性上往往有一定的局限性，常常会使员工感到与工作本身关系不大而不在乎。所以，研究者认为，这种满足虽然也能够显著地提高工作效率，但不容易持久，有时处理不好还会发生副作用。

双因素理论具有一定的科学性。在实际工作中，借鉴这种理论来调动员工的积极性，应特别注意处理好物质鼓励与精神鼓励的双重关系，亦即不仅要充分注意保健因素，使员工不至于产生不满情绪，而且还要注意利用激励因素激发员工的工作热情，使之努力工作。如果只顾及保健因素，仅满足员工暂时没有意见，是很难创造出一流工作绩效的。如奖金发放是一种激励因素，但是必须指出，在使用这种激励因素时，必须与企业的效益或部门及个人的工作成绩挂起钩来。如果奖金不与部门及个人的工作成绩相联系，而是一味地平均发放,久而久之，就会变成保健因素，再多也起不了激励作用。②双因素理论不仅对搞好奖励工作具有一定的指导意义，而且对如何做好人的思想工作提供了有益的启示。既然在资本主义的管理理论和实践中，人们都没有单纯地追求物质刺激，那么在社会主义条件下，就更不应把调动员工积极性的希望只寄托于简单意义上的物质鼓励方面；同样地，既然工作上的满足与精神上的鼓励将会更有效地激发人的工作热

① 孙宏华.逻辑经验主义对西方管理思想发展的影响[D].西北大学,2006.
高全喜.从非常政治到日常政治——论现时代的政法及其他[M].北京：中国法制出版社，2009.

② 芮明杰，杜锦根.人本管理[M].杭州：浙江人民出版社，1997.18.

情，那么，充分发挥精神鼓励的作用就十分重要。

2. 关于双因素激励理论的争论与评析。赫茨伯格的双因素激励说同马斯洛的需求层次理论二者具有相似之处。他所提出的保健因素实际上相当于马斯洛理论意义上的生理需求、安全需求和感情需求等较低级的需求方面，而激励因素则与受人尊敬、自我价值实现的需求具有相似之处。然而，他们二者的具体分析和解释又是各不相同的。但是，这两种理论的共同点是都没有把“个人需要的满足”与“组织目标的达成” 两者之间系统联系起来。故此，这使得有些学者对赫茨伯格的双因素激励理论的正确性表示怀疑。也有人做了许多试验，但并未从中得出足以证实这个理论的有力证据。而赫茨伯格及其同事所做的访谈与调查则被有的行为科学家批评为：“是他们所采用方法本身的产物”，即人们总是把好的结果归结于自己的努力而把不好的结果归罪于客观条件或他人身上，问卷没有考虑这种一般的心理状态。另外，被调查对象也不具有全面性和代表性。事实上，不同职业与不同阶层的人，对激励因素和保健因素的反应是各不相同的。实践还证明，高度的工作满足不一定就产生高度的激励。这也使许多行为科学家得出结论：无论是有关工作环境的因素，还是工作内容的因素，均可能产生激励作用，而不限于满足感方面，它取决于环境和职工心理方面的多种条件和因素。

赫茨伯格的“双因素理论”提出后，由于强调工作因素能导致满意感，而另外一些情况则只能防止不满意的发生，所以这也是最能引起争议的另一个方面。有人认为，人是非常复杂的，当他们对工作感到满意的时候，并不等于生产效率就得到提高；反之，当他们对工作感到不满意的时候，也不等于生产效率会因此而降低。现实中，种种原因都有可能存在，即使在不满意的条件下，也有较高的生产效率情况出现的可能。所以，仅仅以满意或不满意作指标，实际上并不能证实它与生产效率之间的关系。

赫兹伯格将保健因素与激励因素截然分开有欠妥当，实际上保健因素与激励因素、外部条件与内部条件都不是绝对意义上的，而是相互联系并且可以相互转化。

现代企业一般由 4 种经济主体所组成,即股东、经营者、管理者和普通员工。这 4 种经济主体通常都有自己的目标存在，从实施的范围和层次进行分析，始终存在着所有者对经营者、经营者对管理者和管理者对员工的约束与激励，而这些并不是双因素理论都能涵盖的。

但是，双因素激励理论在促使企业管理人员注意工作中内容或因素的重要性，特别是在工作丰富化及满足感的关系方面，还是有着积极意义的。所以，赫茨伯格告诉人们，满足各种需要所引起的激励深度和效果是不一样的。物质需求的满足是必要的，没有它将会导致不满，但是即使获得满足，它的作用往往也是很有限的，不能持久的。要调动人的积极性，不仅需要注意物质利益和工作条件等外部因素，更重要的是要注意工作的安排，量才录用，各得其所，注意对人进行精神力量鼓励，并给予表扬与认可，同时注意给人成长、发展和晋升提供机会，这些方面都是有参考价值的。现在，随着温饱问题的解决，他所说的内在激励的重要性越来越明显。

3. 双因素理论对现代企业管理的启示。在管理实践中，双因素理论也是不可忽视的。采取了某项激励措施并不一定就带来满意，要提高职工的积极性首先得注意保健因素，以消除职工的不满或对抗。但保健因素并不能使职工变得非常满意，同时也不能激发他们的工作积极性,所以,更重要的是要利用激励因素激发职工的工作热情并借此提高工作效率。

双因素理论是在美国这一特定的社会和文化背景下提出的，由于国情和社会文化的不尽相同，因而，在企业管理中，哪些属于保健因素，哪些属于激励因素也不尽相同。企业管理者在对职工进行激励时，必须要考虑到这种国家间或企业间的文化差异，因地制宜地制定有效激励措施。双因素理论出现于温饱问题业已解决的美国，而在尚未完全解决温饱问题的国家中，工资和奖金并不仅仅是保健因素，它们多少关系到个人的切身利益和自身价值的实现，如果运用得当，同样会表现出明显的激励作用。因此，不发达国家的企业，应该建立灵活的工资及奖金制度，防止僵化或一成不变。另外，在企业管理实践中，一些激励因素的设置，如奖金，必须使与职工的工作绩效相联系方能产生积极的效果。

激励是组织管理的重要环节，通常被认为是“最伟大的管理原理”。就组织工作而言，对职工激励至关重要，但对职工进行激励的时候必须注重多种激励方式的综合运用，将物质激励和精神激励有机结合起来，物质需要是人的第一需要，合理而富有竞争力的薪酬制度是企业激励职工的基本方略，同时，企业更要注重精神激励的重要性。学习型组织为我们提供了一个典型标杆瞄准方面的激励模式：通过培养员工自我超越的能力,突破旧思维方式的限制，创造出更适合组织发展的新的氛围，朝着组织包括外部生态环境在内的整体目标的努力是现代组织发展的必然方向。

（三）麦克利兰的激励需求理论

美国哈佛大学教授戴维·麦克利兰（1917~1998），是当代研究个体“动机”的心理学家。20 世纪 40~50 年代起，他就开始了对“人的需求”和“动机”问题进行研究，提出了著名的“三种需求理论”，并得出了一系列重要的研究结论和成果。

在麦克利兰之前，精神分析学派和行为主义学派的心理学家便对“动机”问题进行了讨论。以弗洛伊德为代表的精神分析学派用释梦、自由联想等方式探讨动机，他们过于简单地将人们的行为归于性本能方面的动机，而且其研究方法和技术很难得出具有代表性的研究结果，可重复性验证极差，因而很容易被证伪(波普尔语)。行为主义心理学家尽管用实验方法研究动机问题，使动机的强度也变得可以测量，但他们更多集中于饥、渴、疼痛等基本生存的需求方面，并且没有区别人的动机与动物动机不同。正因为此，麦克利兰认为，无论精神分析学派还是行为主义心理学家，对动机的研究都有很大的局限性和片面性。所以，他本人更注重研究人的高层次需求及与社会性紧密联系的动机问题，强调采用系统、客观并行之有效的方法对动机进行探讨。他的研究主要受到了美国心理学家莫瑞的需要理论和方法的影响，莫瑞提出了人的多种需要，并且编制了主题统决测验进行测量。

1. 麦克利兰的激励需求理论的基本内容。

(1) 成就需求。麦克利兰认为，具有强烈的成就需求的人，一般都渴望将事情做得更为完美，并能提高工作效率，以便获得更大的成功。这些人，通常并不太看重成功所带来的物质奖励，其所追求的目标，实际上是在争取成功的过程中克服困难、解决难题、努力奋斗方面的乐趣，以及成功之后的个人成就感。另外，个体的成就需求，与他所处的经济、文化、社会、政府的发展方式和程度也密切有关，有时，社会风气也会制约着人们的某种成就需求。

麦克利兰发现，高成就需求者有三个主要特点：

其一，高成就需求者喜欢设立具有适度挑战性的目标，不喜欢凭运气获得的成功，也不喜欢接受那些在他们看来特别容易或特别困难的工作任务。他们不满足于无目的的随波逐流和随遇而安，而总是想有所作为，也总是精心选择自己的目标，因此，他们很少自动地接受别人——包括上司——为其选定目标。除了请教能提供所需技术的专家外，他们不喜欢寻求别人的帮助或忠告。如果要是赢了，他们会要求应得的荣誉；要是输了，也勇于承担责任。例如：有两件事件让你选择：用掷骰子的方法选择（获胜机会是 1/3）和用研究一个问题的方法选择(解决问题的机会也是 1/3)，你会选择哪一样？尽管获胜的概率相同，而掷骰子方法要相对容易得多，然而，高成就需求者会毫不犹豫选择研究问题的方法，而非依靠投机、机会或他人帮助取得成功。

其二，高成就需求者在选择目标时会回避过分的难度。他们往往喜欢中等难度的目标，这既不是唾手可得没有一点成就感，也不是十分难得只能凭运气。选择目标时，他们一般都会揣度可能办到的程度，然后再选定一个既有难度且可以力所能及的目标——也就是会选择能够使之取胜的、也较为艰巨的挑战性的目标。当成败可能性均等时，对他们而言，才是一种能从自身的奋斗中体验成功喜悦与满足的最佳机会。

其三，高成就需求者还会喜欢多少能立即给予反馈性的目标和任务。目标对于他们非常重要，所以他们希望得到有关工作绩效的及时明确的反馈信息，从而了解自己是否有所进步，或者是否能够胜任其所承担目标的信息。这也就是高成就需求者往往会选择专业性业务强的工作的原因。

麦克利兰指出，金钱刺激对高成就需求者的影响很复杂。一方面，他们往往对自己的贡献评价甚高，或自抬身价。他们有自信心，因为他们了解自己的长处，也了解自己的短处，所以在选择某特定较适合性的工作时，一般都会有很大信心。如果他们在组织中的工作出色而薪酬很低，他们是不会在这个组织中呆很长时间的。另一方面，金钱刺激究竟能够对提高他们的绩效起多大作用也很难说清，他们往往总以自己的最高效率工作，所以金钱固然是成就和能力的鲜明标志，但是由于他们觉得这配不上他们的贡献，所以可能引起不满。

具有成就需求的人，对工作的胜任感和成功有强烈的要求，但他们同样也担心失败；他们乐意，甚至热衷于接受挑战，往往为自己树立有一定难度而又不是高不可攀的目标；他们敢于冒风险，又能以显示自身的态度对待冒险，但绝不会以迷信和侥幸心理对待未来，而是要通过认真的分析和估计；他们愿意承担所做的工作的个人责任，并希望得到所从事工作的明确而又迅速的反馈。这类人一般不常休息，喜欢长时间、全身心的工作，并从工作的完成中得到很大的满足，即使真正出现失败他们也不会过分沮丧。一般来说，他们喜欢表现自己。麦克利兰认为，一个公司如果有很多具有成就需求的人，那么，公司就会发展很快；一个国家如果有很多这样的公司，整个国家的经济发展速度就会高于世界平均水平。[①]但是，在不同国家、不同文化背景下，成就需求的特征和表现也不尽相同，对此，麦克利兰并未做出详尽表述。

(2) 权力需求。权力需求是指影响和控制他人的一种愿望或驱动力需求。

① 陆雄文.民主管理[M].杭州:浙江人民出版社,1997.204.

不同人对权力的渴望程度也有所不同。一般来说，权力需求较高的人对影响和控制别人方面表现出极大的兴趣，他们往往喜欢对别人“发号施令”，注重争取地位和影响力，常常表现出喜欢与人争辩，乐于演讲、健谈、直率和头脑冷静，善于提出问题和要求，并喜欢教训别人。这种人喜欢具有竞争性或能体现较高地位的场合或情境，为此，他们也会追求出色的成绩，但其这样做目的并不像高成就需求的人那样是为了个人的成就感，而是为了获得地位和权力或与自己已具有的权力和地位相称的领导岗位。在管理过程中，权力需求也是管理成功的基本要素之一。①

麦克利兰还将组织中管理者的权力需求分为两种情况：一是个人权力需求。这种情况的特征是，追求个人权力的人总是表现出围绕个人需求行使权力，在工作中常常需要及时地反馈权力行使结果，并倾向于自己亲自操作。这样的管理者，若将其权力形式建立在个人需求的基础上，一般是不利于他人来续位的。二是职位性权力需求。职位性权力需求的管理者，个人发展会与组织共同发展，常表现为自觉地接受组织或上级约束，并从体验行使权力的过程中得到一种满足。

（3） 归属需要。“归属需要”又称“亲和需求”，就是寻求被他人喜爱和接纳的一种愿望性需求。高亲和动机的人更倾向于与他人进行交往，至少是为他人着想，这种交往同时也会给他自己带来愉快。高亲和需求者渴望亲和，喜欢合作、共生而非竞争的工作环境，希望彼此之间的沟通与理解，因此对环境中的人际关系更为敏感。有时，亲和需求也表现为对失去某些亲密关系的恐惧和对人际冲突的回避。亲和需求是保持社会交往与人际关系和谐的重要条件。麦克利兰的亲和需求说与马斯洛的情感需求、奥尔德弗的关系需求基本相似。如麦克利兰本人指出的：注重亲和需求的管理者，往往容易因讲究交情和义气而违背管理工作原则，从而会导致组织效率下降。

2. 麦克利兰的激励需求理论的评析。

成就激励理论。在大量的研究基础上，麦克利兰对成就需求与工作绩效的关系进行了有说服力的推断。首先，高成就需求者喜欢能独立负责、可以获得信息反馈和中度冒险的工作环境。他们会从这种环境中获得高度的激励。麦克利兰发现，在小企业的经理人员和在企业中独立负责一个部门的管理者中，高成就需求者往往会取得成功。其次，在大型企业或其他组织中，高成就需求者并不一定就

① 马克思恩格斯全集（第 23 卷）[M]. 北京:人民出版社，1965.649.

是一个优秀的管理者，原因是他往往只对自己的工作绩效感兴趣，并不关心如何影响他人去做好工作。再次，亲和需求及权力需求通常与管理工作的成功密切相关。麦克利兰发现，最优秀的管理者常常是权力需求很高且亲和需求很低的人。假如一个大企业的经理的权力需求与责任感及自我控制相结合，那么他就很有可能会成功。最后，在管理过程中，如果某项工作需要高成就需求者，那么，管理者可以通过直接选拔的方式找到一名高成就需求者，并对之进行训练，进一步激发他们的成就需求。或者通过培训的方式培养自己原有的下属去争取成为高成就需求者。

麦克利兰的成就动机理论在企业管理中很有应用价值。首先，在人员的选拔和安置方面，测量或评价一个人动机体系特征，对于合理分派工作及安排职位具有重要意义。其次，由于不同需求特征的人需要不同的激励方式，故此，了解员工的需求与动机有利于建立合理的激励机制。再次，动机是可以训练和激发的，因而，可以借助训练方式提高员工的成就动机，以促进和提高生产效率。

成就动机有利于心理健康和社会经济的正常发展，但也并非所有的成就动机都能推动社会经济的正常发展。麦克利兰不仅强调了成就动机的积极作用，而且还指出成就动机是在一定的社会气氛条件下形成的。成就动机有个人取向的成就动机和社会取向的成就动机之分。个人取向的成就动机的特点是：成就目标和评价标准主要由个人自己来决定；选择什么样的行为来达到成就目标，也是由个人自己来做主；成就行为的效果还由个人自己来评价，评价标准同样是由自己来制定。对个人来说，成就的价值观念的内化程度比较高，成就的功能自主性就比较强。社会取向的成就动机的特点是：强调个人的成就目标和评价标准主要由他人或所属的团体来决定；选择什么样的行为来达到目标，也是由他人或团体来决定；成就行为的效果由他人或团体来评价，评价标准还是由他人或团体不定期制定。在社会取向的成就动机前提下，个人对成就的价值观念的内化程度通常比较弱，反之，成就的社会工具性则比较强。亦即，追求成就对他来说只是一种手段，目的是为了让他人或团体高兴。①

这两种取向的成就动机在管理过程中各有长短。因为在管理过程中，如果一个人的成就动机过于偏向某个极端，可能就会产生一些不良后果。这时的成就动机就不一定会产生推动的效果，甚至会起反作用。研究发现，个人取向成就动机

① 吴新昱.浅论对西方管理中人本观念的借鉴及运用[J].北京理工大学学报(社会科学版)，2003(5).

过高的人在组织中往往表现得并不很出色。由于强调个人取向，这些人常常用自己个人的业绩标准来衡量成就，因此常常不容易被认同。故他们多表现为更愿意独立工作，因为这样做可以使任务的完成完全取决于自己的努力。这一特点可能会降低这些人在团队中的工作表现。在组织中，非常需要能够妥协、顺应，将自己的成就需要与组织目标结合起来的人来做。一个组织如果个人取向成就动机的人占的比重太大，则这个组织内的沟通工作就比较困难。

（四）麦格雷戈的“X理论—Y理论”

“X”理论和“Y”理论是麦格雷戈基于人性的不同假设而形成的两种理论。道格拉斯·麦克雷戈（1906~1964）是美国著名行为科学家。1935年，他取得哈佛大学哲学博士；1937~1964年在麻省理工学院任教；1948~1954年任安蒂奥克学院院长。麦克雷戈在任安蒂奥克学院院长期间，对当时风行的管理学理论观点持有疑问，对人的特性提出了自己独到的见解。1957年，他在美国《管理评论》杂志11月号上发表了《企业的人性方面》的文章，并在其中提出了他的著名的“X”理论和“Y”理论观点。他认为，传统理论是以对人性的错误看法为基础的，这种理论把人看作天性厌恶工作，逃避责任，不诚实和愚蠢等。因此，为了提高劳动生产效率，就必须采取强制、监督、惩罚的方法。麦格雷戈把这种理论称之为“X”理论。与之相对的则是另外一种情况，即“Y”理论。其基本观点是：人并不是被动的，其行为受动机所支配，只要创造一定的条件他便会视工作为一种得到满足的因素，就能主动把工作做好。因此，对工作过程中存在的问题，应从管理上找原因,排除职工积极性发挥的障碍。麦格雷戈把这种理论称之为“Y”理论。他认为“X”理论是一种过时的理论，只有“Y”理论方能保证管理的成功。

X理论特征：①员工天生不喜欢工作，只要可能，就会逃避工作。②由于员工不喜欢工作，因此必须对他们采取强制的措施或惩罚性办法，以迫使他们去实现组织的目标。③员工只要有可能就会逃避责任，安于现状。④大多数员工喜欢安逸，也没有雄心壮志。

Y理论特征：①员工视工作如休息、娱乐一般自然。②如果员工对某项工作做出承诺，那么，他们就会进行自我指导和自我控制，以完成任务。③一般而言，每个人不仅能够承担责任，而且会主动寻求承担责任。④绝大多数人都具备做出正确决策的能力，而并非只有管理者才具备这种能力。

X理论是对“经济人”假设的概括，而Y理论是根据“社会人”、“自我实现人”的假设提出的。它归纳了马斯洛及其他类似观点，及行为科学理论中较有代表性的理论意涵。其后，随着对人性假设的深入发展“Y”理论也开始被质疑。

（五）波特—劳勒模式

由波特(L. M.Porter)和劳勒(E. E. Lawler)合作，于1968年在《管理态度和成绩》一书中就如何激励员工士气提出了“波特—劳勒模式理论”。该模式提出，激励不是一种简单的因素关系，人们努力的程度取决于报酬的价值、自认为所需要的能力及实际得到报酬的可能性，管理者应当仔细评价其报酬结构，把“努力—成绩—报酬—满足”这一连锁关系结合到整个管理系统中去。该模式对员工的满足与其工作绩效间关联的传统看法是，员工满意后才会有良好的绩效。波特与劳勒认为这一看法是倒因为果，他们主张良好的工作绩效才是员工满足的成因，这也为我们提供了一个新的思维角度。他们认为，员工的工作绩效使他可获得两种酬赏，一为“内在酬赏”，例如成就感、自我肯定感等；另一种是“外在酬赏”，例如薪资的增加，职位的升迁等。若这两种酬赏的质与量合乎员工期盼的标准，则会为他带来满足。相反地，如果酬赏的标准低于他的盼望，就会降低他的满足，甚至令他不满足，从而影响他继续努力的意愿。

二、群体行为的研究与评价：内聚力与准则约束理论

群体行为是行为科学研究中一个重要的部分。人们在社会生活中彼此交往、相互作用，形成各种不同规模的群体。一般认为，群体是人们通过一定的社会关系结合起来进行共同活动而产生相互作用的一种组织，是人们社会生活的具体单位。群体不同于个体的简单集合。在戏院看戏的观众、飞机火车上的乘客等都是偶然的集合，不能称为群体。群体内的成员之间在心理上有一定的联系，相互作用、相互影响。群体的主要特征是各成员之间必须具有一定的结构，有共同制定、共同遵守的团体规范和目标，有带头人带领大家去实现目标。同时群体成员处于同一环境之中，彼此之间有相互依存的关系，不仅在物质方面相互支持，而且有一致的观念和亲切的感情。

群体作用发挥得如何，对社会的各个方面，对物质文明和精神文明建设都会产生深刻的影响。因此，从20世纪以后，许多西方国家的社会心理学家、社会学家以及行为科学家都很注意群体心理及行为的研究。这些学者认为，群体对于完成一个组织所赋予的各项作用是十分重要的。因为一个群体所能发挥的作用并

不是个体的简单总和，其力量超越了个体的总和。[①]

群体对于群体内个人的行为会产生影响，这种影响既可以是积极的，也可以是消极的。有的人在群体中工作，越是在人多的情况下效果越好，而有的人则不如个人单独工作效果好。前一种情况是群体对个人的行为起了促进作用，后一种则相反，是起了促退作用。当然，产生不同的效果，原因往往是多方面的。例如，一个人所从事的工作如果是属于简单的机械操作或手工操作，当其他成员在场时他的工作越发起劲；如果所从事的活动是属于复杂劳动，或是需要进行一系列的判断推理的思维活动，其他成员在场就会起干扰作用。另外，个人在群体中活动会产生一种被人评价的意识，这种意识同样是积极的推动力量，故在此前提下，群体还可以激发个人的竞赛动机，推动个人奋发向上。

西方社会心理学家对群体分类大致有如下几种:

1. 假设群体和实际群体。假设群体是指实际上并不存在，只是为了研究和分析的需要而划分出来的群体，又叫统计群体。

2. 大型群体和小型群体。二者按实际存在的规模划分，但大小规模没有具体的标准。社会心理学家对二者的划分是以群体成员之间是否有直接的、面对面的接触和联系为标准。凡是群体成员之间有直接的、个人间的或面对面的接触与联系的，就是小型群体;而在大型群体中群体成员之间常常只是以间接的方式，即通过群体的共同目标、各层组织的结构等方式联结在一起的。

3. 正式群体和非正式群体。这种分类方法实际上是形式逻辑上的二分法，主要是对小型群体而言的。正式群体属于官方组织结构范畴，是由正式文件明文规定，有固定的正式编制，规定的权利义务，有明确的职责分工的群体。例如工厂的科室、车间、工段、班组等均属于此。与之不同，非正式群体不是由官方规定，而是人们在交往中由共同的兴趣、观点、感情、目标自发组织起来的群体。

4. 成员群体和参照群体。参照群体也可以叫作标准群体。人们把另外一个群体的标准、目标和规范作为自己要努力达到的目标，把自己的行为与之对照。我国的“树标兵”、“选先进”活动，就是给人们提出参照群体作为大家学习的榜样。

在群体内都有群体成员所必须遵守的规范，它是人们相互作用的产物，其内

① 郭咸纲.西方管理思想史[M].北京:经济管理出版社,2004.
孙勇.波德里亚的消费社会理论及其缺陷[J].绵阳师范学院学报,2008(4).

容相当广泛，包括风俗、文化、语言、时尚、舆论、公约、守则等影响个人态度与行为的行为准则与价值标准。每一个群体都有本群体成员所形成和公认的规范，规范愈是标准化，成员间的关系就愈紧密，群体凝聚力愈强，团结愈坚固。个人参加群体之后就会受到这个群体准则的约束。当一个人的意见和行为与群体内大多数人的意见和行为不一致时，就会感到心理紧张，感到群体的压力，就不得不改变自己的意愿，而服从多数人的意见。

群体内的人们在社会生活的共同活动中，彼此之间进行信息交流、沟通意见、交换情报等各种交往，并建立起人际关系。这种人际关系，一般都会受到生产关系、阶级关系、政治关系以及其他许多社会因素的制约。人际关系，在客观上也关系到群体的内聚力。群体内人际间心理接近，情趣投合，关系融洽，彼此吸引就会形成一段凝聚力，使群体在活动中发挥强有力的作用。

三、领导行为的研究与评价：领导模式理论

在管理思想的发展历程中，领导行为自始至终是行为科学家的研究重点。领导行为研究，主要通过阐述领导行为理论的基本内涵，理论产生的历史背景、主要内容及局限性等，进而揭示了领导行为理论对管理思想发挥的作用。对领导行为的研究主要讲述了以下三部分内容：

（一）关于二维领导模式理论

作为领导行为理论的重要组成部分，二维领导模式是行为科学家不断研究和探索出的一种管理学思想。二维领导模式中的维度主要指：领导“对人（情感）的关心程度”和“对工作（效率）的关心程度”两个方面。它是继“经济人假设前提”的古典管理和“社会人假设前提”的人际关系学派之后，行为科学家们对前两种思想所作出的综合性理论探索。主要揭示“经济—社会人”假设前提下的、二元目标之间的协同效应关系。在当时，从理论上说，它已经突破了奉行“效率主义逻辑”原则的古典管理和奉行“情感逻辑”原则的人际关系学派的单维模式。从思想根源方面讲，主张“效率逻辑”和“情感逻辑”的哈佛大学心理学家亨德森举办的帕累托学术圈，及英国管理学家奥利弗·谢尔登《管理哲学》中强调的“生产的物的方面”和“生产的人的方面”的二维结构思想，均对之产生了影响。就组织内部性管理来说，它从学理上已经超越了古典管理学和人际关系学派各自偏执一端的特性，因而，已经有了很大的进步。二维领导模式理论主要包括俄亥俄大学于 1945 年提出的领导四象限理论和美国德克萨斯大学布莱

克—穆顿1964年出版的《管理方格》。

俄亥俄大学的行为科学家斯托格第等人认为，组织中的领导行为主要包含以下两个因素：即主动结构和体谅结构。他们把领导的行为归并为两个方面，一为主动的结构——指以工作为中心；二为体谅的结构——指以人际关系为中心。同一位领导人可能这一方面的比重大，而另一方面的比重小，通常是两方面兼而有之的一个综合体。这两种因素不是互相排斥的，应该把它们结合起来。因此，他们首创用两根轴线的图示法来表示领导行为，画出了表示主动结构同体谅结构这两个因素多种效应关系情况的“四分图”。而“管理方格”理论是在1964年出版的《管理方格》一书中首先提出的，是美国著名管理学家、德克萨斯大学教授罗伯特·布莱克（Robert R.Blake）和简·穆顿（Jane S.Mouton）创立的一种管理学说和思想。该理论指出，企业中的领导方式，存在着“对人的关心”和“对生产的关心”两种不同的组合。他们借此建构了二维结构的“管理方格法”，旨在避免在企业管理的领导中趋于极端的方式，即或者是科学管理，或者是人际关系；或者以生产为中心，或者以人为中心；或者以X理论为依据，或者以Y理论为依据等，而应该采取综合性的领导方式。在管理理论研究中，德克萨斯学派的“管理方格图”较为科学地整合了科学管理和人际关系学派各自侧重的理论重点。其主要特征是：可在二维整体的管理结构和机理中，科学地揭示前述两种因素的相互效应关系，使组织能够在二维结构之中，有效寻求经济目标与社会目标二者关系的动态平衡，并从中反映其各不相同的管理风格。《新管理方格》一书一经出版，就受到了学术界和企业界的欢迎。著名的权变论管理学家弗德勒曾指出：有效的管理“无疑是决定人类集体的成功、幸福和维系的最具有决定性的因素之一”。必须承认，管理方格理论对生产型企业内部管理是行之有效的。事实上，它对西方国家经济管理的“内部性”作用也产生了很大的影响。对此，布莱克和穆顿本人曾不无骄傲地说：“这个理论系统的价值，可以用《新管理方格》一书将近100万册的发行量来做出证明。”[①]

管理方格理论是由81个小方格组成的二维结构有机整体。其中，横轴表示对生产效率的关心程度，即科学管理学派所侧重的基本内容；纵轴则表示对企业中人的关心程度，即人际关系学派理论研究所侧重的方面。在管理方格中，二者自左而右，或者自下而上，分别表示两维各自关心内容程度由低到高的运作与管

①〔美〕R. R. 布莱克等. 新管理方格[M]. 北京：中国社会科学出版社，1986.序言.

理过程。例如，纵轴的1.9方格表征中，所反映的是企业领导将工作的重心转向对人的关心方面，而不太重视生产，因此，它被布莱克和穆顿命名为“乡村俱乐部管理”。其主要特征是：注意人们合意关系的需要而建立愉快友好的组织氛围。相反，9.1型方格则侧重对生产的关心，但它忽略其中人的因素。这种管理方式，在管理方格理论中被称为“权威与服从”型管理。其特点是：采用使人的干扰因素最小的方法实现工作效率。1.9型和9.1型二者的共同点是都反映片面的管理行为。所不同的是，1.9型偏重对人的关心方面，而9.1型则偏重对生产的关心。

在管理方格理论中，1.1型是一种全劣管理，或曰在关心生产和关心人两个方面均处于最低效率。它表明，管理者对人和生产两种因素都不关心。在现实管理过程中，这种管理，必然导致工作的全面失败，故此，它被布莱克和穆顿称为“贫乏型管理方式”。

管理方格理论的5.5型，是一种居中管理方式，它反映组织管理者在生产任务和关心员工两个方面都寻求一种中间状态，以使组织管理处于一种既不思进取，而又不甘心落后的中流水平，故在管理方格中，以中间形式的5.5型来表征这种风格。属这种管理方式的企业领导，通常缺乏积极探索和进取的精神。而作为员工，其创新精神也很难得到充分发挥。该类型相对于1.1型管理来说虽然较好，但是在市场经济的激烈竞争中，很难保证立于不败之地。

9.9型管理方式，反映组织领导对生产和人的全面关心，而且二者均处于一种很高的水平。这种管理形式，反映现实管理过程中，组织无论在目标价值方面还是在职工个人需求方面，二者均已达到了特定共时态的最佳组合，即特定共时态二者关系整体性的全优状态或全优动态平衡。其现实表现是：在职工高效率地完成生产任务的同时，又给予其精神和物质方面的满足。这种组织管理，内部充满着高协和气氛，在工作方面又是一个强有力的集体，所以，《新管理方格》一书称之为“协作管理”。可以说，《新管理方格》一书作者的全部用心，也正是要求组织管理力求朝着这个方向努力，使之避免在管理过程中顾此失彼并因此而出现偏差。

管理方格理论正是以位于方格图四角的形式变量：1.1、1.9、9.1、9.9，及位于方格图中心的5.5型，分别代表五种典型的管理行为，这也是《新管理方格》全书所阐述的要点。从图2-1中可以看出，作者以这五种典型组合告诫人们，在管理工作中必须力求避免除“9.9”型模式之外的其他管理现象出现。“9.9”型管理，既是二维管理方格理论的最佳模式，也是二元目标动态平衡关系在特定共时态上的最佳反映。

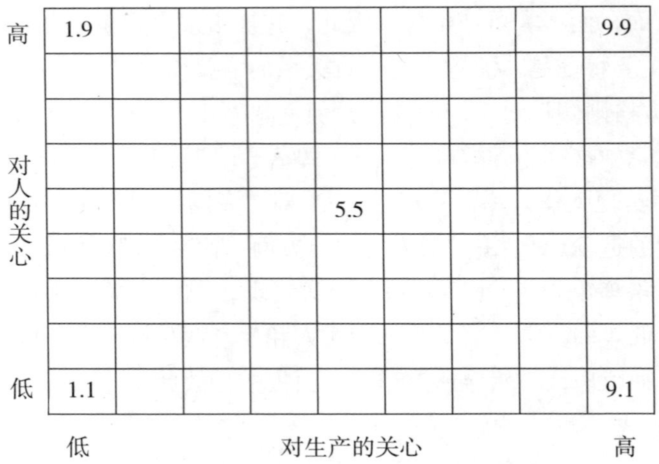

图 2–1

资料来源：R. R. 布莱克等. 新管理方格. 北京：中国社会科学出版社，1986.

布莱克和穆顿是美国著名的管理学家和行为科学家，他们所建构的管理方格理论，可被合理地应用于对组织管理行为的指导与判定方面。这不仅有益于组织领导对自我行为的合理鉴定，而且有益于指导领导者自觉地在经济效益和社会效益（组织内部）方面寻求平衡，进而使之朝着生产型管理的最佳方向努力。正如作者在《新管理方格》一书中所阐述的：“了解经理们进行管理所依据的各种假设，以便分辨其中有哪些同人类动机原理相符，这是重要的。管理方格理论能在这方面给你帮助。然后，你就能确定，那些符合激励原理的假设是否比你现在所用的能更好地指导你的管理行为。”①

经布莱克和穆顿精心设计，使组织变为 9.9 型管理风格的五个必不可少的要素的确重要。但是，无论理论、价值观、克服自欺心理的最终目的、差距的寻找和社会支持的改革方向，都难能跳出生产型或组织内部性管理目标内容框架的限制。

当然，这是从结构意义上所谈及的，因为德克萨斯学派的管理方格首先是从结构上讨论的。它是针对传统管理将经济、社会二元目标内容的分离性特征，合理地将之予以结构性整合。理论上，也正是这种二维整合的结构效应及其中各不

① ［美］R. R. 布莱克等. 新管理方格［M］. 北京：中国社会科学出版社，1986.9.

相同的变量关系，使得管理者可至少在生产型管理模式范围内厘清其行为特征。在这些行为模式中，管理者可看清自己的管理工作是处于二维全劣管理（1.1型），还是二维全居中管理（5.5型），或者是反映二维动态平衡全优结构的9.9型。舍此，就是该方格理论中两种典型的偏执管理行为，即“偏生产的9.1型管理”和“偏执人际的1.9型管理”。显然，这种理论的建设性意义就在于：它是以二维管理结构方式，科学地整合了管理科学史上泰勒、韦伯、法约尔等人所处“经济人时代”的管理理论和自梅奥以后的“社会人时代”（丹尼尔·A. 雷恩《管理思想的演变》一书的用语）管理思想的整体内容。尽管管理方格是在俄亥俄学派“四分图”基础上的一种理论推进，这在当时的社会背景前提下，不能不说是一种极大的进步。但是，二维管理方格由于存在十分严重的“外部性结构”缺失情况，理论上，使之不能适应我们当今的可持续发展战略时代的现实要求。为了使管理理论适合当今的时代需求，我国学界也已进行了管理学结构方面生态化跃升的理论探索。“三维管理方格”理论的出现，正是进行了这方面的尝试。

（二）关于经理角色理论

美国行为科学家明茨伯格等人首先创立的经理角色理论，是一种具有长远指导意义的领导行为理论，即使在今天，经理角色理论仍然具有现实的应用价值。

1. 经理工作的六个特点：① 工作量大，步调紧张。② 活动短暂，多样琐碎。③ 把现实的活动放在优先地位。经理倾向于把注意和精力放在现场的、具体的、非常规的活动。④ 爱用口头交谈方式。⑤ 重视同外界和下属的信息联系。⑥ 权力和责任相结合。

2. 经理担任的十种角色，即挂名首脑角色、领导者角色、联络者角色、信息接受者角色、信息传播者角色、发言人角色、企业家角色、故障排除者角色、资源分配者角色、谈判者角色。这十种角色是一个相互联结的整体，不能割裂开来。

3. 经理职务的八种类型，即联系人、政治经理、企业家、内当家、实时经理、协调经理、专家经理、新经理。

4. 提高经理工作效率的十个要点：①促进信息的共享性；②克服工作的表面性；③经理职务的分担性；④服务目标的确定性；⑤克服应酬的纠缠性；⑥注重角色的特质性；⑦统揽全局的概括性；⑧评价自身的客观性；⑨处理关系的合理性；⑩吸收经验的充分性。

（三）关于支持关系理论

支持关系理论是美国行为科学家利克特提出来的。该理论认为，领导者要考虑下属职工的处境、想法和希望，支持职工实现其目标的行动，让职工认识到自己的价值和重要性，认识到自己在工作中的经验有助于个人价值的实现。由于领导者支持职工，就能激发起职工对领导者采取合作态度和抱有信任感，从而支持领导者。这就叫作相互支持的原则。

利克特认为，在所有的管理工作中，对人的领导是最重要的中心工作，其他工作都取决于它。造成企业生产率差异的主要原因是各企业领导者所采用的领导方式不同。生产率高的企业采用的是以职工为中心的领导方式，管理人员强调的是工作中的人际关系，只进行“一般性的”而不是“严密的”监督。结果不但生产率较高，而且团体中的内聚力高，士气高，职工中不安情绪少，离职率低。生产率低的企业采用的是以工作为中心的领导方式。管理人员注意的中心是生产，对工作的技术方面更感兴趣，对职工的监督过于严密烦琐，往往对职工施加不必要的压力，对琐碎事情横加指责，动辄予以批评和处罚。结果，团体的内聚力低，士气低，职工中不安情绪多，离职率高，生产率也低。

须重视人与自然的关系，这一点，在二维式管理理论结构中是很难体现的。这种理论，倘若不从根本上做出改进，倘若人与自然关系的价值观念不能从中得到反映，那么，它就很难适应可持续发展的基本要求。

第三节　社会人时代管理学“外部性”短板的批评与结构性修正

一、对人际关系学及行为科学外部结构缺失批评

我们已经了解了“社会人”时代管理学思想和理论的大体内容，十分明显，它们大都是在对古典管理学的批评过程中，扬弃并建构自己的管理学思想和理论体系的。非人性化的“效率主义逻辑”是古典管理学各派的基本特征。正因为此，它遭到了当时及后来许多管理学思想家的批评。无论是维尔弗雷多·帕累托的“社会系统”学说，还是奥利弗·谢尔登的《管理哲学》；无论是玛丽·福莱特的协作型“组织的四条基本原则”，还是萨姆·刘易森的“工业中的人际关系”等，都是在对古典管理学的批评中起到了向“社会人”时代过渡的桥梁作用的。乔治·埃尔顿·梅奥著名的霍桑实验，连同其在管理学上“人际关系学”的实证性研究，正式开启“社会人”时代的大门。自此，管理学界以实证方式对古典管理

学片面的“效率主义逻辑”进行了证伪。从霍桑实验开始到行为科学的建立，事实上已在对古典管理学的批评过程中完成了由“经济人假设”到“经济—社会人假设”；由“效率主义逻辑”到“情感逻辑”与“效率逻辑”之协同效应关系的认知和理论建构的突破性转变。

在这一阶段，行为科学的理论研究成果精彩纷呈，它们大多更注重将古典管理学和人际关系学派各自倾注的研究方向加以整合，同时也使自己研究的视域大为拓宽。如前所述，美国卡·海耶尔主编的《管理百科全书》中，将行为科学定义为：它是运用自然科学的观察和实验方法，研究在自然和社会环境中人的行为以及动物行为的一切科学。十分明显，在对管理学理论探讨的过程中，行为科学所定位的学科内容与方法均已超出古典管理学狭窄的范围，它不仅包括心理学和社会学，而且包括文化人类学。而这些学科的研究特点又各有不同，亦即心理学研究个体，社会学研究群体，而文化人类学则从更为广泛的文化氛围方面提供依据，因此，其研究方法、手段和依据更为广泛、丰富和充分。另外，就其研究对象的范围来说，同样非常广。即如定义所指出的，它是“研究自然和社会环境中人的行为的一切科学”。

但是十分遗憾，尽管该定义明确强调了研究对象或目标，亦即“研究自然和社会环境中人的行为”方面的目标，前述成果中并没有在这方面有所展现。至少它们没有反映出定义规定了的全部内容。这种情况，无论是马斯洛的“需求层次”说，还是赫茨伯格的“双因素”论；无论是麦克利兰的“激励需求”研究，还是麦克雷戈“X 理论—Y 理论”；无论是俄亥俄派的“四分图”，还是德克萨斯学派的二维式“管理方格”等，都未能明确地涉及与自然生态范畴直接关联的“环境管理”问题。因此，在研究“自然环境中的人的管理行为”方面，前述理论，既不能给我们提供这方面的有力证据，也不存在与此相关的支持性说明。事实上，我们从中所看到的实际情况是：他们的研究，依然被局限在仅涉及社会范畴的一些相关情况上，明显带有较强的“内部性”色彩，带有生产型组织理应具备的一些管理学特征和问题。很清楚，这些行为科学家们的工作，未能真正倾注到对包括“自然环境中的人的行为”在内的目标全面关注方面。正是由于这种原因，即如古典管理学在注重“效率主义逻辑”时，因其忽略外部生态环境的效益状况而构成其理论短板那样，行为科学家们的工作，尽管使管理学已经趋向人性化（因为其研究包括“情感逻辑”和“效率逻辑”两个方面），但在对“外部性问题”的研究方面依然存在短板。很清楚，他们既没有康德理论意义上“自然目的论”的情怀，也没有马克思把自然界当作 “人的无机的身体”的思想境界。

当然，也更没有庇古理论意义上对“外部不经济”情况的全面关注，“生态逻辑”问题乃其最突出的短板。故此，从这种意义上说，今天我们所看到的由人类工业化发展导致的十分严重的生态环境灾难，亦即加勒特所说的“公地悲剧”，同管理学上的“外部性结构”抑或“生态逻辑结构”缺失的理论短板也不无关系。因为，从学理上说，没有结构就没有功能；没有管理学结构上的外部性关联，就没有对经济组织自身获益时无代价的戕害外部生态环境之行为进行审视的机理性条件。这使得“经济人”抑或“经济—社会人”组织经管理学所提供的方法，在高效率地协助实现“经济人自身利润最大化”时，外部生态环境常态化的被破坏也成了一种必然。事实上，这也正是今天我们所面对的全球性的生态环境灾难，譬如雾霾污染等，来自管理学方面的原因。面对这种情况，美国著名学者赫尔曼·E.戴利指出：“以一定速度使用资源并损坏自然界生命支持系统、不能满足所有人基本需要的系统不能被称为有效率的。”①

21 世纪是可持续发展战略的世纪，这是 1992 年联合国“第二届环境与发展大会”上，由当时世界各国首脑共同签署的《21 世纪议程》为我们规定了的战略目标。面对这种战略目标，管理学也应当做出积极顺应的理论改变，并实质性进行学理上的扬弃性工作，使管理理论不仅有助于对经济组织“内部性管理”的改进，而且有助于对其“外部性行为”协同关注；不仅有助于对经济组织自身经济效益的促进，而且有助于对其社会效益和环境效益的协同管理。否则，它将会依然被局限于经济组织“内部性”范畴，而对其“外部性”行为结果却茫然不知，经济人组织“外部不经济”的行为结果依然会是管理学范畴所存在的理论上的盲区。所以，行为科学一旦在结构上把整合“外部性问题”作为自身目标，那么，它就会从管理控制机理上做出与今天时代相融合，且能积极顺应可持续发展战略原则的实质性的理论变革。下面，我们还将对行为科学之后的管理学流派和思潮进行介绍与评判，并继续考察它们的“外部性结构”的关联情况。

二、对二维结构“外部性”理论短板的结构性修正

三维管理方格是山西社科院研究员晔枫 1998 年在《突破定势——三维管理

①〔美〕赫尔曼·E. 戴利. 超越增长——可持续发展的经济学.上海：上海译文出版社，2001. 309.

方格》一书中提出的管理学思想。2007 年出版的《超越传统——管理科学的绿色化推进与拓展》进一步将这一理论系统化和体系化。所谓三维管理方格是指：根据二维方格中所存在的“外部性结构”缺失情况，在其原有“经济—社会”范畴目标基础上，增设与“外部性”关联的“生态结构维”，从而构成与“经济—社会—生态”三维复合目标系统管理相适应的管理方格叫三维管理方格。换言之，三维管理方格，它是突破并扬弃德克萨斯学派二维管理方格基础上，以增设“生态结构”为特征，借三维立体结构及方格中各种形式变量对“经济—社会—生态”复合目标三者之间的相互效应关系具有协同运作管理功能的方格理论。

以三维管理方格展开的三维目标协同管理，可以审视经济组织内部性的“二维管理方格”因结构缺失所导致的“外部不经济”情况，并纠正管理理论上出现的外部性结构缺失的理论短板。其积极意义在于：可与可持续发展过程中三维目标协同管理的整体要求相适应，按照一定共时态特定“可持续性高标准定位”(Sustainable Bchmarking) ,对“经济—社会—生态”三维目标之间的动态平衡关系做出生态合理性协调。显然，这种结构上的改变，旨在避免“经济人假设前提”和“经济—社会人假设前提”的管理学所存在的理论问题，使管理学积极顺应可持续发展的时代的现实要求。

三维管理方格与时间范畴紧密相关，即是说，所有三维目标管理都是处于一定“共时态”上的管理。与此同时，它又是非静止的，总是处在不断变动之中，故它又具有“历时性”属性。在历时性演化或变动过程中，三维管理方格管理又会受到各种因素，譬如，代表政府复杂体制相交情况及其不断变动的“体制性过程集合”，与“经济组织”自身三维目标管理相联系的“可持续高标准定位”各种因素的影响等。从另外角度说，三维管理方格可纠正前述二维管理因结构缺失而产生的外部性问题，使组织管理可协同重视自身行为的外部性结果，亦即“外部经济”和“外部不经济”的结果。因此，它适合在可持续发展管理前提下，对经济组织生态环境保护方面的行为协同运作与管理（参看本书第四章）。

第三章　科技时代的现代管理理论流派和思潮

第一节　现代管理理论的历史背景和准备

所谓现代管理理论，是指20世纪60年代至今所出现的一些西方管理理论。在管理学上，一般认为巴纳德是现代管理理论之父，西蒙是巴纳德的继承人。所以，现代管理理论又称为巴纳德—西蒙理论。正如我国学者高玉贵在《论现代管理方法论的发展趋势——科学管理与人本管理的融合》中指出："管理思想中的时代从来不会在某一年份截然地开始和结束。相反的，存在着旋律的重叠，各种主题在大调、小调的各种调式的变换中演奏出来。心理学的发展，促成了行为科学理论的产生与发展。当人们对人性的认识愈加深刻，其人性本身的复杂性和研究的深化就会产生更多的人性假说，因而人们在管理学的研究方向上，就越发呈现出多样性。而另一方面，自然科学思想也以其成熟的魅力渗透到管理理论研究中。众多自然科学的新的研究成果，如信息论、系统论和控制论，对管理科学研究百花齐放局面的出现起到了推动作用。"①第二次世界大战后，科学技术和社会格局的巨大变化，使管理学的主流从行为科学逐渐演变成现代"管理理论的丛林"现象（哈罗德·孔茨用语）。

一、现代管理理论产生的历史背景

（一）现代管理理论形成的经济背景

现代管理理论学说，是在资本主义社会通过第二次世界大战后的政治、经济格局的重新调整过程当中形成的，所以我们有必要了解这几十年的政治、经济发展的历史背景情况。

① 高玉贵.论现代管理方法论的发展趋势——科学管理与人本管理的融合[J].郑州航空工业管理学院学报(社会科学版),2007(6).

第二次世界大战是人类历史上迄今为止的规模最大的战争。同第一次世界大战相比，第二次世界大战的规模更大，卷入战争的国家和地区达 61 个，人口近 18 亿人，占当时世界人口的 80%。这场战争，以一亿多人的死亡和无法衡量的财富损失为代价而结束。其卷入的国家之多，所用军事人员的数量与战斗规模之大，给参战国造成的损失远远超过了第一次世界大战。第二次世界大战给人类社会带来了巨大的破坏和灾难。

经过这次大战，在战胜国当中，英、法两国被沦为二流的国家，只有美国在战争中得到了繁荣，成为唯一的超级大国。我们可以从一些数据中看到这些国家在第二次世界大战前后的一些变化。

在第二次世界大战后的半个多世纪里，世界经济的年平均增长率接近 4%，世界国民生产总值达 30 万亿美元，其中，西方发达国家所占比重为 3/4。与 20 世纪初相比，资本主义世界社会生产率提高了约 100 倍。1913~1938 年资本主义世界工业生产总值共增长了 52%，而在战后的 25 年（1946~1970）当中，资本主义世界生产大约增长了 4 倍。假如我们把 1937 年的工业生产定为 100 的话，那么战争刚结束时的 1946 年各国的指数是：美国为 150(战时最高点达到 207)，英国为 88，法国为 69，德国为 31，意大利为 72，日本为 24。显然，战后只有美国出现了其他国家所不具有的繁荣，其他国家的工业都大大减产。20 世纪 50~60 年代，是美国经济空前发展的时期。50 年代工业生产年平均增长率为 4%。从 1961 年 1 月到 1969 年 10 月，美国经济持续高速增长，这在美国历史上是罕见的，所以，那也是美国历史上的繁荣时期。同一时期，西欧各国和日本的经济增长速度也赶上了美国（法国为 5.7%、联邦德国为 5.1%、日本为 7.2%、英国为 2.8%），但是，美国经济在战后相当长的一个时期内依然占据着优势。

（二）现代管理理论形成的科学技术背景

科学技术的发展在第二次世界大战后也取得了巨大突破，推动了世界经济的迅速增长。首先，第二次世界大战后的科技发展，最突出的表现是原子能技术的应用。如果说，18 世纪人类发明了蒸汽机，掌握了将热能转换成机械能方面的技术，进而实现了能源技术上的第一次革命，继之，又在 19 世纪通过对电磁现象的深入了解将之转变为电能，又一次引发能源技术革命，把人类带入了电气化时代是一种巨大的技术进步，那么，第二次世界大战后原子能技术在能源方面的应用则有了更大的突破，它使人类的生活揭开了又一个新的篇章，并把人类带进了第三次能源技术革命。

其次是计算机的诞生、应用及发展。计算机是第二次世界大战中最伟大的发明之一，现已进入了第五代、第六代时期，并且实现了人工智能，将人类的智力大大地延伸，使生产力产生了一个巨大飞跃，也改变了人类生活的方方面面，因此，这同样是一场巨大的技术革命。这场革命，对管理理论研究也影响颇深。

再次是新材料的不断发现和应用。现代新技术的兴起和广泛应用，主要是以新材料作为支柱和先导的，每一种新材料的出现都给工业和生活带来巨大变化，从而大大地促进了生产力的发展。譬如，超导材料就是突出的例子，一旦实现了产业化生产，并进行工业应用，所产生的影响力将是十分巨大的。如果说，能源(原子能)、信息(电子计算机)、材料(人工合成材料)被认为是当代社会发展的三大支柱，那么，材料也是其中最关键的方面。

最后就是空间技术和生物工程的应用与发展，这些科学技术上的进步与发展，将改变人类生活的各个方面，并进一步解放社会生产力。

科学革命从以下几方面来推动工业生产力的发展：

1. 科技进步促进了工业劳动生产率的迅速提高。现代工业的发展，主要是通过劳动生产率的提高实现的，而劳动生产率提高的决定性因素就是科学技术的进步与发展。今天，人们已深刻地体会到，一项发明往往会使生产力提高几倍，甚至几十倍。以日本为例，1551~1977 年之间，其工业生产主要是靠技术上的进步来实现，雄厚的技术力量，使工业增长以平均每年 12%的速度进行。

2. 科技革命创造了工业扩大再生产的物质条件。战后以来，发达的资本主义国家为了促进工业的迅速发展，进行了大规模的设备投资，这为经济的高速增长奠定了基础，并且大规模的设备投资又是大规模资本积累的前提条件。

3. 科技革命开辟了广阔的工业品国内外市场。现代工业生产是高度发达的商品生产，产品倘若没有市场，就无法生存。科技进步，为生产资料和各类消费开辟了新的广阔的市场空间。一方面，它在科技领域中建立了一系列的新兴的工业部门，另一方面，科学技术在一系列消费品领域中的应用，又为各类新产品开辟了新的广阔的市场空间。科技革命的影响是极其深远的，它带动着整个世界的进步，成为推动世界经济的一个强有力的发动机。

(三) 战后资本主义发展的三个阶段

一般认为，战后主要资本主义国家的经济发展，大体上经过三个历史阶段：

1. 第一阶段：战后主要资本主义国家的经济恢复期。

第一阶段是从战后到 50 年代初，这个阶段是资本主义国家的政治调整和经济恢复的时期，在政治上由于轴心国的战败，德、意、日的经济遭到极大的破坏，德国被分为东德和西德两国，原有的经济体系受到彻底的破坏。当时，由于苏联的政治制度和资本主义的社会制度的不同，使得世界上形成阵线分明的两大阵营。

在经济上，除了美国没有受到战争的破坏以外，英国、法国的经济均遭到了极大的破坏，因此也都存在着经济上的一个恢复期。在第二次世界大战中美国非但没有遭受战火的破坏，而且战争使之得到了来自各国的大量订货，从而大力推进了其军火工业生产，使之又一次发了战争横财，登上了资本主义世界霸主的宝座。

为了与苏联对抗，推行冷战政策，美国对军事工业进行了大量的投资。1947年，美国军费从91亿元上升到1949年的133亿元，这也使美国出现了战后经济的第一次高涨。在战前，英国是资本主义世界的强国之一，由于它在战争中受到巨大的损失，经济、政治和军事地位严重削弱，黄金储备也几乎枯竭，并欠下了30亿英镑的外债，甚至成为自己的殖民地的债务国。法国在战争中的损失比英国还大，经济损失达14000亿法郎。到1944年秋，法国解放时工业产值只有战前1938年的20%。德国由于是战败国，其损失更是惨重，1946年的工业生产只有战前1938年的22.1%。日本在战争中丧失了45%的国民财富、40%的城市建筑，一半以上的工业遭到破坏。1950年由于朝鲜战争的爆发，使得日本成为美国对朝战争的最主要的物资转运站，这时美国向日本发出了巨额的特需订单，使日本也出现了战争中的景气现象。总的来说，发达的资本主义国家在战后恢复时期的进展是比较顺利的，同时发展也比较快。为了协调资本主义世界发展的平衡问题，资本主义各国此时发起并建立了有利于它们之间经济合作与交流的布雷顿森林国际货币体系、国际货币基金组织、关税和贸易总协定等，这些政策和措施也促进了它们的经济恢复。

2. 第二阶段：战后主要资本主义国家的经济发展期。

资本主义发展的第二阶段是50年代中期以后到70年代初，这个时期被称为发达资本主义国家经济发展的黄金期，其经济发展速度超过了历史上的任何时期。

美国从20世纪50年代到60年代是经济上空前发展的时候，50年代的工业生产年平均增长率为4%。60年代是美国繁荣的10年，这一时期，美国是以科技革命为先导。1953~1973年，美国取得了65项突破性发明创造，其工业生产率从1950~1970年增加了94%。劳动生产率得到了相应提高，也使生产量增大，成本降低，利润大幅度增加。西欧的经济发展也非常迅速，并且在经济一体化方面有了突破性的进展，使其20年间增加了5倍多，年平均增长6.1%，这个速度仅次于当时的日本。英国这一时期的发展比其他国家较慢，年平均增长为3%，到1970年为止，它由世界的第二位降至第五位。这一时期，西欧各国的经济发展不仅表现在经济增长较为迅速方面，也表现在它们经济的日益加强和扩大上。经济联合与合作又是西欧各国经济得以较为快速增长的一个重要条件。日本的经济在这一时期也令人瞩目。1956年日本政府宣称：今后的增长将由现代化来支撑。从此，日本经济进入了以现代化为中心的高速发展时期，1955年到1960年平均增长为8.5%，1960~1965年平均增长为9.8%，1965~1970年平均增长为11.8%，国民生产总值增长了7.2倍。单就工业来说，其增长速度更快，1950~1970年工业总产值增长15.7倍，年平均增长14.1%。在资本主义国家中，日本经济增幅最快，其国民生产总值于1960年已超过加拿大，1967年压倒了英国和法国，1968年追过了德国，一跃成为资本主义世界的第二经济大国。

从战后的50年代中期到70年代初期，发达的资本主义国家经济获得了历史上空前的发展，国民经济面貌发生了巨大的变化。工业在大发展的基础上，新产品和新部门不断涌现，并实现了自动化和半自动化控制，这些都为当时资本主义各国的发展奠定了物质基础。

3. 第三阶段：战后主要资本主义国家的经济危机期。

根据国内学者研究：资本主义战后发展的第三阶段是1973年末，此时开始爆发了又一轮世界性资本主义经济危机。这使得此时资本主义世界进入了一个叫“滞胀”的时期，或对经济结构、经济政策进行重新调整的时期。其主要是由于从1973年起，意、德、英、美、日、法等国均相继进入了危机阶段。工业生产大幅度下降，使当时整个资本主义世界工业生产下降8.1%。在此前提下，企业破产情况相当严重，股票行情下跌问题也非常突出。这次经济危机的一个突出现象是失业人数大量增加，已经创战后的最高纪录。1973~1975年的经济危机过后，经济复苏也比较慢。在这一阶段，资本主义世界几乎没有出现过经济高涨的现象。1979~1982年，又发生了世界性的经济危机。这次危机，不但持续的时间较长，而且发展过程也比较曲折。美国从1979年4月起到1982年12月止，工业断断续续下降了44个月，基本上超过了20世纪30年代的大危机情况，而且这两次危机中，都没有出现过真正意义上的繁荣现象。①

① 刘雯薇.管理模式变迁的制度经济分析[J].科教文汇(下旬刊),2007(5).

（四）企业结构发生变化

20世纪初，资本主义国家的特征是资本集中基础上的私人垄断资本。经过两次世界大战后，特别是第二次世界大战以后，随着科技进步成果的广泛运用，重化工业和其他新型工业部门的建立，以及第三产业的发展，使得资本主义国家的生产和资本进一步集中，这时垄断资本的统治也与战前有所不同，主要有以下一些特点：

1. 垄断企业规模巨型化。企业规模的大小，是判断和衡量资本主义国家生产集中和垄断程度的一个重要标准。战后在发达的资本主义国家中，出现了规模越来越大的垄断企业。在19世纪60年代，只有极少数制造厂商的资本额达到100万美元，并且没有一家制造业公司的规模大得足以使它所属的工厂和办事处分布于数个州之间，而是仅有为数不多的铁路公司勉强可与现代大企业相媲美。1895~1904年，美国经历了其历史上的第一次企业合并浪潮，现代大企业占统治地位的经济格局由此初见端倪。在1904年，产值在100万美元以上的企业有1900家，占企业总数的0.9%，但其雇佣的工人却占全国工人总数的25.6%，产值占总产值的38%；在1914年，仅占制造业总数2.2%的、产值100万美元以上的企业，其总产值就占整个制造业总产值的49%，所雇佣的职工超过了该行业职工总数的1/3。到1917年，企业的规模之大则达到了惊人的水平，资产额为2000万美元和2000万美元以上的工业企业有278家，资产额超过2亿美元的铁路企业有27家。其中，雄踞各自行业榜首的美国钢公司和宾夕法尼亚铁路公司的资产额竟分别高达24.495亿美元和26.63亿美元。以后，在1929~1933年的“大萧条”时期，美国虽有企业大量亏损甚至纷纷倒闭，私人投资额也从160多亿美元锐减至10多亿美元的历史最低点，但在经历了1925~1931年发生于大萧条阴影下的第二次企业合并浪潮、1933~1938年的“新政”、1965~1971年的第三次以及1976~1985年的第四次企业合并浪潮之后，诸多企业通过内涵式和外延式的扩张而最终演变成为实力更加雄厚的巨型公司。到20世纪后期的1988年，资产超过10亿美元的商业银行有50家，规模最大的花旗银行的资产达2036亿美元；1991年，在以年销售额计算的前100强工业企业中，位居第一的通用汽车公司的销售额高达1237.8亿美元，位居最后一位的沃纳—兰伯特公司在这一年也创下了51.7亿美元的不菲销售额。在美国，资产超过10亿美元的大工业公司，1901年只有1家，即美国的钢铁公司，1948年有12家，1960年增加到80家，1970年达152家，1980年增加到了219家。资产在100亿美元以上的超级大公司，在1955年只有两家，到了1970年猛增到10家，1980年更达到19家。

其他国家的公司虽然达不到美国公司的规模，但是也增加得很快。德国1亿马克以上的公司从1954年的39家增加到1980年的175家。在日本，10亿日元以上的大公司由1955年的169家增加到1974年的1576家，到1984年增加到2726家。

国内有学者指出：“大公司的不断增加反映了社会大生产逐渐集中于少数的大企业，生产和资本日趋集中是企业间竞争和企业兼并加剧的结果，是战后科技革命发展的必然结果，也是生产力发展到一定程度的必然结果。客观上，这给管理理论和实践提出一系列的新问题，从而促进了管理思想的发展。”①

2. 垄断企业混合化。资本主义国家大的垄断企业基本上是在激烈的市场竞争中通过企业兼并或合并而建立起来的。战后各国的企业竞争更为激烈。50~70年代是发达资本主义国家经济发展较快的时期，也是企业兼并或合并的高潮期。美国在1954~1974年的20年间企业合并共达21328起，平均每年1015起。1960~1970年英国企业兼并达9062起，平均每年800起以上，仅1970年一年就有56家企业宣告破产，创30年来的最高纪录。1950~1969年法国500家最大的公司合并、兼并和吞并了1193家企业。1960年日本有440家企业进行了合并，1965年增为891家，1970年达1147家。这些企业的合并混合，不同的时期比重是不一样的，美国50年代前半期占42.6%，后半期占63.8%，1968年达到82.6%。这种大规模的混合合并的结果，使大多数垄断企业都变成了跨部门多样化的经营联合企业。美国经济学家赫尔曼·E. 戴利在《超越增长——可持续发展的经济学》中提出：“战后，各国的企业竞争更为激烈，出现了垄断企业混合化。首先，它适应了战后科技革命使产业结构不断变化的形势，便于把发展缓慢的工业资本逐渐转移到新型的工业部门中去，从而保证资源得到最大限度的应用，使资源得到最佳配置；其次，它适应了战后经济形势发展的需要，能使资本逃避经济危机的打击。最后是由于战后的特殊经济形势，过度的竞争很可能导致两败俱伤，因此通过合并在一定程度上缓和了各企业之间的厮杀。混合兼并的产生不是偶然的，这是当时的历史条件和生产力发展到一定水平的必然结果，也是国际市场竞争日益激烈的必然趋势。首先，它适应了战后科技革命使产业结构不断变化的形势，便于把发展缓慢的工业资本逐渐转移到新型的工业部门中去，从

① 高全喜. 从非常政治到日常政治——论现时代的政法及其他[M]. 北京：中国法制出版社，2009.

而保证资源得到最大限度的应用，使资源得到最佳配置。其次，它适应了战后经济形势的需要，使得资本逃避经济危机的打击。最后是由于战后的特殊经济形势，过分的竞争很可能导致两败俱伤，因此通过合并在一定程度上缓和了各部门之间的竞争。”①

3. 大中小企业协作化。为了使经济得到最快的增长，使战后经济得到尽快恢复，需要最大限度地发挥各类企业自身的优势。尽管在资本主义的国家中各企业弱肉强食，大的企业吞并小企业，但中小企业本身具有灵活性高、适应性强的特点。就市场而言，并不是所有市场大企业都能覆盖，同时大企业还需要小企业的支持，而中小企业往往有很强的生命力，同时也是新技术新产品的开拓者。例如1982年有25346个企业倒闭，而新开张的企业就有56692家，战后中小企业发展在各个发达国家都占有相当大的比重，这样，在科技革命和生产社会化日益加深的情况下，大企业为了充分发挥企业经营多样化和专业化的优势，力求利用中小企业适应性强、灵活性大、劳动工资低的特点和中小企业合作，使之成为大企业的协作厂和附属厂，形成了大中小企业相互补充相互利用的系列经营网络。美国的学者卡斯特等在《组织与管理——系统方法与权变方法》中提出：“就市场而言，并不是所有市场大企业都能覆盖，同时大企业还需要小企业的支持，而中小企业往往有很强的生命力，是新技术新产品的开拓者。战后，中小企业发展在各个发达国家都占有相当大的比重，大企业为了充分发挥企业经营多样化和专业化的优势，力求利用中小企业适应性强、灵活性大、劳动工资低的特点和中小企业合作使之变成大企业的协作厂和附属厂，形成了大中小企业相互补充、相互利用的经营格局。”②

4. 企业的股份高度分散化。由于资本主义企业向垄断企业方向发展，为了最大限度地吸收社会游资，缓和劳资双方的矛盾，大企业发行了大量小面额股票分散股权，如美国在80年代有7000家公司的1000万工人、雇员持有本公司的股票。一方面向垄断的方向发展，一方面为了最大限度地吸收社会游资，进一步缓和劳资矛盾，调动员工的积极性，大企业发行了大量小面额股票分散股权。

5. 企业不断向国际化发展。由于企业不断扩大，垄断的资本国际化的主要形

① ［美］赫尔曼·E. 戴利. 超越增长——可持续发展的经济学[M]. 上海：上海译文出版社，2001.

② ［美］卡斯特等. 组织与管理——系统方法与权变方法[M]. 北京：中国社会科学出版社，1985.

式是建立跨国公司，通过对外投资在国外设立分公司或子公司，从事跨国的经营和销售。如美国通用汽车公司在 25 个国家直接投资，在 100 多个国家和地区设立子公司和分支机构。据统计，跨国公司的生产总值约占世界总值的 1/3，其销售额占世界贸易的 1/2。由于企业不断扩大，企业国际化的进程明显加快，垄断资本国际化的主要形式是建立跨国公司，通过对外投资在国外设立分公司或子公司，从事跨国经营和销售。战后国际形势的这些变化，无疑对企业的管理提出了各种各样的要求。由此而产生的跨国界、跨地区、跨文化的管理问题，也要求新的理论的指导。另外，由于生产力的不断提高，人们的生活水平也在逐步提高，人的需求呈现出丰富多彩的多样化趋势，对人的管理也随着人的多样化而需要不同的管理方法。美国的学者卡斯特在《组织与管理——系统方法与权变方法》中提出："战后国际形势的这些变化，无疑给企业的管理提出了各种各样的要求。首先是企业规模的不断扩大，对如此巨型的企业用什么样的管理理论来指导？其次跨国公司的不断涌现，由此而产生的跨国界、跨地区、跨文化的管理问题，也要求新的理论的指导。另外，由于生产力的不断提高，人们的生活水平也在逐步提高，人的需求呈现出丰富多彩的多样化趋势。"①

以上这些战后国际形势的各种变化，给管理学理论提出各种各样的新的要求。首先，企业不断地扩大，对如此巨型的企业应用何种管理理论来指导提出了新的要求。其次，跨国公司的不断出现，由此而产生的跨国界、跨地区、跨文化的管理需要，也要求新的管理学理论的出现。再次，生产力的不断提高，也使人们的生活水平逐步提高，而人的需求也越来越呈现出丰富多彩特征和多样化趋势，这样，对人的管理也会随其多样化需求而有所改变。对于推动经济发展的管理这一个车轮，历史需要它有一个不断适应环境的变化。因此，这些都为新的管理学理论出现创造了条件，它也构成了现代管理理论得以形成的前提和依据。

二、现代管理学理论的产生条件

第二次世界大战以后的管理理论呈现出流派纷呈的局面。其深层原因，除了

① 〔美〕卡斯特等. 组织与管理——系统方法与权变方法[M]. 北京：中国社会科学出版社，1985.

张文昌. 现代管理学(原理卷). 济南：山东人民出版社，2004.

生产力和科学技术的高度发展起着重要的作用外，以下几个方面也发挥着重要的影响。

（一）生产力导致生产方式变化，促进管理思想的发展

从家庭手工业生产单元单个经营的生产方式转变到工业化大生产，促进了现代科学管理理论的产生。现代大工业的社会化生产方式也使管理方式发生改变。而这种改变的最突出特征，就是钱德勒所说的“看得见的手”的出现。从亚当·斯密“看不见的手”到钱德勒“看得见的手”的过程，管理的专业化过程日益凸显强劲势头，加之管理阶层逐步形成，这种变化对经济发展的促进作用与市场力量相比毫不逊色，极大地影响了管理思想的迅速发展。

（二）宏观经济的调节作用，推动管理思想的发展

张文昌在《现代管理学》中指出：“经历了20世纪30年代的经济危机，亚当·斯密放任式的经济理论遇到了空前的困难。是不是“看不见的手”已经失灵？对此，西方的经济学家们在苦苦地思索着。在此前提下，凯恩斯提出了以宏观调控为核心的宏观经济理论，使政府干预经济活动成为各国发展经济普遍的政策。在凯恩斯主义经济理论的指导下，西方经济很快走上轨道，并使经济得以快速发展。现代管理理论的形成，也正是为了配合这种经济快速发展的要求。事实上，此时也形成了一种思维方式，即人们通过主动干预企业组织行为及过程，可以有效地促进企业发展。

（三）教育程度的提高和深化，使管理学理论同样得以深化

随着社会的发展，人们受教育的程度不断提高，对各种客观事物的认识程度也在不断地变化，这使人的个性特征更加明显，人的行为也更加显示出多样化的倾向。此时，无论是人自身的变化，还是对客观事物的认识深度都呈现出多样化的趋势。在一个企业组织中，如何提高效率和效益，将面临崭新的课题。由于对人的行为多样化认识的加深，使现代管理理论同样得以丰富和深化。

（四）市场竞争环境的加剧，导致内外协调的管理思想的凸显

为适应剧烈的市场环境变化，尤其是企业从国内发展走向国际，从一国拓展到多国，管理学家和实践者都在思考如何把环境因素的变化融合到具体的企业管理中去的问题。因此，内外协调的管理趋势日益成为管理学理论研究发展的一个重要方向。

（五）自然科学思想的渗透，导致了以系统科学为理论基础的管理思想的产生

随着现代科学技术的发展，人们可以用现代科学提供的方法来分析管理对象和管理行为过程。特别是系统论、信息论和控制论的出现，为人们提供了科学的

思想方法和认识工具，它既为提高管理效率提供了有力的依据，也为管理思想的发展开辟了崭新的天地。现代管理学的理论基础，同样也与现代科学的基础理论相关。系统论、信息论、控制论的提出，以及耗散结构、协同论、突变论的出现（通常把前三者称为老三论，把后三者称为新三论），都是管理学理论研究最需要的方法论依据。

1. 信息论。信息论既是现代科学理论的主要方法之一，又是现代管理学理论研究的重要方法。广义信息论，以各种系统、各门科学中的信息为对象，广泛研究信息的本质和特点，及其取得、计量、传输、储存、处理、控制和利用的一般规律。信息价值、信息量、信息反馈，信息的时效性、真实性，信息处理、信息传递等概念贯穿管理理论与实践的始终。信息论与信息科学已经成为现代管理学理论研究和活动的命脉。

2. 系统论。系统论是20世纪20年代由美籍奥地利生物学家贝塔朗菲创立的一门新学科，其核心思想是系统的整体观念，即任何系统都是一个有机的整体，它不是各个部分的机械组合或简单相加，系统的整体功能是各要素在孤立状态下所不具有的性质。系统论的基本思想和方法，就是把所研究或处理的对象当作一个整体系统，进而分析其结构和功能，研究系统、要素、环境三者的相互联系和变动规律；事实上，系统论从学理上也概括了管理学整体与部分之间的相互关系，以及管理系统与环境之间的相互关系问题。在现代管理理论发展史中，系统论具有重要的方法论价值和意义。

3. 控制论。控制论是在20世纪40年代由美国著名的数学家诺伯特·维纳开创的，它是研究各类系统的调节和控制规律的科学。控制论的研究表明，无论自动机器，还是神经系统、生命系统，以至经济系统和社会系统，倘若撇开各自的质态特点，均可被看作是一个自动控制系统。理论上，它揭示了管理过程中宏观与微观、客体与主体的种种联系和控制过程的统一本质，使人们懂得上述这些截然不同的领域中，既存在着信息传递和反馈等共同特点，也存在着交流和控制的共同规律。

4. 耗散结构理论。耗散结构理论是1969年比利时自由大学教授普利高津提出的。它是研究远离平衡态的开放系统从无序到有序的演化规律的一种理论。耗散结构理论把复杂系统的自组织问题当作一个新方向来探索。在复杂系统的自组织问题上，人们发现，有序程度的增加，随着所研究对象的进化过程而变得复杂起来，并会产生各种变异。

5. 协同论。哈肯建立的协同论是贝塔朗菲之后对系统论的进一步发展。协同论亦称协同学，是研究不同事物共同特征及其协同机理的新兴学科，也是近十几年来获得发展并被广泛应用的综合性学科。协同论着重探讨各种系统从无序变为有序时的相似特性。实践中，应用协同论方法，可将已经取得的研究成果类比拓宽于其他学科，并为探索未知领域提供有效的手段和方法。除此，它还可以用于找出影响系统变化的控制因素，进而发挥系统内子系统间的协同作用。

6. 突变论。突变论是法国数学家雷内·托姆于 1968 年始创，1972 年在《结构稳定和形态发生学》中确立的理论。突变论研究的是系统从一种稳定状态到另一种稳定的状态。突变论的主要特点是用形象而精确的数学模型来描述和预测事物的连续性中断的质变过程。突变论提出，高度优化的设计很可能有许多不理想的性质，因为结构上最优，常常联系着对缺陷的高度敏感性，由此便会产生特别难于对付的破坏性，以致发生真正的“灾变”。

新三论对于管理学上的意义在于将管理对象视为一个系统，而这个系统是不断变化的，如何对这一系统加以认识是进行管理研究的关键性问题。同时这一系统各种各样的演变会呈现出什么样的规律呢？作为管理理论的研究者或管理实践者又如何把握这种演变规律呢？这是一个始终困扰着现代管理学研究的非常重要的课题。管理理论研究和实践中，由于有了耗散结构论、协同论和突变论，便可很好地把握管理对象的演化过程。故此，这些科学方法论同样是现代管理科学的方法论依据和基础。

第二节　现代管理理论主要流派和思潮——管理理论的丛林

20 世纪 40 年代到 60 年代，美国国势与经济水平都得到了大幅度的提升。在管理学上，除了行为科学理论得到长足发展以外，许多学科的学者(包括社会学家、数学家、人类学家、计量学家等)都从各自不同的角度发表了自己对管理学的理论见解。其中较有影响的是以巴纳德（C. Barnard）为创始人的社会系统学派、西蒙（H. A. Simon）为代表的决策学派以及德鲁克（P. F. Drucker）为代表的经验（案例）学派等。到了 20 世纪 70 年代至 80 年代初，管理学界学派林立，大约已发到了十多个不同派别。这种现象被孔茨（H. Koontz）称为“管理理论丛林”。下面我们分别介绍和评析这一时期的一些各不相同的管理学派。

一、管理过程学派的管理学思想

管理过程学派，又叫管理职能学派和经营管理学派，它是当代管理理论的主要流派之一，主要致力于研究和说明“管理人员做些什么和如何做好这些工作”的理论探索，侧重说明管理工作的实务特征及性质。管理过程学派的创始人是深受法约尔管理思想影响的哈罗德·孔茨。在理论上，它吸收其他管理学家，尤其是法约尔的管理学思想和主张，并在此基础上不断丰富各项管理职能的理论内涵和特征，因此，具有广泛的学术影响力。

（一）管理过程学派概述

所谓过程学派，与古典管理学创始人法约尔的学说和思想有着直接的联系，是在法约尔的一般管理论基础上发展而来的，后又经哈罗德·孔茨等人的发扬光大而成的一个主要学派。关于法约尔的管理学说，在本书第一章已有介绍和评析，故在此不再赘述，现主要介绍与评析与法约尔学说有着紧密关联的管理过程学派的相关理论。

如前所述，法约尔于1916年出版了他的最具代表性的著作：《工业管理和一般管理》，并借此弥补了泰勒科学管理的不足，它标志着古典管理学除泰勒工厂车间管理之外的一般管理理论的形成。法约尔认为：管理是由一套原则、标准、方法和程序等内容构成的管理学理论体系，同时，他又把管理活动划分为计划、组织、指挥、协调和控制五大职能，并对之进行了较为详细的分析与阐述。继法约尔之后，孔茨和奥唐奈里奇则将管理职能改造为计划、组织、人事、领导和控制五个方面。与法约尔的不同之处在于：他们把“协调”作为管理过程最根本的职能，认为它是五项职能有效综合运用的结果。管理过程学派的主要特点是将管理理论同管理人员所执行的职能，亦即他们所从事的工作加以联系。该学派强调，无论组织的工作性质多么相异，其所处的环境如何不同，但其从事的管理职能却是基本一致的。故此，孔茨和奥唐奈里奇主张：管理过程就是管理职能逐步展开与实现的过程。与此观点相一致，他们就把管理的职能作为研究的对象，进而又把管理工作划分为若干职能进行分析，阐明每项职能的性质、特点和作用，论述实现这些职能的原则与方法等，这就是管理过程学派所做的主要工作。

该学派对管理学界影响较大，许多管理学教科书的内容都是按照其理论架构加以编排的。另外，他们确定的管理职能和原则也对管理实践过程及训练管理人员发挥了作用。

（二）管理过程学派的主要代表人物

1. 哈罗德·孔茨。

哈罗德·孔茨（H.Koontz，1908~1984），美国著名管理学家，管理过程学派的主要代表人物。1908 年 5 月 19 日出生在美国俄亥俄州的芬雷。1931 年，他以优异的成绩被美国西北大学录取，后获管理学硕士学位。1935 年获得了耶鲁大学哲学博士学位。曾任美国管理学会主席，既担任过美国加利福尼亚大学管理研究院教授和院长，也担任过企业和政府的高级管理、公司董事长和管理顾问等职。除此，他还曾多次为欧美一些国家的高层管理人员举办管理学讲座。自 1941 年起，孔茨独立完成或合作撰写了大量的有关管理学的理论著作，其代表作是《管理学》，此书为孔茨与奥唐奈合著的一部管理学名著。他还相继出版了《管理理论的丛林》（1961）、《走向统一的管理学》（1964）及《再论管理理论的丛林》等著作。后来，他的许多著作被翻译成多种文字流行国外，对世界很多地区产生过重要影响。到目前为止，《管理学》已被译成 16 种文字，并于 1968 年被授予“管理学院学术书籍奖”。孔茨还获美国管理学院和国际管理学院院士、米德·约翰逊奖（1962 年）、美国管理促进协会最高奖赏——“泰勒金钥匙”奖（1974 年）等殊荣。

（1）计划。计划是五种管理职能中最基本的方面，它涉及的问题是在未来的各种行为过程中做出抉择，其他的四种管理职能都必须反映计划职能的要求。计划的种类很多，包括：① 目的和任务。企业的目的一般是生产及销售有经济价值的商品和劳务。任务指社会赋予企业的基本职能。② 目标。这是指活动所要达到的结果。企业的目标构成其整个基本计划。部门的目标则构成部门的计划，并为实现企业的目标服务。③ 策略。策略表示一种总的方案、工作的布置重点和资源的利用方法，并以此来全面地实现目标。④ 政策。表现在计划之中的文字说明或协商一致的意见。⑤ 程序。规定处理未来活动的例行方法和时间顺序。⑥ 规则。根据具体情况规定采取或不采取某种特定的行动，所以程序事实上就是一系列的规则。规则可以是程序的一个组成部分，但也可以单独成立。⑦ 规划。是为了实施既定方针必须有的目标、政策、程序、规划、任务安排、工作步骤、所用的资源及其他要素的复合体，通常要由预算支持。⑧ 预算。是用数字表示的一种预期报告书。

（2）组织。组织职能的目的是设计和维持一种职务结构，以便人们能为实现组织目标而有效地工作，组织结构必须反映企业的目标、计划、管理人员可利用的职权，企业所处的环境条件（经济的、技术的、政治的、社会的以及伦理的条件）等。组织中的授权问题是一个非常重要的问题，他认为必须遵守以下的原则：① 按照预期的成果，授权给有能力达到预期成果的管理人员，这就要确定目标、编制计划，使人们了解目标与计划，按照目标和计划来设置职位。② 明确划分每一个部门的职能界限。③ 明确划分等级系列及每一等级的职权范围。④ 管理层次的原则就是在明确划分每一部门的职能界限和每一等级的职权范围基础上，每个管理人员应该在其职权范围内做出决策。⑤ 统一指挥原则。⑥ 职责绝对性原则。由于职责作为一种应该承担的义务是不可能授予别人的，所以上级对下级的业务工作进行工作授权和委派任务时也负有绝对的责任。⑦ 权力和责任相称的原则。孔茨的组织工作的十五条原则有：目标一致原则、效率原则、管理制度原则、分级原则、授权原则、职责绝对原则、权力和职责对等原则、统一指挥原则、职权管理层次原则、分工原则、职能明确原则、检查部门和业务部门分设原则、平衡原则、灵活原则、便于领导原则。

（3）人事。人事职能包括选择、雇佣、考评、储备、培养和其他一些有关职工的工作。关于对职工进行选择方法有如下四类：① 智力测验，其目的在于衡量职工的脑力、记忆力、思想的灵敏性及观察复杂事物相互关系的能力。② 熟练和适应性测验，其目的在于发现职工现有的技术熟练程度以及掌握这类技术的潜在能力。③ 职业测验，其目的在于发现职工最适宜从事的工作。④ 性格测验，其目的在于衡量职工在领导方面的才能。关于考评，其中包括的项目有：与人友好共事的能力、领导能力、分析能力、勤奋、判断力、首创精神、业务知识、完成任务的能力、生产成果或节约费用的情况，以及计划和指令的执行情况。

（4）领导。领导就是引导下级人员有效地领悟和出色地实现企业既定目标。因此，要理解它的性质。孔茨认为领导是一门艺术，这门艺术由三部分组成：① 了解人们在不同的时间与不同的条件下具有不同的激励能力。② 鼓舞人们士气的能力。③ 按照某种方式去形成一种环境，以便使人们对激励做出反应的能力。

（5）控制。控制的职能就是按照计划的标准衡量计划完成的情况，并纠正计划执行中的偏差，以保证计划目标的实现。控制的原则：①保证实现计划目标；②控制要针对未来；③控制的职责要明确；④控制讲究经济效率；⑤应尽可能地采用直接控制；⑥控制必须反映计划的要求；⑦控制必须有适当的组织来保证；⑧控制必须采用适合具体人员的技术和信息；⑨控制必须有客观的、精确的和合适的标准；⑩控制必须抓住关键点；⑪控制必须集中于例外情况；⑫控制必须灵活；⑬发现偏差后必须及时采取行动，予以纠正。

值得注意的是孔茨对“协调”的看法，他将之作为统摄整个管理过程各项职能的作用来对待。但其仅限于组织自身内部工作。其实与外部性相关的诸种联系，都反映了协调的重要性。即使对今天我们所面对的可持续发展战略目标（经济、社会、生态多元目标的动态平衡）来说，协调也是最关键的方面。

2. 詹姆士·穆尼。

詹姆士·穆尼是一位经理人，人们谈到他，通常都会关注他任职于通用汽车海外部时向国际扩张的经营经历。除此，还有他作为民间外交家在第二次世界大战爆发前后奔波于德国与美国之间进行斡旋。有关他的管理思想，很容易被学界所忽略。然而，他对组织理论的研究是具有里程碑意义的。作为成功的经理人，穆尼还是一位敏感的思想家，他以独到的眼光，著有《工业，前进!》一书，对组织原理进行了深入发掘，以协调、等级、职能三个原理讨论组织，使组织理论形成了自己特有的逻辑体系，把法约尔创立的一般管理学上升到了一定高度，进而开创了以“协作系统”研究组织的先声。对以工业组织的力量走出经济危机、推动社会进步，穆尼还提出了自己的见解。现代管理学的代表人物巴纳德组织理论，就有着明显的穆尼色彩。在组织理论的发展史上，穆尼又对韦伯官僚主义组织理论进行了理性化分析，为后续研究提出了相关命题，具有承前启后的历史作用。

3. 拉尔夫·戴维斯。

拉尔夫·戴维斯（Ralph C. DaviS），美国管理学家和一些大公司的顾问。1916年在科内尔大学获机械工程学位。他强调管理哲学的重要性，认为只有管理哲学才能为企业问题的解决提供依据。其主要著作有《工厂组织和管理原则》、《采购和储存》、《组织和系统中的一些基本考虑》、《企业组织和作业的基本原理》、《工业组织和管理原理》、《高层管理的基本原理》、《工业组织和管理》、《管理哲学》等。

戴维斯的学说属于过程学派范畴，他与法约尔学说既有相似性，也有所不同。相似之处在于：两人均强调管理的普遍性，也都注重管理教育的必要性及重要意义。不同之点则在于：戴维斯未设“指挥”这一专项职能，而是以贯穿于三项职能间的“经理人员领导”来替代。与孔茨相似，他也认为“协调”贯穿于三项职能之间发挥作用，而非单独的管理职能。法约尔把用人作为组织职能中的一个子项职能，而戴维斯较少注意人事方面。另外，他注重传统正式组织理论，但未涉及非正式组织与行为科学方面的相关内容。

4. 威廉·纽曼。

威廉·纽曼(William Newman)，著名的战略管理研究大师，美国管理学会前主席，管理过程学派的代表人物之一，哥伦比亚大学商业研究生院管理学教授。从20世纪50年代起就开始企业战略管理方面的研究和著述，1998年与彼德·德鲁克一起获得美国管理学会终身服务奖。纽曼在企业政策研究方面做出了突出的贡献，他指出"目标"在形成一个组织的特点方面具有重要性。威廉·纽曼认为管理是使一个人群团体努力朝某个目标前进所做的指引、领导和控制；此时人已被当成管理的一个重要部分。在战略管理方面，认为战略决策是对企业未来较长时期内如何生存与发展所进行统筹规划。虽然这种决策以企业外部环境和内部条件的当前情况为出发点，并且对之当前的生产经营活动有指导或限制作用，但它也对更长远的发展有决定意义。从这种意义上说，战略管理也是面向未来的管理，战略决策同样要以经理人员所预期的或将要发生的情况为依据。纽曼还认为，在迅速变化和竞争性的环境中，企业要取得成功必须对未来的变化采取预应性的态势，这就需要它们做出长期的战略计划。同时他指出:当今的企业都面对着一个开放的系统，通常受那些不能由企业自身控制的因素所制约。故在未来竞争环境中，若要使自己占据有利地位并获得竞争优势，尚必须考虑与之相关的竞争者、顾客、资金供给者、政府等外部因素，以使之适应不断变化的外部力量。只有这样，企业方能持续生存。

显而易见，纽曼的所谓战略和决策是典型的"经济人"式组织内部性战略和决策，并不存在与"外部性"蕴含的生态环境方面的任何关联，理论上，这就反映了管理学上"外部性结构"缺失的严重问题。

（三）管理过程学派的理论及评价

管理过程学派的主要特点是将管理理论同管理人员所执行的管理职能，也就是管理人员所从事的工作联系起来。他们认为，无论组织的性质多么不同（如经济组织、政府组织、宗教组织和军事组织等），其所处的环境有多么相异，管理人员所从事的管理职能都是相同的，管理活动的过程就是管理的职能逐步展开和实施的过程。他们将此管理的职能作为普遍运用的原则，而且认为这些原则是可以运用科学方法加以概括，并且它们如同灯塔一样，能使人们在管理活动中辨明方向。

因此，管理过程学派把管理的职能作为研究的对象，并将管理的工作划分为若干职能，然后对之进行分析，阐明每项职能的性质、特点和重要性，论述实现这些职能的原则与方法，进而用这些方法把管理工作的主要方面加以概括并建立起完整的管理理论，使之用以指导管理的实践。

管理过程学派认为，管理就是通过那些职能，同别人一起完成工作的过程。如孔茨的职能管理理论把管理划分为计划、组织、人事、领导和控制五项职能那样，然后确定管理人员的管理职能，将此作为管理过程的核心结构。这种划分既有利于进行逻辑性分析，也有利于普遍管理过程的应用，因而影响较大，致使许多管理学原理教科书都按他们提出的管理职能撰写。这些管理职能和原则，为训练管理人员提供了依据。同时，他们把管理的任务和非管理的任务(如财务、生产以及市场交易)加以明显地区分，能使经理集中于经理人员的基本工作上。

但是，管理过程学派的理论也存在一定的缺陷，主要表现为：

(1) 管理过程学派所归纳出的管理职能通用性有限，一般对稳定的生产环境较为合适，而对动态多变的生产环境难以适应；只是在生产线稳定的情况下适用，而在专业性组织中应用时，这些原则尚需改进，其适用性须视情况而定。

(2) 管理过程学派所归纳的职能并不包括所有的管理行为。明茨伯格在其名著《经理工作的性质》中写道：如果我们观察一位工作中的经理，然后尝试着把他的特殊活动同 POSDCORB 的各种职能联系起来，我们很快就能对此有所感觉。设想一位总经理碰到了一批有意见的职工，他们威胁说，如果某一位高级经理不被解雇，他们就要辞职。这位总经理在以后的一些日子中必须搜集有关资料并找出一个处理这一危机的方法。或者设想一位经理授予某一位退休职工一枚荣誉奖章。或者设想一位总经理给他的下属带来一些外部董事会会议的有用信息。这些活动中的哪一项可以叫作计划呢？又有哪一些可以叫作组织、协调或控制呢？事实上这四个词同经理的各项活动之间有一些什么关系呢？这四个词实际上完全没有描绘出经理的实际工作。因此明茨伯格对管理过程学派提出的一些职能表示了异议：它们只不过描绘出了经理工作的某些模糊的目标。

(3) 在管理者日常管理中，一定是先有了目标和组织，然后进行管理，而不是先有一套典型的职能，就能够运用到不同的组织中去。对此德鲁克也有过评论，他说：要知道达到企业的目标需要进行什么活动的问题太显而易见，似乎用不着特别去提。但是分析这些活动在传统理论中却不曾有过。大多数传统的理论认为，企业有一套“典型的”职能，它们可以到处运用，对一切事物来运用，用不着先作一番分析。制造、销售、工程、会计、采购和人事——这些就是制造业的典型职能。当然，我们可以指望在制造和销售货物的企业中找到被称之为“制造”、“工程”或“销售”的活动，但是这些典型的职能都是一些空瓶子。每一个瓶子里装了什么呢？例如，我们是否需要一品脱或两品脱的瓶子去装被称之为“创造”的职能呢？这些才是真正重要的问题。而对这些问题，典型的职能概念是无法回答的。一般的制造企业的确会使用这些职能；但个别的制造企业也许用不着它们全部，或者需要其他职能容器。因此，我们必须了解，这些分类对于具体企业活动来说是否真正适当。如果忽视这些问题，按预先规定的一套典型职能来工作，就无异于先给病人吃药，然后再诊断他得了什么病，结果如何是可以想象得到的。

(4) 与上述评论所不同，我们所关注的过程学派的学说和思想与“外部性”管理相适应的性质问题。在可持续发展的当今时代，“外部性”方面的管理，是以往所有组织理论缺失方面。即使有，那也是仅仅涉及社会范畴的内容。相对于组织内部，外部性目标管理，除了经济组织的获利目标外，还有社会范畴和自然生态系统的平衡问题。这是十分重要的，如果不考虑它们的平衡，就像今天的雾霾污染一样，大自然的报复是必然的。相比较而言，外部性管理更为复杂，管理过程学派强调的各项职能也更为需要和重要。问题是，以往的管理并没有把精力倾注在这方面，对他们来说，相对于环境保护，“经济人自身利润最大化”才显得更为重要。也正因为此，导致了今天难以挽回的生态灾难。故此“管理职能”和“过程”的外部性延伸，也是我们所处时代急迫需求的。

二、社会系统学派的管理思想

(一) 社会系统学派的概述

从社会学角度研究管理问题，认为社会的各级组织都是一个协作系统，进而把企业组织中人们的相互关系和作用也看成是一种协作系统的管理学理论和派别叫社会系统学派。社会系统学派的思想可追溯到意大利著名经济学家、社会学家维尔弗雷多·帕雷托（1848~1923）及美国女学者福莱特的学说思想和观点方面。社会系统学派的代表人物是美国著名的管理学家巴纳德。1938 年，巴纳德出版了《经理的职能》一书，在这本著作中，他对组织和管理理论的一系列基本问题都提出了与传统组织管理理论完全不同的观点。他认为，组织是一个复杂的社会系统，因而，应当从社会学的观点出发来分析和研究对它的管理问题。由于巴纳德把各类组织都作为协作的社会系统来研究，后人把由他开创的管理理论体系称作社会系统学派。

(二) 社会系统学派的产生

1938 年正处于行为科学学派的发展初期，人际关系学说的兴起，使管理学者们已经开始注意使用社会学、心理学、文化人类学方法来分析和研究管理学理论，注意协调好组织中的人际关系等。但在巴纳德看来，梅奥等人的人际关系学说研究的重点只是组织中人与人之间的关系，这种人际关系强调的是行为个体相互之间的关系，并没有研究行为个体与组织之间的关系协调问题。而如果将组织看作是一个复杂的社会系统，并使系统运转有效，则必然涉及组织中个人与组织间的协调问题，譬如个人目标与组织目标之间的协调问题。理论上，这种观点也符合系统论的基本观点，即系统之间的协调观点。它不仅包括各个子系统之间的协调，也包括各个子系统与大系统之间的协调。而在当时的管理实践中，事实上也暴露出了某些单纯以人际关系学说为指导而不能解释的管理现象。正是基于这样的历史背景，社会系统学派便得以产生，并将协调组织中个人与组织之间的关系作为其研究的主要方向。从学理上说，以巴纳德组织理论为代表的社会系统学派之观点，也奠定了现代组织理论的基础，对管理思想的发展，特别是组织理论的发展产生了深远的影响。

（三）社会系统学派管理思想的主要内容

社会系统理论认为，管理人员有些什么职能以及应当如何行使它们，是由组织的本质特性和过程决定的。巴纳德最早把系统理论和社会学知识用于管理领域，创立了社会系统学派。他关于经理的职能的研究与前人有所不同，前人多采用静态的或叙述的方式来说明，而他多采用分析性和动态性的方式进行解读。另外，他还较早对“沟通”、“动机”、“决策”、“目标”和“组织关系”等问题，进行了系统性、开创性的专题研究。

巴纳德在《经理的职能》一书中指出：“社会系统管理的主要内容可以归纳为以下几个方面：

(1) 组织是一个由个人组成的协作系统，个人只有在一定的相互作用的社会关系下，同他人协作才能发挥作用。

(2) 组织作为一个协作系统都包含三个基本要素，即它是能够互相进行信息交流的人们；这些人们愿意做出贡献；实现一个共同目的。因此，一个组织的要素是：信息交流；做贡献的意愿；共同的目的这三方面。

(3) 组织又是两个或两个以上的人所组成的协作系统，管理者应在这个系统中处于相互联系的中心，并致力于获得有效协作所必需的“协调”工作，因此，经理人员要招募和选择那些能为组织目标的实现而做出最好贡献并便于“协调”的工作在一起的人员。为了使组织的成员能为组织目标的实现做出贡献和进行有效的协调，巴纳德认为，应该采用“维持”的方法。此方法，又包括“诱因”方案的维持和“威慑”方案的维持两个方面。“诱因”方案的维持是指采用各种报酬奖励的方式来鼓励组织中成员为组织目标的实现做出贡献；“威慑”方案的维持则指采用监督、控制、检验、教育和训练的方法来促使组织成员为组织目标的实现做出贡献。

(4) 经理人员的作用就是在一个正式组织中充当系统运转的中心，并对组织成员的活动进行协调，指导组织的运转，实现组织的目标。”[①]根据组织的要素，巴纳德认为，经理人员的主要职能有三个方面：① 提供信息交流的体系；② 促成必要的个人努力；③ 提出和制定目的。

（四）对社会系统学派的评价

巴纳德的“组织理论”是其管理学的理论基础，他对组织提出了与传统的管理学截然不同的解释，并较早地指出了组织是一个由两个或两个以上的人组成的协作系统这一界说。传统的组织理论认为组织就是人的集合体。譬如，一个医院，就是医生与病人的集合体；一所学校，就是教师与学生的集合体，等等。显然，传统管理学对组织的解读尚停留在表面的陈述方面，并没有抓住组织的本质进行深入分析。而巴纳德与之不同，他采用了与传统管理学不同的界说方式，因而，他不只是从组织结构的角度，而且还从组织行为方面加以定义。理论上，由于巴纳德把组织看成是一个协作的系统，故此，他又提出了构成组织协作系统的三个基本要素：① 信息交流；② 做贡献的意愿；③ 共同的目的。这就在“组织”这一概念的内涵方面做了理论分析。这表明，在管理学中他首次分析了组织的组成要素问题。这种情况，在古典管理理论中是很少见的。因而，它也是巴纳德的一个重要理论贡献。但是，社会系统学派尽管从组织的角度研究管理有其合理性，但他将组织的要素仅限于人(而不包括物和其他方面）这一点尚有争议。因为他把对“组织”的研究变成了对“人”的研究。这种思想，我们从其对“职能”相关规定方面即可看出，他把财和物均排除在了组织的要素之外，并认为经理人员没有对财和物的管理职能。因此，巴纳德对组织要素的划分，最终还是归结到了对“人”的研究方面。这一点，既引起了学界的不同看法，也没有得到管理学家们的普遍认同。

巴纳德的管理职能理论和古典管理学大不相同。古典管理学中的组织理论关于管理职能的划分，是从对管理过程的分析中提炼出来的，而巴纳德则是以自己的组织理论为基础对管理职能进行分析。如前所述，他把管理学的职能归结为提

① 〔美〕巴纳德. 经理的职能[M]. 哈佛大学出版,1938.

供信息交流的体系和促成个人付出必要努力及规定组织目的方面，从而把管理者的职能作用既同组织的要素相联系，也与组织的生存和发展相关联。因此，从组织要素的角度分析管理职能是他的独到之处，是其他管理学派所不具有的特征。

从巴纳德的管理学思想内容中不难看出，他所侧重改变的是以帕累托理论意义上的社会学方式研究组织理论，这种情况，既是人际关系学派所不具有的特征，也是古典组织理论所不具有的方面。但帕累托《普遍社会学》是梅奥和巴纳德共同的思想根源这一点是确定无疑的。根据雷恩的研究[①]，如果说，梅奥因注重帕累托理论意义上“情感逻辑”与“效率逻辑”的协同关系而把古典管理学注重的“经济人时代”推向“社会人时代”是一个巨大的进步，那么，巴纳德则因受帕累托“社会系统”思想之影响而使其学说扬弃了古典组织理论和具有心理学特征的人际关系学的梅奥观点。巴纳德和梅奥都受到帕累托《普遍社会学》的影响，也都有着各自的理论贡献，当然他们也都获得了时代赋予他们的耀眼的光环。但是，倘若跳出管理学视域，虽身处同代，即如前述所有管理学家那样他们都不具有经济学家庇古的敏锐的眼界，因为庇古1920年就已经注意到了“经济人组织行为”在获得自身经济利益的同时，所导致的影响生态环境的“外部不经济”结果。相比而言，庇古的学说预见性质连同他所明确强调的“外部性”概念，似乎更能适合处理我们所处“公地悲剧”的当今时代的一些现实管理问题。故此，我们希望管理学也能像庇古经济学那样，毫不吝啬地跳出狭隘的“内部视域”，真正把“社会系统协作”应用于除获利效率之外的我们的外部生态环境的保护方面。

三、决策理论学派的管理思想

（一）决策理论学派及主要代表人物

决策理论学派出现于20世纪60年代，是以社会系统论为基础，吸收了行为科学系统论的观点，运用电子计算机技术和统筹学的方法而发展起来的一种理论。

决策理论学派是在第二次世界大战之后发展起来的一个新兴的管理学派。第二次世界大战后，随着现代生产和科学技术的高度分化与综合，企业的规模越来

①〔美〕丹尼尔·A. 雷恩. 管理思想的演变. 北京：中国社会科学出版社，1997. 227.

越大，特别是跨国公司的不断发展（这种企业不仅经济规模庞大，而且管理十分复杂），使这些大企业的经营活动范围超越了国界，企业的外部环境发生了很大的变化，面临着更加动荡不安和难以预料的政治、经济、文化和社会环境。在此情况下，对企业整体的活动进行统一管理就显得格外重要。决策理论就是在此情况下，为积极顺应这一新的社会需要而产生的。

决策理论学派主要是指以研究组织决策理论为特征的管理学学派，它也是西方现代管理思想史上影响很大的一个管理学理论派别。理论上，它既承袭了巴纳德的社会组织理论的科学内涵，也着重研究和探讨了为达到既定目标理应采取的组织活动决策过程与方法。

决策理论学派的主要代表人物是赫伯特·A.西蒙（1916~2001）。西蒙是美国卡内基－梅隆大学计算机科学与心理学教授，他的《管理行为》一书因其对组织管理过程决策理论的重大贡献而荣获1978年诺贝尔经济学奖。在颁奖时，瑞典皇家科学院这样评价了他："现代企业经济学和管理研究大部分基于西蒙的思想"。西蒙管理学思想及其组织决策行为理论的建构，吸取和发展了巴纳德的社会系统学派的理论和观点，并在此基础上，"提出了对经济组织内部的决策过程，做出了开创性的研究"[①]，进而他又建立了决策理论学派，形成了一门有关决策过程、准则、类型及方法的较为完整的管理学理论思想体系。主要著作有《管理行为》、《组织》、《管理决策的新科学》等。詹姆斯·马奇（James G. March，1916~）也是该学派的代表人物，他于1953年在美国耶鲁大学获得博士学位，之后在卡耐基工艺学院任教，1964年成为加利福尼亚大学的社会科学学院的首任院长，1970年又成为斯坦福大学的管理学教授。

（二）决策理论学派的理论要点及评价

决策理论学派的理论要点包括：①决策贯穿管理的全过程，决策是管理的核心。西蒙指出：组织中经理人员的重要职能就是做出决策。他认为，任何作业开始之前都要先做决策，制定计划就是决策，组织、领导和控制也都离不开决策。②系统阐述了决策原理。西蒙对决策的程序、准则、程序化决策和非程序化决策的异同及其决策技术等均作了分析。他提出决策过程包括4个阶段：搜集情况阶段；拟定计划阶段；选定计划阶段；评价计划阶段。这4个阶段中的每一个阶段本身就是一个复杂的决策过程。③在决策标准上，用"令人满意"或

① 詹正茂. 赫伯特·A.西蒙:管理行为. 北京:机械工业出版社,2004."译后记".

“满意解”的准则代替理性经济人的“最优化”准则。以往的管理学家往往把人看成是以“绝对的理性”为指导，按最优化准则行动的“理性经济人”。然而，西蒙认为事实上这是做不到的，应该用“管理人”假设代替“理性经济人”假设，“管理人”不考虑一切可能的复杂情况，只考虑与问题有关的情况，采用“令人满意”的决策准则，从而可以做出令人满意的决策。④ 一个组织的决策根据其活动是否反复出现可分为程序化决策和非程序化决策。经常性的活动的决策应程序化以降低决策过程的成本，只有非经常性的活动，才需要进行非程序化的决策。

决策理论对管理活动有极大的启示意义。卡斯特在《组织与管理——系统方法与权变方法》中指出：“从管理职能的角度来说，决策理论提出了一条新的“决策”管理职能。针对管理过程理论的管理职能，决策是管理的职能，决策贯穿于组织活动全部过程，进而提出了管理的核心是决策的命题，而传统的管理学派是把决策职能纳入计划职能当中的。由于决策理论不仅适用于企业组织，而且适用于其他各种组织的管理，因而具有普遍的适用价值和意义。决策理论首次强调了管理行为执行前分析的必要性和重要性。在决策理论之前的管理理论，管理学家的研究重点集中在管理行为本身的研究中，而忽略对管理行为的分析，管理行为分为决策制定过程和决策执行过程，管理研究的重点集中在决策制定过程的分析中。”①

决策理论尽管提出了许多其他理论所不具备的优点，但仍存在以下缺陷：① 管理是一种复杂的社会现象，仅靠决策也无法给管理者有效的指导，实用性不大。孔茨就这样说：尽管决策制定对管理是重要的，但在建立管理学全面理论上是一个太狭隘的重点，而如果给它的含义加以扩展的话，则它又是一个太宽广的重点。因为决策理论既可以应用于鲁滨孙所碰到的问题方面，也可以应用于美国钢铁公司的问题上。② 决策学派没有把管理决策和人们的其他决策行为区别开来。决策并非只存在管理行为中，人们的日常活动中也普遍存在决策，如人们日常生活做事都需要决策，组织中非管理人员的活动也需要决策，但这些决策行为都不是管理行为。决策学派没有把管理决策和人们的其他行为中的决策区别开来，其根本原因是没有科学界定管理的本质。

---

①〔美〕卡斯特等.组织与管理——系统方法与权变方法[M]. 北京：中国社会科学出版社，1985.

还有更重要的方面，即如西蒙《管理行为》一书翻译者詹正茂所说：他“对经济组织内部的决策过程做出了开创性的研究”。实际上，这正是西蒙《管理行为》存在问题的关键所在。理论上，这种业已先定了的带有强烈“内部性”特征的决策学说，并不能行之有效地被延伸到对组织决策过程导致的“外部不经济”加以科学管控与决策。因为它本来不具有管理组织获利过程中导致的对生态环境破坏方面的“外部不经济”行为认知、决策与控制的理论结构。尽管西蒙在21世纪末也敏锐地意识到了其《管理行为》所存在的这方面的缺憾，并时隔近50年在原书《管理行为》第4版（1997年版）每章之后做了“评论与延伸”的补充，正像他本人在《管理行为》“第4版导言”中所指出的：“最后，人们对组织结构和过程对环境和技术的依赖性，有了更加清楚的了解，上述内容都是本版新增的评论部分的新主题。”①但是可以清楚地看出，这些“新主题”并不是他原本组织决策理论体系整体机理中的有机组成部分，而是于20世纪末由于感到环境问题的严重性，才不得不进行这项“修补性的工作”。然而，既然是“修补性的工作”，它最终也是给人以“补丁感受”或影响，因而显得那样的不自然。总之，“外部性结构”缺失同样是西蒙学说体系的理论短板。

四、系统管理学派的管理思想

（一）系统管理学派的产生

在管理学的研究中运用系统思想，并非开始于管理的系统学派。社会系统学派的代表人物巴纳德最早提出了协作系统的概念，并指出管理的职能就在于保持组织同外部环境的平衡。在20世纪30年代，福莱特也明确地提出了管理的整体性思想，她把企业组织视为一个不断运动着的统一整体，指出管理必须着眼于整体内部的协调。此后，管理科学学派也把系统分析作为一种基本方法用于解决某些工程项目的规划和复杂管理问题的决策等。但是，应用一般系统理论建立一种管理理论并形成一个学派，则是20世纪60年代的事情。

第二次世界大战之后，企业组织规模日益扩大，企业内部的组织结构也更加复杂，从而提出了一个重要的管理课题，即如何从企业整体的要求出发，处理好企业组织内部各个单位或部门之间的相互关系，保证组织整体的有效运转。然

① 〔美〕赫伯特·A.西蒙. 管理行为. 北京：机械工业出版社，2004. Ⅷ.

而，以往的管理理论大都只侧重于管理的某一个方面，它们或者侧重于生产技术过程的管理，或者侧重于人际关系，或者侧重一般的组织结构问题，而不是从整体上将它们加以涵盖。为了解决组织整体的效率问题，客观上这就为系统管理学派的出现准备了条件。

到20世纪60年代西方的系统管理学派开始盛行。在当时，“系统科学”、“系统理论”、“系统工程”、“系统分析”、“系统方法”等术语已经充斥于管理文献之中。追根溯源，系统管理理论的发展同一般系统理论有着密切的关系。20世纪初，比较完整地提出“系统”概念的是亨德森。后来，在亨德森的基础上又发展为贝塔朗菲的一般系统论学说。1968年，路德维希·冯·贝塔朗菲出版的《一般系统理论的基础、发展和应用》一书，更加全面地阐述了动态开放系统的理论，这被公认为一般系统论的经典著作。贝塔朗菲指出生命的本质在于它是一种由多个部分相互作用而形成的有机的整体，由此，他首先建立了一种“机体系统论”，并于1948年将这种机体系统论发展成了“一般系统论”的理论体系。1948年，诺伯特·维纳（Norbert Wiener）又创立了他的“控制论”学说。继之，克劳德·艾尔伍德·香农（Claude Elwood Shannon）也创立了“信息论”。之后，普里高津建立了耗散结构理论，赫尔曼·哈肯（H. Haken）创立了协同学的理论，雷内·托姆由其《结构稳定性和形态发生学》延伸而来的突变论等，都相继而出。

美国著名经济学家肯尼思·博尔丁又尝试把控制论与信息论结合起来，并于1956年发表题为《一般系统论：一种科学的框架》的文章。一般系统论认为，系统是由相互联系、相互作用的若干要素结合而成、并具有特定功能的有机整体。它总是不断地同外界进行物质、能量和信息的交换，而维持一种较为稳定的状态。一般系统理论建立以后，西方有些学者迅速将之应用于工商企业的管理过程，这就在管理学范畴形成了系统管理学派。

（二）系统管理学派的观点和主张

1. 系统管理理论的主要思想。

（1）组织是一个由许多子系统组成的系统。组织作为一个开放的社会技术系统，它又是由5个不同的分系统构成的整体。这5个分系统具体包括：目标与价值分系统；技术分系统；社会心理分系统；组织结构分系统；管理分系统。在企业整体的运行过程中，它们之间既相互独立，又相互作用，从而不可分割地构成一个有机整体。

（2）企业是由人、物资、机器和其他资源在一定的目标下组成的一体化系统，它的成长和发展同时受这些组成要素的影响，在这些要素的相互关系中，除了作为主体的人，其他要素则是被动的。管理人员需力求保持各部分之间的动态平衡、相对稳定以及一定的连续性，以便适应情况的变化，而达到预期目标。同时，企业还是社会这个大系统中的一个子系统，企业预定目标的实现，不仅取决于内部条件，它还取决于企业外部条件，如资源、市场、社会技术水平、法律制度等，只有在与外部条件的相互影响中才能达到动态平衡。

(3) 如果运用系统观点来考察管理的基本职能，可以把企业看成是一个投入—产出系统。投入的是物资、劳动力和各种信息，而产出的则是各种产品(或服务)。运用系统观点使管理人员不至于只重视某些与自己有关的特殊职能而忽视了大目标，也不至于忽视自己在组织中的地位与作用，可以提高组织的整体效率。

系统管理理论提出了有关整体和各个组成部分构成的运营体系，具体它由三个方面构成：一是人们组织、建立起来的相互联系并共同运营的要素（子系统）所构成的系统；二是任何子系统的变化均会影响其他系统的变化；三是系统具有开放特性——既有自己的特性，又有与外界沟通的特性。

2. 系统管理理论的主要内容。美国的理查德·约翰逊和弗里蒙特·卡斯特及詹姆斯·罗森茨韦克于1963年共同撰写了《系统理论与管理》一书，该书比较全面地阐述了管理学的系统理论。1970年，他们又合作出版了《组织与管理——系统方法与权变方法》一书，进一步充实了系统管理学这一理论体系。

詹姆斯·格黑尔·米勒(James Grier Miller) 是实用系统理论的代表人，其生物学系统观把系统及其组成部分划分为有机确定的子系统，又被称为“生命系统论”。

梅·萨洛维奇是数学系统理论的代表人物。M. D. 萨洛维奇，Y. 塔卡哈拉和他们的同事进而发展了演绎法。

(1) 系统观点、系统分析和系统管理的内涵、联系与区别。系统管理学派认为，系统观点、系统分析和系统管理是既有联系又有区别的三个方面：

系统观点：系统管理学派是用系统观点来考察工商企业及其管理过程的。系统观点认为，整体是主要的，而其各个部分是次要的。系统中许多部分的结合是它们相互联系的条件，系统中的各个组成部分是一个不可分割的整体，各个部分围绕着实现整个系统的目标而发挥作用。系统中各个部分的性质和职能由它们在整体中的地位所决定，其行为则受到整体的制约，整体是一种力的系统、结构或综合体，是作为一个单元来行事的，一切都应以整体作为前提条件，然后演变出各个部分之间的相互关系。整体通过新陈代谢而使自己不断地更新，整体保持不变和统一，而其组成部分则处于不断变化之中等。从以上观点出发，所谓系统就是由两个以上的有机联系、相互作用的部分所组成的，具有特定结构和功能的整体。系统管理学派认为，工商企业就是一个由相互联系而共同工作的各个子系统所组成的系统，以便达到一定的目标。工商企业是一个人造的系统，它同周围的环境之间存在着动态的相互作用，并具有内部的和外部的信息反馈网络，能够不断地自行调节，以适应环境和本身的需要。①

系统分析：所谓系统分析就是对一个系统内的基本问题，用逻辑推理、科学分析的方法，在确定条件与不确定条件下，找出各种可行的方案的过程。或者说，系统分析就是以系统的整体最优为目标，对系统的各个主要方面进行定性和定量的分析，是一个有目的、有步骤的探索性分析过程，以便给决策者提供直接判断和决定最优方案所需要的信息和资料。系统分析要求有严格的逻辑性。也就是说，在拟订方案以前，先要确定方案的目的、实现方案的场所、人员和方法等，然后搜集资料，拟订对比方案，最后对于建立的各种分析模型进行分析比较，选出可实施的方案。在进行系统分析时，首先，应紧密围绕建立系统的目标行事。其次，应从系统的整体利益出发，使局部利益服从整体利益，既要考虑当前利益，又要考虑长远利益。再次，还要做到抓住关键问题，采用定量分析和定性分析相结合的方法。

系统管理：应用系统理论于企业组织管理实践的是开放系统理论。它特别强调开放性、整体性和层次性观念。系统管理创始人卡斯特认为，企业是相对开放的系统，边界是可渗透的，它可以有选择地输入和有选择地输出。它不仅要适应环境，还要影响环境。更重要的是，企业应有意识地去改造环境。该理论后来发展成为系统管理学派。系统管理应有四个特点：一是以目标为中心，始终强调系统的客观成就和客观效果；二是以整个系统为中心，强调整个系统的最优化而不是子系统的最优化；第三，以责任为中心，分配给每个管理人员一定的任务，并要求能衡量其投入和产出；第四，以人为中心，每个员工都被安排做具有挑战性的工作，并根据其业绩支付报酬。同时，在系统管理中，有四个紧密联系的阶段：创建系统的决策、系统的设计、系统的运转和控制以及系统运转结果的检查和评价。②

①② 庞元正，李建华编译. 系统论、控制论、信息论经典文献选编[Z]. 北京：求实出版社，1989.

(2) 从系统观点来考察和管理。系统管理学派认为，从系统观点来考察和管理企业有助于提高企业的效率与效益。首先，这使得企业管理人员不至于因为只注意一些专门领域的特殊职能，而忽略了企业的总目标；也不至于忽略自己这个企业在更大的系统中的地位和作用。企业的系统管理就是把信息、能源、材料和人员等没有联系的资源，结合成一个达到一定目标的整体系统。按系统观点组织资源的企业，并不会消除企业的各项基本管理职能，但能把企业中的各个子系统和有关部门的关系网络看得更清楚。计划、组织、控制和信息联系等基本职能不是孤立的，而是围绕着系统及其目标而发挥作用的。

（三）对系统管理学派的评析

首先，系统理论通过对组织特性的研究来分析管理行为，体现了管理哲学的改变。它使人们从整体的观点出发，对组织的各个子系统的地位与作用，以及它们之间的相互关系，得到了更清楚的了解。同时，它也使人们注意到任何社会组织都具有开放系统的性质，从而要求管理者不仅要分析组织的内部因素，解决组织内部因素的相互联系问题，还必须了解组织的外部环境，注意解决组织与外部环境的相互关系，为人们处理和解决各种复杂组织的管理问题提供了一种十分有用的思路与方法。

其次，以系统的观点来考察和管理企业，有助于提高企业的整体效率。企业领导人有了系统观点，就更易于在企业各部门的需要和企业整体的需要之间保持适当的平衡，并使企业的管理人员不至于因为只注意一些专门领域的特殊职能而忽略了它的总目标。

但是，也有不少学者指出，现代组织和管理面临着十分复杂的条件，系统管理理论企图用系统的一般原理和模式来解决如此复杂的现实问题是难以奏效的。他们认为，系统方法过于抽象，在管理实践中，其实用价值不大。结果，曾经风行一时的"系统热"渐渐地冷落下来。就连系统管理理论的主要代表人物卡斯特和罗森茨韦克在他们的后期著作《组织与管理——系统方法和权变方法》中，也不得不把系统管理理论同新流行的权变管理理论结合起来。系统理论研究的对象是组织，系统理论是通过对组织的研究来分析管理行为，虽然在理论上有它的合理性，但它对组织的构成因素的分析存在一定的问题，导致其理论并未能提出具体的管理行为和职能，只是笼统地提出一些原理和观点，致使初学者在实践中会无所适从。因此，与其他管理理论相比较，它在解决具体的管理问题上的研究方面反而显得不足，故此许多人只是把它看作解决管理过程的一种新的方法而已。

除此，也是最重要的一个方面，我们还要进一步分析系统管理学派所涉及的“外部性”范畴。理论上，尽管该学派注重以系统方式进行组织管理，并强调系统的开放性和环境超系统等概念，但他们所说的环境概念究竟有没有庇古理论意义上环境的外部性意涵？这一点，我们尚需对之进行考察。首先，我们看卡斯特等人有关环境超系统与组织关系的相关解释。他们认为：“组织是范围更广的超系统的分系统，即环境的分系统。它们都有可分辨而又可渗透的界线，从而它们与环境区别开来。它们接受穿过界线的投入，经过转换，把投入变成产出。”[①]由此可见，卡斯特系统管理中的“环境超系统”，只不过是为了以系统化的方式，使之更有效地服务于组织自身投入—产出过程而已，至于庇古理论意义上的“外部性问题”（“外部经济”和“外部不经济”），绝不是其立足的关键。在此前提下，外部生态环境保护问题，当然也不会是其“系统管理”的目标内容。组织之所以以系统化方式对“环境超系统”进行考察，目的是为了寻求自身经济运营过程中的获利目标，根本不存在从系统结构和机理上对外部生态环境协同管理与保护的意涵。这就清楚地表明，尽管卡斯特采用了“系统管理”的概念，但他们的学说，并没有构成真正意义上的系统管理。因为，在21世纪，真正意义上的系统管理理应包括庇古理论意义上的“外部性”意涵在内。理论上，这种性质与系统哲学家E.拉兹洛所说的“世界系统”非常相似。所以，正如拉兹洛所说：“世界系统被看成是由社会圈和生态圈组成的。社会圈包括人类共同体的所有社会……生态圈是由这些社会的自然环境组成的”。紧接着他又指出：“世界系统理应受到当代社会和政府的重视，因为它是社会实践的竞技场，社会科学的全部知识最终都在这里受到检验。”[②]在最终意义上，只不过是以系统化的方式，更有效地服务于组织自身获利目标而已。系统管理学派学说和思想的内部性质及其“外部性”管理理论短板由此显而易见。

（四）系统科学原则对管理的重要意义

事实上，系统科学对管理的“世界系统”定向意义非常重大，因此，我们还要从基础上了解系统科学以及它所蕴涵的系统管理学的一些基本概念。与系统科学的理论要求完全一致，系统管理同样从整体性、有机联系性、开放性和动态平衡性等原则出发，为管理科学理论研究提供了一种新的方式，也为组织管理与外

---

①〔美〕弗里蒙特·E. 卡斯特等. 组织与管理——系统方法与权变方法. 北京：中国社会科学出版社，1985. 148.

②〔美〕E. 拉兹洛. 系统哲学讲演集. 北京：中国社会科学出版社，1991. 140~141.

部环境保护的联系提供理论依据。它绝不是卡斯特理论意义上仅以系统管理方式服务于“经济组织自身高效率的获利目标”，它还可使组织以更有效的方式进行包括外部生态环境保护在内的各种目标间动态平衡关系的协同运作，为可持续发展战略时代的绿色化管理运行过程提供方法。

在这方面，美国麻省理工学院的杰伊·福莱斯特早已做了意义重大的理论探讨。他所创立的系统动态学，就是以系统方式将外部自然生态系统作为整体管理的经典之作。从学理上说，他把系统管理方法的视野和范围业已扩大到了整个世界乃至全球自然生态系统之中。福莱斯特系统动力学贡献是巨大的，其弟子米都斯正是以他的系统动态学为基础，在《增长的极限》（罗马俱乐部 1972 年 3 月对整个世界发布的《第一份报告》）这部惊世之作中建构了“世界系统模型”。在当时，《增长的极限》以震惊世界的功效把人类带入了今天的可持续发展战略时代。因为，该报告于 1972 年 3 月发布后，它促使联合国与同年 6 月 5 日（这一天被定为“全球环境日”）在瑞典首都斯德哥尔摩召开了联合国“第一次全球环境与发展大会”。可见，系统动态学注重的对外部自然生态环境协同管理的理论价值在当今时代意义有多么重大，它的出现，与卡斯特理论意义上的“经济人式”组织内部性系统管理学说有着严格意义上的区别。相比而言，它也使系统管理学派的学说和思想相形见绌。下面我们将了解一些系统科学及其所蕴涵的系统管理的基本原则。

1. 系统整体原则与多元目标整合。系统管理的整体性原则有利于对各种管理目标在整体中的结构关联，并科学、合理地加以协调与整合。而目标本身在客观上又是多元的，尤其是在今天可持续发展战略的时代，它将大大超出传统“经济人”的所谓生产效率抑或经济效益的目标范畴。不仅如此，系统管理对传统组织管理目标范畴的突破，还表现在对人际关系学派和行为科学所强调“社会人”目标的整合性研究方面。目标管理是管理科学的重要内容。以往的管理学所反映的只是管理思想史上各个学派对其研究目标内容各不相同的侧重，因此，从系统科学整体性原则来看，只不过是各自偏执一端的行为。在管理学上，只有当以系统整体性原则对各种目标(包括外部生态环境保护的目标)加以协调并整合时，才能纠正古典管理学、人际关系学派及行为科学各自对目标价值追求的偏执特性。

既然系统管理是涉及多元目标的一种管理学理论，那么，“协调”概念将发挥着十分重要的作用。在管理学上，“协调”概念不是一个新的概念，它在法约尔、孔茨、巴纳德等人的学说中早有研究。但是，对包含“外部性”范畴的协调在传统管理学中从来就没被置于重要位置。所不同的是，对“经济人获利行为”

的“激励”，则始终占明显优势。系统管理与之有着很大区别，它要求管理过程必须围绕整体性原则行事，要求对多元目标间进行均衡性的合理协调。

在系统管理中，协调又可被理解为一种“协同方法”，而“协同方法”也是系统科学范畴的重要内容，它也是协同学理论所研究的主要对象。“协同学”是德国学者哈肯以系统科学方法研究事物间协同性质与特征的专门学说，它对于研究系统管理多元目标间的协调意义十分重大。

此外，系统管理的整体性原则，还是一种整体性的共生原则。这种原则之所以强调共生，强调对多元目标间协同运作的重要性，就在于要纠正自由市场经济理论（在当今时代意义上就是纠正新自由主义理论的片面性）所片面强调的、单纯意义上的竞争与激励问题。对此问题，许多思想家都在探索。美国著名的土地伦理学思想家利奥波德就有这方面的专门论述。他指出：“事物在各种相互依存的个体和群体向相互合作的模式发展的意向中，是有其根源的。生态学家把它们称作共生现象，政治学和经济学则是提高了的共生现象。在这种共生现象中，原有的自由竞争有一部分被带有伦理意义的各种协调方式所取代了。”[①]很清楚，这正是强调系统整体之中多元目标的共生理论问题，是在更高的伦理学原则和层次、而非所谓“经济人伦理”意义上认识问题。

2. 系统整体有机联系对管理绿色化的现实意义。系统整体性是一般系统论的关键内容，这种内容之所以关键，就在于整体的有机联系性质，亦即系统中各子系统之间，以及系统与环境之间的有机联系的性质。在贝塔朗菲的“一般系统论”中，就是主要研究系统之中各种要素或分子之间的相互关联特性。它告诉我们，凡具有整体性的系统，其内部诸要素或分子之间的相互作用与关联都是有机性的。它们不仅是一种相对独立的分子系统，同时又是系统整体之中的有机分子。

对系统整体有机联系性的深入研究，表明了对“一般系统论”研究的深化。这种深化使我们明确地认识到了系统整体大于各个组成部分之和的性质。因此，我们有必要对与系统相关的“整体性”与“总和”两个概念做出区分。贝塔朗菲曾指出：“我们可以把总和（Summativity）定义为，最初是分离的东西逐渐地汇集，换句话说，就是筑造起来的复合体。反之，我们可以将这个复合体分解成相分离的成分。”[②]而在与系统相关的整体有机联系之中，这种性质就发生了变化。

---

① 〔美〕利·A 奥波德. 沙乡年鉴. 长春：吉林人民出版社，1999. 192.

② 王雨田主编. 控制论、信息论、系统科学与哲学. 北京：中国人民大学出版社，1987. 428.

即如我国学者王雨田等先生所编撰的《控制论、信息论、系统科学与哲学》一书中所指出的，“在引进了‘有机关联性’的内容后，系统便处于一种有机的关联中，就是说这个系统不仅其增长不是机械的汇集，而且诸部分之间的联系也是不可分割的。”①在当今条件下，我们所指的经济、社会与生态之间的可持续发展也是这样，它同样存在一种系统整体的有机联系性质。管理科学，在围绕可持续发展战略进行理论研究时，就必须严格遵循这种系统整体的有机联系原则。因为，它能够使我们将与自然生态系统紧密相关的“外部性问题”，同样作为系统整体有机联系的重要内容。换言之，同样可作为我们协同管理的目标内容。

3. 系统开放性与管理科学的可持续属性。系统包括封闭系统和开放系统两个方面。所谓封闭系统，是指与外界无联系的方面，亦即系统与环境无物质、能量和信息交换的方面。但是在客观现实中，所有系统都与外界环境有着密切的联系，因而不存在绝对意义上的封闭系统。之所以提出封闭系统，主要是为了研究的便利，在相对意义上把一些与外部环境联系很少的方面称为封闭系统。

“一般系统论”主要是研究开放系统。所谓开放系统是指系统与外界环境之间有紧密的有机联系的系统。正是这种有机联系，使得系统与外部环境之间具有开放的性质。在贝塔朗菲的“一般系统论”学说中，所研究和探索的都是开放系统。当一个系统被界定为开放系统时，也就意味着它与外部环境有物质、能量和信息的交换，亦即有物质、能量和信息的输入输出关系。正像贝塔朗菲本人所指出的，“开放系统是指系统中存在着要素的流入和流出，从而其组成要素发生着更换”②。开放系统理论是“一般系统论”的关键所在，它可被应用到物理、化学、经济、社会以及自然生态等十分广泛的领域。正是“一般系统论”所揭示的这种系统开放性质，使得它可同样被应用于今天我们所强调的、与可持续发展管理直接相关的管理学的研究方面。系统的开放性与可持续发展管理的联系，最重要的就是必须关注庇古所说的“外部性问题”。从另外角度讲，结合具有系统开放性质的“可持续发展目标”，是当代管理科学所要探索的重要课题。

在讨论了“一般系统论”的一些基本概念：系统整体性、有机联系性和开放性之后，还有几个概念需要指出，这就是系统的结构性、动态性、有序性和目的性（预决性）等方面。即如系统整体性和开放性将会对所有学科领域产生影响那

① 王雨田主编. 控制论、信息论、系统科学与哲学. 北京：中国人民大学出版社，1987. 428.

② 庞元正，李建华编译. 系统论、控制论、信息论经典文献选编. 北京：求实出版社，1989. 15.

样，它们也是同样。因此，我们还必须将之结合到我们强调的可持续发展管理方面来讨论。

4. 系统结构性与可持续管理的结构问题。贝塔朗菲曾指出："考虑到系统规律的运用，必须发展扩大我们概念结构的应用范围。"[①]系统，作为一个有机联系着的整体，主要表现在它的结构性方面。贝塔朗菲对系统的结构问题十分重视，在他的学说中，有着十分丰富的关于系统结构的论述。他所谈到的诸如"秩序"、"层次"等概念，也蕴涵着深刻的结构思想。他把一个系统看成是整体，同时又是相关子系统或具有层次结构内容。因为，无论在相关子系统的横的方面，还是在更高层次与较低层次的纵的方面，都具有结构特性、具有结构的相互效应和联系的性质。结构，它主要反映各子系统的构成方式。而系统的功能恰恰与各子系统间的相互效应性质直接相关。他所强调的各子系统"组成部分间的秩序"，正反映各子系统位于共时态的结构分布；而他所指的"过程的秩序"[②]则另有含义。这种含义的结构反映，正体现在结构的历时态性质方面。结构，对研究可持续战略管理有着重要的理论价值和意义，它可帮助我们在经济、社会和生态多维效应关系中认识可持续发展管理问题。本书后面还将谈到的三维管理方格，就是基于系统整体性原则及其结构的原理进行的。结构，它是建构顺应可持续发展管理要求的"三维管理方格"的重要理论依据。

5. 系统动态性与可持续复合目标的"动态平衡"。关于系统的动态性问题贝塔朗菲也有研究，他所提出的"流动平衡"概念就充分反映了这一思想。贝塔朗菲指出："开放系统中的反应流不能达到真平衡，而只能达到定态，为此我们提议采用流动平衡（Fliessgleichgewicht）这一术语。看来这个新概念是值得引入的，因为在物理学中'定常的'这一用语具有不同含义。封闭系统如原子，化学平衡——它同样不是一个化学静止况态，其反应不断在进行，每个反应物等量地产生和消失，另一方面开放系统如火焰，或河流中不变的水流，都被说成是'定常的'。对此我们建议区别封闭系统中的真平衡和开放系统中的流动平衡。"[③]因此，在他的"一般系统论"学说中，任何系统都不是被看作静止的，而是有机联系着的、动态平衡的演化过程。他认为，生物的"渐进分异"和"发育"都与动态的

① 庞元正，李建华编译．系统论、控制论、信息论经典文献选编．北京：求实出版社，1989．52．
② 王雨田主编．控制论、信息论、系统科学与哲学．北京：中国人民大学出版社，1987．430．
③ 庞元正，李建华编译．系统论、控制论、信息论经典文献选编．北京：求实出版社，1989．16．

有机联系密切相关。在生物系统中，很多生物动态的有机联系都体现为经过逐渐成长或发育的动态过程。而这正反映了所谓系统"渐进分异"的动态平衡性质。动态性概念，在哲学上通常被解释为事物的运动性质。但是，在一般系统论中与机械论的所谓动态观是根本不同的，因为前者的动态性就是指与事物有机联系着的动态平衡问题。系统的动态平衡性具有以下主要特征：首先，系统内部的结构及其子系统的效应关系不是一成不变的，而是随时间变化而变化。其次，系统的开放性和有机联系性，总是同外界物质、能量和信息不断发生交换，而动态平衡性原则就是强调动态平衡过程之中的物质、能量和信息转换的性质与状态。这表明，系统的开放性，不断确保了它与外界物质、能量和信息交流与交换，因而也就不断确保了系统本身的动态平衡关系。系统的动态平衡理论，有助于我们研究可持续发展管理目标内容的动态平衡性质与关系，这对于可持续发展管理理论的探索来说是非常重要的。

6. 关于系统有序性与无序性的问题。在系统科学的理论研究中，有序和无序同样是一对重要概念。贝塔朗菲的"一般系统论"学说，将这一对概念放到了很高的位置。他的研究表明，系统从无序到有序，意味着系统组织程度的提高，而系统组织程度的提高既与系统内部各子系统有机联系密切相关，同时，又与其动态的演化过程紧密相连。

20 世纪 70 ~ 80 年代，关于有序与无序的研究得到了长足的进展。德国学者赫尔曼·哈肯在他的《协同学——大自然构成的奥秘》一书中，对于这对概念也作了深入探讨。哈肯对于无序概念作了如下说明："物理中无序的概念与日常生活中人们熟知的杂乱无章这个概念密切相关。"①他还进一步指出："无序是与物件所在之处有很多可能性相联系的。要在一个无序状态中寻找所需之物所以如此困难，原因就在于此……物件所在位置有很多可能性，这就造成了无序状态。"②同样地，"大量不同的可能性也是物理学中无序的量度。"哈肯通过这个类比，对于系统之中的无序概念作了通俗的解释，这使我们得以从中了解无序所形成的原因。需要说明，在哈肯的"协同学"中，所谓有序就是如他所说的"活性的秩序"。事实上，这一概念已经演化成了他的"协同学"理论支柱——序参量。在系统之中，序参量是由于各部分的协作而产生，反过来，它又支配各部分的行

① 〔德〕赫尔曼·哈肯. 协同学——大自然构成的奥妙. 上海：上海译文出版社，2001.14.
② 〔德〕赫尔曼·哈肯. 协同学——大自然构成的奥妙. 上海：上海译文出版社，2001.15.

为。这是哈肯的基本观点。他认为，“序参量与支配原理和不稳定性是联系在一起的；且由于在很多不同的系统中，其序参量所遵从的演化方程的形式都是相似的”[①]，因此，根据哈肯的协同学原理，可使我们全面了解不同学科、不同领域和不同现象之间的共同性与可类比性的特征。他在其《协同学——大自然构成的奥秘》一书中指出：“从序参数和支配的角度，首先对物理学，而后是化学，最后是生物学的其他现象加以研究时，一再发现相同的例证。结构形成的过程似乎不可避免地朝某一方向前进，但并非循着热力学规律所预言的那种方向，甚至也并非循着无序性不断增长的方向。相反，本来无序的部分系统也被卷入现存的有序状态，而且其行为受它的支配。”[②]显然，这种序参量的支配特征具有重要意义。哈肯的“协同学”对有序与无序的研究，较之贝塔朗菲“一般系统论”中提出的有序与无序这对概念，从理论上说，要深刻得多。尤其是在当今世界，对于可持续发展管理所涉及的多学科目标内容的有序与无序性质来说，对于研究可持续发展时代序参量的形成规律及演化特征来说，都有着深远的意义。

五、数量管理科学学派的管理思想

（一）管理科学学派的产生背景及特点

管理科学学派又称数量学派，或计量学派，也称数量管理科学学派，是现代管理理论中的一个主要学派。该学派将数学引入管理领域，用电子计算机作为工具，把科学的原理、方法和工具应用于管理的各种活动之中，使管理问题的研究由定性分析发展为定量分析，制定用于管理决策的数学统计模型,并进行求解,以减低管理的不确定性,进而使投入的资源发挥最大的作用,并得到最大的经济效果。

管理科学学派可以追溯到 20 世纪初泰勒的“科学管理”方面，但管理科学学派的科学管理方法最初应用于军事领域则是在第一次世界大战期间。当时美国的托马斯·爱迪生于 1915 年研究了反潜艇战的程序，设计出一种可躲避和击毁敌潜艇的战争对策，并运用一种“战术对策板”来求解。1917 年，美国的莫尔斯教授又分析了横渡大西洋的护航船队遭到德国潜艇袭击的损失模型，这种分析成为第二次世界大战期间许多类似分析的先驱。第一次世界大战期间，英国于 1915

① 庞元正，李建华编译. 系统论、控制论、信息论经典文献选编. 北京：求实出版社，1989.237.
② 〔德〕赫尔曼·哈肯：协同学——大自然构成的奥妙. 上海：上海译文出版社，2001. 8.

年由卡彻斯特把数学定量分析法应用于军事，发表过关于人力和火力的优势与军事胜利之间的理论关系的文章，得出了一个战斗的结果同双方战斗人员和火力的相对数量之间关系的相关公式。但是，卡彻斯特等人的工作对第一次世界大战中的军事作业并没有产生值得注意的影响。事实上，管理科学学派真正建立是第二次世界大战时。1939 年，英国军事当局为了解决雷达系统的合理布置问题，召集了一批英国科学家组成运筹学小组进行研究。这个小组由英国曼彻斯特大学著名物理学家、前海军军官布莱克特教授领导，小组成员包括三位生物科学家、两位数学物理学家、一位天文物理学家、一位军官、一位土地测量学家、一位普通物理学家以及两位数学家，其中，生物学家希尔（A. V. Hill）上尉（后来成为教授）将数理分析方法运用于防空武器，被人称为运筹学研究的创始人之一。事实证明，这种混合小组方法有助于取长补短，开阔思路，解决问题。随后，美国也在国防部门使用运筹学方法，解决商船护航部署、侦察敌方潜艇、空中轰炸准确度等问题。第二次世界大战结束后，由于战后恢复和经济建设需要，英美对管理科学(运筹学)的研究逐步从军事转入民用企业的应用。美国麻省理工学院首先于 1948 年开设了运筹学的非军事应用学科，接着在许多工商学院、工程学院也设置了这类专业。这期间，出现了一种所谓的“管理科学家”，并组成自己的学术团体。英国率先于 1948 年成立了运筹学会，并于 1950 年出版了这门学科的世界上第一份刊物——《运筹学季刊》。美国于1952 年成立运筹学协会，会刊为《运筹学》，1953 年又进而成立美国管理科学学会，并出版《管理科学》杂志。1957 年，英国牛津召开了第一届国际运筹学会议；1959 年，又成立了国际运筹学联合会。

西方管理科学学派的代表人物之一是曾任教于美国加利福尼亚大学管理研究院、哈佛大学工商管理学院的埃尔伍德·斯潘赛·伯法，他的代表作是《现代生产管理》（1975）。该书简明易懂，曾被《哈佛商业评论》推荐为经理必读书目。在这本书里可以看到大量的图表和数学公式，正是这些科学的计量方法，使得管理问题的研究由定性走向定量。另有霍勒斯卡文森于 20 世纪 30 年代把复杂的数学模型应用于用传统办法难以进行的大量数据处理工作。从 20 世纪 50 年代开始，出现了韦斯特·丘奇曼、拉塞尔·阿考夫、伦纳德·阿诺夫三人合著的《运筹学入门》；爱德华·鲍曼和罗伯特·费特两人合著的《生产管理分析》；塞缪尔·里奇蒙的《用于管理决策的运筹学》等一批管理科学（运筹学）方面的教科书，以及许多关于线性规划、决策模型、培欣决策法、对策论等方面的书籍。

管理学界形成的所谓管理科学学派，又称作管理中的数量学派，也称为运筹学。这个学派认为，解决复杂系统的管理决策问题，可以用电子计算机作为工具，寻求最佳计划方案，以达到企业的目标。管理科学其实就是管理中的一种数量分析方法。它主要用于解决能以数量表现的管理问题。其作用在于通过管理科学的方法，减少决策中的风险，提高决策的质量，保证投入的资源发挥最大的经济效益。

管理科学学派的主要特点在于：

1. 力求减少决策的个人艺术成分。依靠建立一套决策程序和数学模型以增加决策的科学性。他们将众多方案中的各种变数或因素加以数量化，利用数学工具建立数量模型研究各变数和因素之间的相互关系，寻求一个用数量表示的最优化答案。决策的过程就是建立和运用数学模型的过程。目前在管理中应用比较广泛有效的数学模型有决策理论模型、盈亏平衡模型、库存模型、资源配置模型（线性规划）、网络模型、排队论、投入产出模型等。这些理论模型中，有的是描述性的；例如，盈亏平衡模型、排队论；有的是规范性的，例如决策理论模型、库存模型、线性规划模型、网络模型等；有的含有多种确定性变量，如盈亏平衡模型、库存模型、线性规划模型；有的含有各种随机的变量，如决策理论模型、网络模型和排队模型等。管理人员在运用这些模型于管理活动中，必须随时记录贯彻执行过程中的变化情况。注意模型的目标、假设、省略的东西和限制条件等因素，在一个过程之后，重新复查系统模型，以便改进它，使之更符合实际。

2. 各种可行的方案均是以经济效果作为评价的依据。例如成本、总收入和投资利润率等。

3. 广泛地使用电子计算机。现代企业管理中影响某一事务的因素错综复杂，建立模型后，计算任务极为繁重，依靠传统的计算方法获得结果往往需要若干年时间，致使计算结果无法用于企业管理。电子计算机的出现大大提高了运算的速度，使数学模型应用于企业和组织成为可能。

（二）管理科学学派的主要内容与评价

1. 关于组织的基本看法。他们认为组织是由“经济人”组成的一个追求经济利益的系统，同时又是由物质技术和决策网络组成的系统。

2. 关于科学管理的目的、应用范围、解决问题的步骤。它们的目的就是将科学原理、方法和工具应用于管理的各种活动之中。应用范围着重在管理程序中的计划和控制这两项职能。解决问题的步骤：① 提出问题并阐述问题；② 建立数学模型，对问题的要素用一组变量的函数来表示，E = F（XF,YF），式中 E 代表系统的效益（如利润、成本等），F 代表函数关系，XF 代表可控制变量，YF 代表竞争者所控制的变量；③ 解出模型的答案，从而取得使系统效益最佳的数量值，以得出解决问题的方案；④ 检查模型及解的实际意义，对方案进行验证；⑤ 对所求的解进行控制，以建立对解决方案的控制；⑥ 把解决的方案付诸实施。

3. 关于管理科学应用的科学方法。这主要有线性规划、决策树、计划评审法和关键线路法、模拟、对策论、概念论、排队论。

4. 管理科学应用的先进工具，这里主要是指计算机。

管理科学学派借助于数学模型和计算机技术研究管理问题，重点研究的是操作方法和作业方面的管理问题。现在管理科学也有向组织更高层次发展的趋势，但目前完全采用管理科学的定量方法来解决复杂环境下的组织问题还面临着许多实际困难。管理科学学派一般只研究生产的物质过程，注意管理中应用的先进工具和科学方法，不够注意管理中人的作用，这是它的不足之处。

从管理科学的名称看来，似乎它是关于管理的科学。其实，它主要不是探求有关管理的原理和原则，而是依据科学的方法和客观的事实来解决管理问题，并且要求按照最优化的标准为管理者提供决策方案，设法把科学的原理、方法和工具应用于管理过程，侧重于追求经济和技术上的合理性。

就管理科学的实质而言，它是泰罗的科学管理的继续与发展，因为他们都力图抛弃凭经验、凭主观判断来进行管理，而提倡采用科学的方法，探求最有效的工作方法或最优方案，以达到最高的工作效率，以最短的时间，最小的支出，得到最大的效果。不同的是，管理科学的研究，已经突破了操作方法、作业研究的范围，而向整个组织的所有活动方面扩展，要求进行整体性的管理。由于现代科学技术的发展，一系列的科学理论和方法被引进到管理领域。因此，管理科学可以说是现代的科学管理。其基本特征是：以系统的观点，运用数学、统计学的方法和电子计算机技术，为现代管理决策提供科学的依据，解决各项生产、经营问题。

基于管理科学的特征，大多数管理学家认为管理科学只是一种有效的管理方法，而不是一种管理学派，它仅适用于解决特定的管理问题。管理科学学派表现出的优点在于：第一，使复杂的、大型的问题有可能分解为较小的部分，更便于诊断、处理；第二，制作与分析模式必须重视细节并遵循逻辑程序，这样就把决策置于系统研究的基础上，增进决策的科学性；第三，有助于管理人员估价不同的可能选择，如果明确各种方案包含的风险与机会，便更有可能做出正确的选择。

管理科学方法的应用也有它的局限性：首先，管理科学学派的适用范围有限，并不是所有管理问题都是能够定量的，这就影响了它的使用范围，例如，有些管理问题往往涉及许多复杂的社会因素，这些因素大都比较微妙，难以定量，当然就难以采用管理科学的方法去解决。其次，实际解决问题中存在许多困难，管理人员与管理科学专家之间容易产生隔阂，实际的管理人员可能对复杂、精密的数学方法很少理解，无法做出正确评价，而另一方面，管理科学专家一般又不了解企业经营的实际工作情况，因而提供的方案不能切中要害、解决问题，这样，双方就难以进行合作。此外，由于采用此种方法大都需要相当数量的费用和时间，人们考虑到费用问题，也使它往往只是用于那些大规模的复杂项目，这一点，使它的应用范围受到限制。因此，我们要充分认识到管理科学不是万能的，它是一种重要的管理技术和方法，而起决定作用的还是人。所以，要求管理人员要尽快地掌握管理科学，使之与各种管理技术、管理方法相符合，当然，这其中也理应包括"外部性"管理在内的技术、管理方法相符合，以便发挥更大的作用。

六、知识管理理论流派的管理思想

（一）知识管理理论发展的历程

20世纪60年代初，美国管理学教授彼得·德鲁克博士首先提出了知识工作者和知识管理的概念，指出我们正在进入知识社会，在这个社会中最基本的经济资源不再是资本、自然资源和劳动力，而应该是知识，在这个社会中知识工作者将发挥主要作用。20世纪80年代以后，彼得·德鲁克继续发表了大量相关论文，对知识管理做出了开拓性的探索，提出"未来的典型企业以知识为基础，由各种各样的专家组成，这些专家根据来自同事、客户和上级的大量信息，自主决策和自我管理"。

在20世纪90年代中后期，美国波士顿大学信息系统管理学教授托马斯·H.达文波特在知识管理的工程实践和知识管理系统方面做出了开创性的工作，提出了知识管理的两阶段论和知识管理模型，是指导知识管理实践的主要理论。与此同时，日本管理学教授野中郁次郎博士针对西方的管理人员和组织理论家片面强调技术管理而忽视隐含知识的观点提出了一些质疑，并系统地论述了关于隐含知识和外显知识之间的区别，为我们提供了一种利用知识创新的有效途径。

进入21世纪初，瑞典企业家与企业分析家卡尔－爱立克·斯威比博士将对知识管理的理论研究引向了与实践活动紧密结合并相互比照的道路，他从企业管理的具体实践中得出，要进一步强调隐含知识的重要作用，并指出了个人知识的不可替代性。

另外，在上述大师和其他学者们不同理论与观点交相辉映的影响和指引下，基于知识的企业理论和知识联盟也已成为近年来备受关注的热点领域。

（二）知识管理理论主要流派

至今为止，国内有专家对国外学者们的知识管理研究做了前期探索性的归纳，认为目前对知识管理的定义五花八门，但其理论流派大致可分为三大学派，即技术学派、行为学派和综合学派。当今社会是提倡创新发展的多元化时代，应当尝试性地将上述较为笼统的综合学派按照社会功能的不同区分进而明确地细分为两个学派，即经济学派和战略学派。知识管理理论流派大致可分为行为学派、技术学派、经济学派和战略学派四大学派。

1. 行为学派。一般而言，行为学派的知识管理（包括理论研究和实践活动两个方面）主要侧重关注发挥人的能动性，关注对人类个体的技能或行为的评估、改变或是改进过程，热衷于对个体能力的学习、管理和组织方面进行研究，认为知识等于过程，是一个对不断改变着的技能的一系列复杂的、动态的安排。该学派主要代表人物瑞典卡尔·斯威比博士则把知识定义成一种行动的能力，即强调知识是动态的，甚至明确提出“知识不能被管理”，“不利用信息技术也可以实施成功的知识管理”等。

与此同时，该学派的另一个主要代表人物日本管理学教授野中郁次郎博士则强调了隐含知识的重要性。他系统地论述了关于隐含知识和外显知识之间的区别，为我们提供了一种利用知识创新的有效途径，“知识创新并不是简单地处理客观信息，而是发掘员工头脑中潜在的想法、直觉和灵感，并综合起来加以运用”，野中郁次郎还针对西方的管理人员和组织理论家提出了一些质疑，并提出了知识创新的共享环境即“场”的概念。这些都是非常典型的关注发挥人的能动性的真实思想写照。这方面例子不胜枚举，其主要例子还包括古代中国传统意义上的师徒相授方法等。可以说，由该学派的思路拓展，揭示了知识秘密，指明了知识方法。

2. 技术学派。技术学派的知识管理主要侧重关注借助技术的效率，关注信息管理系统、人工智能、重组和群件等的设计和构建，认为知识是一种企业资源，是一种物质对象，并可以在信息系统中被标识和处理，即可以被管理和控制。上述观点主要在美国由信息技术发展而来。其中，托马斯·H. 达文波特认为知识是结构性经验、价值观念、关系信息以及专家见识的流动组合。知识为评估和吸纳新的经验和信息提供了一种框架。知识产生并运用于知者的大脑里。但在组织机构里，知识往往不仅仅存在于文件或数据库中，也根植于组织机构的日常工作、程序、惯例及规范中，可以通过计算机和网络进行编码、存储和传播。“数据—信息—知识”的递进概念，使得知识管理与信息管理紧密相关，信息技术在其中起到很大的作用。其典型做法如曾一度盛行于美国的泰勒主义的知识管理方法和实践活动（以信息技术为主的知识管理项目）。诚然，在当今社会中，有关行业尤其是高技术企业若果真离开了信息技术的帮助，其工作效率无疑会大打折扣。

该学派主要代表人物是美国波士顿大学信息系统管理学教授托马斯·H. 达文波特，基于他所提出的再造的学术思想，他在知识管理的工程实践和知识管理系统方面做出了开创性的工作，他所提出的知识管理两阶段论和知识管理模型，是指导知识管理实践的主要理论。另外，托马斯·H. 达文波特的再造思想，就是要利用信息技术来摧毁旧式官僚体制和流于书面形式的管理体制。可以说，由该学派的思路拓展，冲击了知识垄断，减轻了知识障碍。

3. 经济学派。经济学派的知识管理主要侧重关注求得经济的效益，即如何更好地取得优势利益。经济学派在美国主要由技术学派的部分学者，从侧重关注技术层面开始转向侧重关注资源经济而演化来。并最终有别于技术学派的基本观点而发展着，其重要特点是结合了行为学派的部分观点，如隐含知识的观点和隐含知识可以部分地向外显知识转化的观点。

该学派认为，知识管理其实只是观察商业世界的一种方式。它帮助认识谁和什么是公司真正的资源。正如企业的设备、机器、资金和人力资源，企业的知识资产也同样需要管理以取得最大的投资回报。基于知识的企业理论作为其中的一个分支流派，近年来受到越来越多的关注。哈佛大学的学者们认为，当前的企业管理已经进入第六个阶段，即全球化和知识化的阶段。在这个阶段，持续成长成为管理的目标，知识管理成为管理的主题。无论是在软件、网络这样的智力密集型行业，还是在钢铁、石油这样的资本密集型行业，知识的创造、传播、共享和利用，都是企业保持持续竞争优势的关键，许多著名的大公司都已经设立了 CKO 的职位。基于知识的企业理论认为，知识的传递和转化能够为企业创造出卓越的价值，是企业持续竞争优势的来源。该学派主要代表人物仍是达文波特，他在 1998 年曾指出：“知识管理真正的显著方面分为两个重要类别：知识的创造和知识的利用”。

该学派另一个主要代表人物是托马斯·A. 斯图尔特，他在自己所写的《“软”资产》一书中提出：在企业所拥有的所有资产中，最重要的是“软”资产，例如技能、能力、专业经验、文化、忠诚等，这些都是知识资产(智力资本)，它们决定着企业是否能够获得成功。可以说，由该学派的思路拓展，营造了知识经济，认清了知识财富。

4. 战略学派。战略学派的知识管理主要侧重关注不同的组织面向不同的战略性目标。战略性目标可以包括直接经济目标，但决不局限于单纯的直接经济目标。与经济学派相比，战略学派的视野更宽，思路更广，或者可以说，经济学派也只是战略学派其中一个重要分支而已。比如，一个组织的战略性目标是主要围绕着如何发展核心能力（或称核心竞争力）。这就要求一个组织不仅要关注资源经济，更要关注可持续的能力发展，比如关心人的能动性，关心诸如如何创造（与竞争对手相比）更优异环境来吸引人才、培养人才以及更有效地进行内部吸收、转化和共享隐含知识等问题。战略学派主要是由战略管理的理论研究出发，有机结合了行为学派和技术学派的部分观点（如应用信息技术、注重发挥人的能动性），并在不断改进管理和有效指导具体的实践活动的基础上发展而来。初步归纳起来，目前战略学派的知识管理研究文献丰富，其思考问题的角度也比较宽泛。一方面，广义地说，战略研究一直围绕寻求与维持竞争优势这一核心概念。20 世纪 80 年代中期以来，不论是原本出自什么学派，它们都具有十分关心战略管理的方面，它们对战略管理的研究和争论基本上是围绕这一核心问题展开的，其中，基于能力的战略和战略联盟是两股主要研究潮流。另一方面，战略研究注意到了某些理论上的缺陷（比如，以往思维方式的线性化而非立体化，既忽视人的能动性，也忽视对环境变化的混沌性和不可预见性等）；也进一步要求对知识管理追根溯源，探究知识管理的终极目的（即知识创新是知识管理的最终目的）。可以说，由该学派的思路拓展，启迪了知识战略，增强了知识决策。

该学派的代表人物众多，难分主次。由于该学派能用系统、全面的观点实施知识管理，成为近几年来知识管理发展的主流。比如，企业战略联盟最早起源于日本企业界的合资浪潮中。一些日本企业在寻找合资伙伴时，发现也可以只购买先进的技术，这便是战略联盟的雏形。战略联盟的概念虽然起源于日本，却首先在美国企业界盛行。20 世纪 90 年代以来，美国国内及跨国性质的战略联盟，每年以25%的增长率快速发展。“战略联盟”这一概念，也由美国 DEC 公司总裁简·霍普兰德和管理学家罗杰·奈格尔最早提出。①

① 〔美〕丹尼尔·A. 雷恩. 管理思想的演变[M]. 北京：中国社会科学出版社，1977.

在理论研究上，企业战略联盟的代表人物为数不少。20 世纪 80 年代中期，沃纳菲尔特、格兰特、巴尔奈等学者的研究促成了战略管理理论的新流派——资源基础理论的产生。这一理论认为资源不仅指有形资产，而且还包括无形资产，有形资产和无形资产共同构成企业的潜在能力。同时，各企业的资源具有极大的差异性，也不能完全自由流动。企业的可持续竞争优势就来源于选择性资源的积累和配置以及要素市场的不完善。战略联盟使企业资源运筹的范围从企业内部扩展到外部，在更大范围内促进资源的合理配置，从而带来资源的节约并提高其使用效率。另一方面知识联盟方面的代表人物也为数不少。帕维特、纳尔森、福斯和格兰特等人提出的企业知识理论认为，生产的关键投入和企业价值最重要的来源是知识，社会生产是在知识的引导下进行的。企业知识可被分为外显知识和隐含知识两大类。企业拥有的许多知识属隐含知识，难以表达，难以转移，只有通过应用和实践才可外现并获得。以进行知识转移和共同创建新知识为目的结盟通常被称为知识联盟。英克朋把通过知识联盟转移的知识称为“联盟知识”。通过战略联盟和对方建立合作关系是获取隐含知识的良好途径。

博格、顿肯和佛里德曼的研究表明：20 世纪 80 年代初期，50%的联盟企业在合作过程中是为了获取对方知识，因此把这类为了转移和学习知识的联盟称为“知识联盟”。另外，我国学者也从战略研究的角度出发归纳提出了 10 种知识战略，即：个人之间的知识转移；个人向外部结构的知识转移；从外部结构到个人的知识转移；从个人能力到内部结构的知识转移；从内部结构到个人能力的知识转移；外部环境之间的知识转移；从外部结构到内部结构的知识转移；从内部到外部的知识转移；内部结构之间的知识转移；使价值创造最大化。

（三）知识管理理论流派“外部性”关联评析

在我们阐述了知识管理理论流派各自的理论概况后，更重要的是关心它们的“外部性”的关联情况，关心它们注重包括“外部性问题”的协同管理的重要性。譬如，我们关心的是技术学派的知识管理，是否能够借助技术的效率使之发展即如“因子 X”（Factor X）那样的理论，进而把技术进步力量运用于高效率地节约利用自然资源方面，而不是像熊彼特及其追随者那样，仅仅将技术进步力量连同借此方式管理学运作过程应用于“经济增长的内生变量”抑或生产力发展的促进方面。如果仅仅把技术进步的力量同经济效率相联系，那么，这同样是一种管理学理论上的极端偏激行为。在理论上，它并没有偏离“效率主义逻辑”的轨迹。倘若如此，除了对非生态化经济发展的片面促进外，就是以所谓技术进步力量呈几何数值地破坏自然界。在社会范畴，技术学派的知识管理，从严格意义上说，依然可以用马克思资本的有机构成理论来解读。因为它同样不外乎属于“资本技术构成”和“资本价值构成”在管理学范畴的反映。同样地，如果不考虑社会范畴的协同效应关系，马克思早已指出的诸如“相对人口过剩”之类的社会灾难也在所难免。关于战略学派的知识管理也是同样，它必须考虑如何更有效地结合拉兹洛所说的“世界系统”理论制定战略管理，并协调企业战略与全社会的总体的可持续发展战略之间关系的一致性问题。否则它同样将会在世界系统竞技场中被淘汰出局。有关经济学派知识管理更是如此，假如它将自己的管理视野依然仅仅局限于经济学范畴，而同其他目标（包括自然生态系统的目标）不做任何生态可持续方面的理论关联，那么，就如以往所有经济人管理学说那样，它绝不能顺应 21 世纪可持续发展战略之需要，因此，同样会成为“世界系统”竞技场淘汰对象。至于行为派的知识管理，我们在前面行为科学管理的评述中，做了大量的分析，它与行为科学的管理方面具有诸多的相似之处，所不同的只是行为派的知识管理从更高含量的知识层面挖掘个体行为内在潜能，进而促进管理效率，故在此不再赘述。

七、经验主义学派的管理思想

（一）经验主义学派简介

经验主义学派又称经理主义，是研究实际管理工作者的管理经验教训和企业管理的实际经验，强调用比较的方法来研究和概括管理经验的管理学派。创始人是彼得·德鲁克，代表人物有欧内斯特·戴尔、艾尔弗雷德·斯隆等。

这一学派认为，古典管理理论和行为科学都不能完全适应企业发展的实际需要。有关企业管理的科学应该从企业管理的实际出发，以大企业的管理经验为主要研究对象，以便在一定的情况下把这些经验加以概括和理论化，把实践放在第一位，以适用为主要目的。对实践经验高度总结是经验主义学派的主要特点。

（二）经验主义学派产生的背景

彼得·德鲁克创立的经验主义学派的产生首先可以追溯到美国的《系统杂志》（现已更名为《商业周刊》，Business Week）的出版商 A. W. Shaw 于 1911 年应哈佛大学商学院（HBS）之邀第一次讲授《经营方针》课程。HBS 的初衷是想从高层管理者的视角帮助学生整合在各门具体管理课程中学到的知识。A. W. Shaw 一反之前商学院教学理论远胜于实践的常规，邀请了大批的公司总裁参加了这门课程的教学，让他们与学生一起讨论应该如何更好地解决企业管理中的具体问题，使学生知道高层管理者在过去管理中面临的关键性问题以及对应的常见解决问题的措施。与此同时，HBS 的教授们对这些实际管理者进行了大量深入的分析，试图得出企业竞争优势的评估方法，他们从这些总裁的第一手管理经验中发现，管理者做出的决策对企业的业绩产生重大影响，管理者是对企业的环境进行分析、对企业强项和弱项有充分了解、对选择能使企业实现重大价值的战略等负有重大责任的个体，这与之后彼得·德鲁克的管理者任务理论有着惊人的相似。

（三）经验主义学派产生的代表人物

彼得·德鲁克（Peter F. Drucker，1909~2005），著名管理学家，出生于维也纳。德鲁克于 1954 年出版《管理实践》一书，从此将与经验和实践紧密相关的管理学变成为一门学科，同时提出了“目标管理”等概念。主要作品有《管理实践》、《管理——任务、责任、实践》等。

欧内斯特·戴尔（Ernest Dale，1914 ~ ），美国著名管理学家，经验主义学派的重要代表人物之一，出生于德国北部的海港城市汉堡，20 世纪 30 年代，他在英国的剑桥大学攻读经济学，获得工商管理学士学位，后在耶鲁大学获得硕士和博士学位。主要著作有《伟大的组织者》(1960 年)、《组织中的参谋工作》(1960 年，与林德尔·厄威克合著)、《企业管理的理论与实践》等。他在 1960 年出版的《伟大的组织者》一书中，断然反对存在着有关组织和管理的“普遍原则”，主张用比较的方法对大企业的管理经验进行研究。

艾尔福雷德·斯隆(AlfredP.Sloan，1875 ~ 1966 年)，美国高级经理人员、企业家。长期担任美国通用汽车公司的总裁(1923 ~ 1937 年)和董事长(1937 ~ 1956 年)，事业部管理体制的首创人之一。斯隆最大的贡献就是设计出了一种组织模式，使集权和分权在当时的条件下得到较好的平衡。他把通用汽车公司按产品划分为 21 个事业部、分属 4 个副总裁领导。有关全公司的大政方针，如财务控制、重要领导人员的任免、长期计划、重要研究项目的决定等，均由公司总部掌握，而其他具体业务则完全由各事业部负责。

（四）经验主义学派的观点与主张

1. 关于管理的性质。管理只同生产商品和提供各种经济服务的工商企业有关。管理学由管理一个工商企业的理论和实际的各种原则组成；管理的技术、能力、经验不能移植并应用到其他机构中去。他说，任何管理工作的基础都不能不是工商管理，因为工商企业是首先出现的现代机构，它是 20 世纪成功的史实，而工商企业中的管理从一开始就带着普遍性和连续性。[①]

管理是一门科学，或至少能够成为一门学科。管理不仅是一种常识，也不仅是累积起来的经验，它至少蕴藏了一套系统的知识。管理学作为一门科学，有它自己的基本问题、特殊方法、专门技巧和特别关心的领域。该学派代表人物德鲁克强调，管理学是一种实用性很强的学科而不是一种纯理论的学科，它同医学、法律学、工程学相比，更侧重于应用。

2. 关于管理的任务。德鲁克认为，一个机构是为了某种特殊目的和使命，为了某种特殊的社会职能而存在的。在工商企业中，这就意味着经济上的成就，它是工商企业存在的目的。企业的经理人员在他们的每一项决策和行动中，必须始终把经济上的成就放在首位。如果一个企业不能取得经济上的成就，就不能以消费者愿意支付的价格向消费者提供他们需要的商品或服务；而如果不能提高或至少维持社会支持给它的经济资源的生产能力，这个企业就失败了。这意味着，不论社会经济制度和社会意识形态怎样，作为经济机构的企业，都有提供利润的责任。

使工作富有活力并使职工有成就。德鲁克认为，工商企业同其他任何社会组织一样，真正的资源只有一项，这就是人。它通过人这项资源来完成它的工作，通过完成工作来取得成就，达到企业目的。在今日社会中，这些机构日益成为个人取得生计并取得社会地位、与人交往、取得个人成就的手段。因此，使工作富有活力、使职工有成就愈来愈重要，它日益成为管理的一项重要任务。同时，德鲁克强调，对人的管理不同于对事的管理。[②]

妥善处理企业对社会的影响和责任。德鲁克认为，每一个机构都是社会的一个器官，是为社会而不是它自己存在的，工商企业也不例外。一个企业的好坏不能由它自身来评定，而只能由它对社会的功用来评定。企业在生产经营过程中，必然对人群、对社会有所影响。

3. 关于管理的技能。德鲁克认为，管理是一项特殊的工作，因而要求一些特殊的技能。虽然一个管理人员不能掌握所有这些技能，但每一个管理人员都必须对这些技能有所了解。这些技能有：① 做出有效的决策；② 有效地进行信息交流；③ 正确运用核查与控制；⑤ 正确运用分析工具，即管理科学。

① 李晨.西方管理理论的发展与流派[J].商场现代化，2006(23).
② 罗建文.经济管理现代化和经济管理发展新趋势[J].广西轻工业，2007(7).

4. 关于管理的组织结构。德鲁克认为，任何一种组织结构，必须满足一些以其本身的性质为基础的必要条件。这些条件有：①明确性。组织中的每一个部门，每一个人，特别是每一位管理人员，需要了解他属于哪个部门，处于什么地位，应该到哪里去取得所需要的信息、协作或决定，以及如何才能取得。②经济性。应鼓励人们自我控制、自我激励，使控制、监督、引导人们取得成绩的力量保持在最低限度。③远景方向。组织结构应该把个人和各管理部门的远景指引向取得成绩而不是指引向做出努力。④理解本身的任务和共同的任务。一个组织应该使每个管理单位、每个人，特别是每个管理人员和每个专业人员，理解本身的任务。⑤决策。即一种组织设计必须在它是阻碍还是加强决策过程方面进行检验。⑥稳定性和适应性。一个组织需要有很大程度的稳定性，但不能僵硬，还要有高度的适应性，才能继续存在。⑦永存性和自我更新。一个组织必须从内部、从每一个层次上培养和产生未来的领导者。另外，组织结构为了永存和自我更新，还必须接受新思想，愿意并能够做新事情。

5. 关于高层管理。经验主义学派认为，高层管理是进行指挥、确定视野、制定标准的机构。因此，它有着特殊的任务，要求有自己的组织。作为高层管理，在规模和复杂性，多样性和多角经营，发展、变革和创新等方面，面临着组织结构和战略上的各种特殊挑战。

6. 关于高层管理的任务。

(1) 仔细考虑企业的使命，即首先提出“我们的企业是什么以及应该是什么”的问题，然后确定企业的目标，制定战略和计划，为了取得未来的成果而在目前做出决策。

(2) 确定标准和榜样，关心企业应该做到和实际做到之间的差距，关心企业关键领域中的境界和价值观。

(3) 考虑企业的组织结构和组织设计，为未来特别是未来的高层管理培养人才。

(4) 建立和维持企业同顾客，同主要供货者，同金融界，同政府以及其他外部机构的关系。

(5) 参加礼节性的活动——宴会、社交活动等。

(6) 处理紧急事件或重大危机。

7. 关于高层管理的结构。德鲁克认为，高层管理的工作应由一个班子而不是由一个人来担当。因为该职务所要求的各种不同的气质不大可能由一个人同时具备。另外，高层管理的工作量也不是一个人所能完成的。因此，为了使一个高层管理有效地工作，必须满足一些条件。

(1) 谁在高层管理的某一领域中负主要责任，谁就应拥有在该项领域中的最后决定权。

(2) 任何成员不应该对不是由他负主要责任的事务做出决定。

(3) 高层管理班子的成员不是一定要互相喜欢，甚至不一定要互相尊重，但他们决不应该互相干扰。

(4) 一个高层管理班子不是一个委员会，而是一个班子。一个班子需要有一个班长，但班长不是“老板”，而是领导者。

(5) 高层管理的一个成员在其负责的领域中，应该做出决定。

(6) 班子中的各个成员要进行密切的信息交流。

8. 关于高层管理的战略。德鲁克认为，高层管理的战略是指同公司的基本结构有关的战略。这种战略比财务战略、产品开发战略和市场销售战略更为重要。它涉及企业的规模、多角化、复杂性、成长和创新等。

(1) 关于企业的规模。企业的规模、结构和战略是密切相关的。不同的规模要求不同的结构、政策、战略和行为。不同的企业各有其适当的规模和规模限度。

(2) 关于企业的成长。企业的成长是一个经济术语，而不是一个物质术语。一个企业如果在经济成就和经济成果方面有所成长，它就是成长了。但企业成长必须有一个最适当的目标，能在风险和各种资源的报酬之间取得最佳平衡，过高或过低都不好。

(3) 关于企业的创新。一个不能创新的公司注定要衰落和失败；一个不知道对创新进行管理的高层管理是无能的。创新组织的共同点是：了解创新的真实意义；了解创新的动态过程；有一个创新的战略；有一套适合于创新的动态过程的衡量方法、预算和预算控制，高层管理积极支持创新，并把粗略而不成熟的想法转变为具体的创新实践；有一个独立的从事创新工作的组织结构，并把创新工作当作一个“事业”而不是一项“职能”。[①]

9. 关于目标管理。德鲁克认为，古典管理学派偏重于以工作为中心，忽视了人的一面，而行为科学又偏重于以人为中心，忽视了同工作相结合。因此，德鲁克提出了目标管理的概念，目标管理是使管理人员和广大职工在工作中实行自我

① 罗建文. 经济管理现代化和经济管理发展新趋势[J]. 广西轻工业，2007(7).

控制并达到工作目标的一种管理技能和管理制度。目标管理综合了以工作为中心和以人为中心两种观念，它使职工在完成任务、实现自己需要的同时，也使企业目标实现。①

（1）企业中目标的性质。企业中的目标可以分为战略性目标、策略性目标、方案和任务几种。其中战略目标主要是由企业的高层管理当局来制定的，如企业的市场地位、利润、劳工关系、技术、管理发展等项目；策略性目标有复杂程度和层次高低的不同，一般由企业的中层和低层管理人员制定；方案和任务则是职工为其本身工作制定的目标。

（2）目标管理成功的先决条件。德鲁克认为，要使目标管理成功，必须有以下六项条件：①须有高层管理当局参加；②须有下级人员参加；③须有充分的情报资料；④对实现目标的手段须有控制；⑤对实行目标管理而带来的风险须予激励；⑥对职工须有信心。

（3）目标管理的三个阶段：①制定目标：由企业制定一年或一个时期的战略目标；各级管理部门则制定本部门要实现的策略目标，职工每个人又制定自己的目标——方案和任务；从而形成一个目标体系。这一阶段十分重要。因目标愈是具体、明确，则实现目标的过程管理和对成果的检查及评价也愈容易。②实现目标：目标实现过程的管理方法同传统管理方法是不同的。它主要由职工自主管理或自我控制，上级只是根据例外原则对重大问题过问和监督。职工的个人目标和各级管理的策略目标实现时，企业的战略目标也就实现了。③检查和评价：把实现的结果同预定的目标相比较，以总结成绩，积累经验，并应用于目标管理的下一个周期中去，不断提高目标管理的水平。

（五）经验主义学派理论的研究内容

主要涉及以下几方面的管理问题：

1. 管理应侧重于实际应用，而不是纯粹理论的研究。管理学如同医学、法律学和工程学一样，是一种应用学科，而不是纯知识的学科。但管理又不是单纯的常识、领导能力或财务技巧的应用，管理的实际应用是以知识和责任为依据的。

2. 管理者的任务是了解本机构的特殊目的和使命，使工作富有活力并使职工有成就；处理本机构对社会的影响以及对社会的责任。德鲁克认为，作为企业主

① 李涛，张宗建. 德鲁克管理思想中的人本主义追求[J]. 东南大学学报(哲学社会科学版)，2002(5).

要管理者的经理，有两项别人无法替代的职责。第一项职责是创造出一个大于其各组成部分的总和的真正的整体，创造出一个富有活力的整体，把投入于其中的各项资源转化为较各项资源的总和更多的东西；第二项特殊职责是在其每一项决定和行动中协调当前的和长期的要求。为此，每一个经理都必须：制定目标和措施并传达给有关的人员；进行组织工作；进行鼓励和联系工作；对工作和成果进行评价；使员工得到成长和发展。

3. 实行目标管理的管理方法。德鲁克理论给管理学的最大贡献是他提出任务（或目标）决定管理，并据此提出目标管理法。德鲁克认为传统管理学派偏于以工作为中心，忽视人的一面，而行为科学又偏于以人为中心，忽视了同工作相结合。目标管理则结合以工作为中心和以人为中心的管理方法，使职工发现工作的兴趣和价值，从工作中满足其自我实现的需要，同时，企业的目标也因职工的自我实现而实现，这样就把工作和人性二者统一起来了。目标管理在当今仍是运用最多的管理方法。①

（六）对经验主义学派的批评

经验主义学派的方法可以说在管理理论丛林中较具特色，但它们也受到了许多管理学家的批评。经验主义学派由于强调经验而无法形成有效的原则及其与组织结构和机理上的联系，故此无法形成统一、完整的管理理论体系。而且，过去所依赖的经验，未必能够被成功地运用到将来的管理实践之中。正因为此，孔茨在他的著述中曾指出："没有人能否认对过去的管理经验或过去的管理工作'是怎样做的'进行分析的重要性。未来情况与过去完全相同是不可能的。确实，过多地依赖于过去的经验，依赖历史上已经解决的那些问题的原始素材，肯定是危险的。其理由很简单，一种在过去认为是'正确'的方法，可能远不适合于未来情况"。这段话说明，由于组织环境一直处于变化之中，过分地依赖未经上升到理论的实践经验往往是不可靠或经不起检验的。因为，忽略理性指导的经验或实践，常常使管理过程具有很大的随意性。譬如，德鲁克尽管将"目标管理"解读为以此方式纠正古典管理偏重"工作"，人际关系学派偏重"人"的相互分离的倾向，似乎"目标管理"能够有效整合二者。事实上，它远不如德克萨斯学派的二维"管理方格"在协调"工作"与"人"二者关系时更为有效。因为后者不仅从结构机理而且从可操作性方面做了相同意义上的事情。所以，在德鲁克以

---

① 姜杰. 管理学名著与案例[M].济南：山东人民出版社，2003.

"目标管理"代替了的二维结构和机理中，还不如"管理方格"来得更为科学与合理。但是，无论"目标管理"，还是"管理方格"，它们共同的短板就是"外部性结构"缺失。尤其是，经验主义学派代表人物德鲁克仅仅把"经济上的成就作为企业的某种特殊目的和使命"，这就强化了其学说的"经济人"色彩，凸显了它与外部生态环境保护方面的隔离。因此，其学说在与庇古理论意义上"外部性问题"关联方面，不能不被认为存在缺憾。

八、经理角色学派的管理思想

（一）经理角色学派简介

经理角色学派是20世纪70年代才出现的一个管理学派，之所以人们称之为经理角色学派，是由于它以对经理所担任角色的分析为中心，来考虑经理的职务与工作，并借此提高管理效率。该学派所说的"经理"，具体指一个正式组织或组织单位的拥有权力和职位的主要负责人。而"角色"这一概念则从舞台术语中借用而来，是指一定职责或地位所体现的有条理性的行为。该学派，从经理工作的特点、所担任的角色、工作目标及职务类型的划分、影响工作的因素，以及提高经理工作效率等问题方面进行了全面考察与研究。其研究过程，一般来说，他们采用日记的方法对经理的工作进行观察与记录，并在观察过程中及结束后，对其工作内容加以分类、总结，然后得出规律性的东西。

经理角色学派的代表人物是亨利·明茨伯格（HenryMintzberg，1939~）。主要代表作《经理工作的性质》是经理角色学派最早出版的经典著作。其他主要的理论家有乔兰（Choran）、科斯廷（Costin）、英国的贝克斯（John Bex）、萨尔宾（T. R. Sarbin）和艾伦（Alien）以及托马斯（E. J. Thomas）和比德尔（Biddle）。乔兰从结构分析方法角度对一些小公司的总经理所担任的各种角色进行了研究，并于1969年出版了《小公司的经理》一书；科斯廷（Costin）对200个中层经理所担任的各种角色进行了探讨，并于1970年出版了《工商业和政府中的管理轮廓》一书；英国的贝克斯(John Bex）于1971年在英国运筹学学会召开的大会上宣读了《对变动环境中的经理角色的某些观察》一文；萨尔宾（T. R. Sarbin）和艾伦（Alien）于1968年发表了《角色理论》一文；托马斯（E. J. Thomas）和比德尔（Biddle）于1966年出版了《角色理论：概念和研究》一书等。

（二）明茨伯格对经理工作的理论研究

明茨伯格认为经理有以下特点：

大量的工作，永不松懈的步调，空闲时间极少；工作活动具有简短性、多样性和琐碎性，而肤浅性则是经理工作的职业危险；倾向于将工作更活跃的部分——现实的、具体的、明确的、非例行的活动放在优先地位；在口头的（电话、会晤）、书面的（文件）和观察性的（视察）几种联系工具中，常常爱用口头交谈方式；处于他的组织与外界接触的网络之间，与顾客、供应商、业务伙伴、同级人员以及其他人的外部联系要消耗经理联系时间的1/3甚至1/2，与下属的联系要占1/3甚至1/2的时间，而与其上级的联系时间通常只占10%；经理的职务反映了其责任与权力的混合。经理对许多工作做出的初步决定负责，它们又规定了他的许多长期义务；但经理也可以通过获取信息、行使领导职务等方式从他的义务中取得好处。

明茨伯格认为经理一般担任十种角色，这十种角色还可分为三类：一是人际关系方面的角色，包括挂名首脑的角色、联络者的角色和领导者的角色；二是信息方面的角色，包括监听者的角色、传播者的角色和发言人的角色；三是决策方面的角色，包括企业家的角色、故障排除者的角色、资源分配者的角色和谈判者的角色。这十种角色是一个相互联系、密不可分的整体。人际关系方面的角色产生于经理在组织中的正式权威和地位；这又产生出信息方面的三个角色，使他成为某种特别的组织内部信息的重要神经中枢；而获得信息的独特地位又使经理在组织做出重大决策（战略性决策）中处于中心地位，使其得以担任决策方面的四个角色。这十项角色表明，经理从组织的角度来看是一位全面负责的人。事实上，他却要担任一系列的专业化工作，既是通才又是专家。

明茨伯格从以上十个角色中提炼出经理工作的六项目标：①保证组织有效率地生产出某些产品和服务；②设计并维持组织业务的稳定性；③使组织以一种可控制的方式适应变动中的环境；④保证组织实现控制它的那些人的目的；⑤担任组织和其环境之间的关键的信息环节；⑥使组织的等级制度运转。

（三）经理工作的权变理论

经理工作在内容和特点上的差别可以用四个方面的变数来解释：一是环境方面的变数，包括周围环境、产业部门以及组织的特点；二是职务方面的变数，包括职务的级别及所负担的职能；三是个人方面的变数，包括担任该项职务者的个性和风格上的特点；四是情绪方面的变数，包括许多与时间有关的因素。①

经理工作的变化可概括归类为八种基本类型：①联系人（强调联络者和挂名首脑的角色）；②政治经理（强调发言人和谈判者的角色）；③企业家（企业家和谈判者的角色）；④内当家（资源分配者角色）；⑤实时经理（故障排除者角色）；⑥协调经理（领导者角色）；⑦专家经理（监听者和发言人角色）；⑧新经理（联络者和监听者角色）。

（四）经理工作的科学程序

虽然到目前为止经理的工作几乎没有一项曾被明确地编出程序，但研究表明，一切经理级的决策行动都可以用高级程序的语言加以描述。经理使用一个具体的程序——安排时间的程序来控制他的一切活动。除此之外，他很可能使用特定的程序来达到特定的目的。管理科学要求将管理工作的各个过程加以区别，明确各个过程的内容，再将各个过程结合起来，做出管理工作的模拟。②管理科学家需要把各个具体过程加以系统分析和改进（重编程序）。目前在这方面的进展是缓慢的。有少数的管理程序（如日程安排）可能经受全部自动化的检验，但其他的许多程序（如那些与实施领导有关的程序）则要求人们做出灵活的反应，因而重编程序是困难的。或许最大一组程序能容许部分地重编程序，以便经理能以“人—机”或“经理—分析者”的体系运用它们。

一个成功的战略制定体系的重编程序能将经理的能力（易于获得信息以及对突发事件的灵活反应）和分析者的技能（有时间对战略问题进行全面深入的分析）结合起来。经理和分析家可以在“寻找问题和机会、对于拟建项目的成本和效益做出估价、建造模型、为可能发生的事件做计划、分析真实时间、监视改进项目以及发展适应性计划”等方面进行合作。

（五）提高经理工作效率的要点

经理角色学派认为要从八个方面提高经理工作效率：与下属共享信息；自觉克服工作中的表面性；在共享信息的基础上，由两三人分担经理的职务；尽可能地利用各种职责为组织目标服务；摆脱非必要的工作，腾出时间规划未来；以适应于当时具体情况的角色为重点；既要掌握具体情节，又要有全局观点；充分认识自己在组织中的影响。

① 杨丹. 中西管理思想的碰撞——记“解读大师论坛”[J]. 国外社会科学，2006(4).

② 丁军. 德鲁克管理思想剖析[J]. 工业技术经济，2006(6).

（六）经理角色学派理论的意义及局限性

经理角色学派理论来源于对传统管理职能的认识，明茨伯格认为传统的管理职能和人们所认识的管理工作大不一样，传统的管理职能研究不能全面地将理论结合实际，没有对经理的工作进行深入的研究，缺乏有效的证据，不能反映出经理工作的真正面貌和实质。

经理角色理论是在现代企业组织理论基础上发展起来的，是在经营权与所有权分离以后经理成为一种职业和产物。该理论不仅对我们理解经理人的角色、工作性质、职能、经理的培养具有重要意义，而且还对如何提高经理工作效率，尤其是对改革我国传统的经营管理体制（如激励机制、监控机制、决策机制）具有重要的现实意义。由于经理工作极为重要，权力又非常大，其行为的影响又非常深远，因此如何建立既不影响经理发挥职能，又能有效发挥其积极性、创造性，同时又能约束其滥用职权的制度，这是我国目前建立现代企业制度的当务之急。过去的经验表明，旧的管理体制中对经理的复杂角色欠缺全面的考虑，因此经理的角色未能得到充分的发挥。经理角色理论为我们在这方面的改革提供了比较好的理论。

经理角色学派理论的局限性在于经理角色学派对管理职能的归纳仍然是有问题的。首先，经理角色学派得出的管理十种角色靠归纳得出，由于调查数量较少而受到怀疑；其次，明茨伯格所得出的管理行为是否包含了所有的管理行为很值得怀疑。

九、计算机管理学派的管理思想

20 世纪 50 年代以来，一些发达国家相继出现了将计算机应用于企业管理的情况。由于信息技术与计算机技术的发展，到目前为止，在管理过程中已普遍采用计算机技术。发达国家中，应用于企业管理和其他非数值处理的装机总数量达到80%以上。发展中国家也是同样，计算机技术也逐渐普及。计算机技术应用于企业管理，已是世界各国现代化管理的必然趋势。因此，计算机管理学派正是在这一背景下得以产生。计算机管理学派，理论上继承了系统学派的观点，认为组织是一个由相互联系的若干要素组成的系统。相应地，对这个系统的管理，实践中也就需要采用系统的工具和软件来进行。

（一）计算机管理学派主要内容

1. EDI（电子数据交换）。作为一种电子化商业贸易方式，通俗地讲，EDI 就是标准化的商业文件在计算机之间从应用到应用的传送和处理过程。EDI将企业与企业之间的商业往来文件，以标准化、规范化的文件格式，无须人工介入，无须纸张文件，采用电子化的方式，通过网络在计算机应用系统之间，直接地进行信息业务的交换与处理。相对于传统的订货和付款方式，传统贸易所使用的各种单证、票据全部被计算机网络的数据交换所取代。EDI系统的大范围使用，可以减少数据处理费用和数据重复录入费用，并大大缩短交易时间，降低库存和成本，并提高效率。

2. MIS（管理信息系统）。MIS是综合计算机技术、网络技术、管理技术和决策技术，与现代管理思想、方法及手段结合，是进行信息采集、加工、存储、传递的人机信息系统。MIS能够实测企业各种运行状况，利用过去的数据预测未来，从全局出发辅助企业进行决策，帮助企业实现其规划目标等。MIS作为信息技术在管理中的应用，已发展成为企业的神经系统，同时也成为企业未来发展与成功的基石。

3. MRP（物料需求计划）。20世纪60年代，为解决订货点法存在的缺陷而提出的以库存控制为核心的MRP软件（时段式MRP），同时，它也成为现代企业管理软件的起点。其主要目标是确定每项物料在每个时区的需求量问题。从理论上讲，这也部分解决了企业订货的时间和数量不精确的相关情况。70年代，闭环式MRP系统除物料需求计划外，还将生产能力需求计划、车间作业计划和采购作业计划全部纳入MRP，并形成一个封闭的管理系统。

4. MRPII（制造资源计划）。20世纪80年代，为解决MRP只涉及物流的缺陷，MRPII纳入信息流、资金流，增加了生产能力上的平衡、计划下达过程和实施过程的反馈调整功能等，使信息可与其他系统共享。如MRP加上生产计划可以建立供应计划，而库存记录可用来进行成本核算，逐步形成集生产、供应、销售、财务等功能于一体的整体管理系统。该系统一般包括八大模块，即销售管理、生产计划、MRP、生产作业计划、采购管理、能力需求计划、数据管理和库存管理。

5. MRPII（生产管理技术）。MRPII的基本思想是通过运用科学的管理方法和现代化的工具——计算机，规范企业各项管理，根据市场需求之变化，对企业的各种制造资源和整个生产、经营过程，实行有效组织、协调、控制，并在确保企业正常进行生产的基础上，最大限度地降低库存量、缩短生产周期、减少资金占用、降低生产成本和提高企业的投入产出率等方面发挥作用，从而提高企业的经济效益和市场竞争能力。

6. ERP（企业资源计划）。面对全球化竞争，加快新产品的开发和上市时间（T），改善质量（Q），降低成本（C）以及完善售前售后服务（S），成为企业的永恒主题。围绕上市时间、质量、成本、售前售后服务，展开了企业管理变革和技术创新。ERP 把原来的 MRPII 拓展为围绕市场需求建立企业内外部资源计划系统，把客户需求、企业内部制造活动、供应商的资源融合在一起，完全按市场需求制造。其基本原理是将企业的制造流程看作是一个从供应商、制造工厂、分销网络到客户密切相关的“供应链”，运用计算机硬、软件手段尽力缩短这个“供应链”，提高其运转效率，为企业产品质量、市场需求和客户满意提供保障，最终提高企业的市场竞争能力。

7. DSS（决策支持系统）。决策支持系统是帮助决策者利用数据、模型和知识去解决非结构化或半结构化决策问题的人机交互系统。主要由人机接口、数据库、模型库、知识库及其相应的管理系统等组成。自 20 世纪 70 年代美国学者斯科特·摩顿（Scott Morton）首次提出 DSS 概念以来，已引起国内外学者的高度重视。目前，人们对数据库和知识库的表示研究已取得了巨大成功，如数据库有成熟的关系数据库管理系统（RDBMS），知识库有 PROLOG 语言中的一阶谓词。但对模型库的研究大多只停留在单个模型的应用水平上。主要原因是模型库与数据库有着较大的差别，使它的开发有较大的难度。因此，模型的表示及其建模是一个较难的课题。

8. ES（专家系统）。专家系统是计算机化的系统，它在某些特定领域内，能以人类专家的水平去解决该领域中的问题，在某些方面甚至可能超过专家。专家系统有以下特点：取众专家之长；凭经验进行启发推理，即以知识为基础；以适当的方式与人进行对话，包括使用自然语言；基于符号描述进行操作和推理；能处理有错误的数据和不确定的判断；同时考虑多个不同的假设；对提出的问题做出解释。

9. CRM（客户关系管理）。CRM 是指通过管理客房信息资源，为客户提供满意的产品和服务，与客户建立起长期、稳定、相互信任、互惠互利的密切关系的动态过程和经营策略。CRM 作为一种新的经营管理哲学，其内涵可以从以下几个不同角度来理解。

CRM 是一种管理理念，其核心思想是将企业的客户（包括最终客户、分销商和合作伙伴）作为最重要的企业资源，通过完善的客户服务和深入的客户分析来满足客户的需求，保证实现客户的终生价值。

CRM 又是一种旨在改善企业与客户之间关系的新型管理机制。它实施于企业的市场营销、销售、服务与技术支持等与客户相关的领域，通过向企业的销售、市场和客户服务的专业人员提供全面、个性化的客户资料，并强化跟踪服务、信息分析的能力，使他们能够协同建立和维护一系列与客户和生意伙伴之间卓有成效的"一对一关系"。一方面使企业得以提供更快捷和周到的优质服务、提高客户满意度、吸引和保护更多的客户，从而增加营业额。另一方面则通过信息共享和优化商业流程有效地降低企业经营成本。

CRM 也是一种管理技术。它将最佳的商业实践与数据挖掘、数据仓库、一对一营销、销售自动化以及其他信息技术紧密结合在一起，为企业的销售、客户服务和决策支持等领域提供了一个业务自动化的解决方案，使企业有一个基于电子商务的面对客户的前沿，从而顺利实现由传统企业模式向以电子商务为基础的现代企业模式的转化。

10. SCM（供应链管理）。1989 年，美国经济学家史蒂文斯（Graham Stevens）初步提出了 SCM 的概念，到现在 SCM 的实践已经扩展到一种所有加盟企业之间的长期合作关系，使之从一种作业性的管理工具上升为管理性的方法体系。供应链是现代企业的一种新的业态形成，它通过有效的客户和市场管理、对客户需求的准确预测和迅速反应，以及最大限度地降低从原材料到生产，再到销售整个过程的库存和运转费用，为终端顾客提供最大的让渡价值，提高供应链成员整体的竞争力。

第三节　管理理论主要流派和思潮——走出丛林之路的权变论学说

如果说围绕"效率主义逻辑"原则权变论以科学哲学家波普尔的"证伪"方式使其学说走出所谓"现代管理丛林"，那么，在此我们在对权变论进行介绍的基础上，还将对之进行批评的批评，抑或波普尔理论意义上的"证伪"的证伪。

一、权变论学派的形成原因及代表性人物

（一）权变论学派的形成原因

权变论学派是 20 世纪 60 年代末 70 年代初在美国经验主义学派基础上发展而成的一种管理学理论流派和思潮。20 世纪 70 年代的西方，经济社会不安达到

前所未有的程度。由于当时中东出现了十分严重的石油危机，这对整个西方社会生活影响较大，使之所处外部环境很不确定。但是，即如当时的凯恩斯经济学面对此状无能为力那样，此时的管理学说由于更侧重探索企业内部组织运作过程，追求组织内部性的理论模式与原则，在面对这一外部环境的冲击现状时同样显得无力。加之，当时较为流行的麦格雷戈"y 理论"并未得到可重复性验证，因此，人们不再相信孔茨所说的"管理学丛林"的积极意义和作用，认为并不存在一种普遍适用的最好的管理方法。于是形成了一种"走出管理的丛林之路"的新的管理学理论观点：管理需要根据所处环境状况而随机应变，应当是因时空条件之不同而处理不同管理现实问题的学说，即权变论管理。所谓"权变论管理"为管理学上的权宜应变之意，主张在组织管理中依据所处的环境内外部条件之不同而随机应变，同时还主张依托环境因素及管理技术因素之间的变数关系来确定有效管理方式。其最突出代表人物有卢桑斯、费德勒等人。

（二）"y 理论"与权变论管理学形成的关联

与传统管理学理论相一致，"效率"同样是权变论关注和理论的焦点。所不同的是，权变论除了受经验主义管理学思想影响外，它还是在美国管理学家道格拉斯·麦克雷戈于 20 世纪 50 年代创立的"x 理论"、"y 理论"基础上展开的管理学理论创新与改革，而"超 y 理论"正是权变论研究的基本动因。所谓"y 理论"是认为有关人的性质和行为在管理工作方式中起着决定性作用的理论。正因为这样，麦氏对比性地探讨了有关人性假设的"x 理论"和"y 理论"两种不同观点。其中，"x 理论"认为人本性恶，故强调管理过程理应采用独裁与监督的方式。麦氏认为，以"x 理论"为假设前提的管理，由于不关心职工的各种需求，必然会造成职工对工作不关心的不良后果。相应地，持此观点的管理者尽管常用"惩罚、控制"等手段，但它除了对人是一种威胁外，实际上并无助于对工作效率的真正提高。"y 理论"则相反，认为人本性善，故主张管理过程应采用民主的、可使职工参与的团队式的管理作风。麦氏本人对"y 理论"更情有独钟，他认为"y 理论"对人性假设是积极和正面的，管理的人性化，也就成了其最基本的特征。同样地，正是由于这种管理上的人性化，即使在没有严密监督的情况下，也能够发挥职工积极作用，调动职工内在潜力，进而高效率地促进工作。

按照麦氏观点，我们可认为"x 理论"与传统的泰勒的"效率主义"观点基本一致。而这一观点早在 1927 年就被哈佛大学教授、澳大利亚学者乔治·埃尔顿·梅奥，以与片面的"效率主义"所不同的帕累托"社会系统"学说为依据的

“霍桑试验”所证伪。因为，在管理学上，帕累托不仅注重管理过程的“效率逻辑”，还注重“情感逻辑”，[①]这正是帕累托与泰勒学说观点的不同之处。而此时麦克雷戈的“y 理论”就清楚地注入了帕累托“情感逻辑”与“效率逻辑”二维协同效应关系的基本含义，实践中，它要比片面的“效率主义”来得更加科学与合理，因而也更具有较强的社会广泛适应性。但是，即使如此，麦克雷戈的“y 理论”还是遭到了质疑。

这时，为了对“y 理论”的科学性进行验证，有些学者在麦克雷戈“x 理论”和“y 理论”二者之间的效率问题上进行了对比性的可重复性实验。他们分别选择了两个工厂和两个研究所进行实证性考察，并将其中一个工厂和一个研究所用“x 理论”进行了试验，另一个工厂和研究所则用“y 理论”进行测试。结果显示：“x 理论”在工厂的效率较高，而将之用于研究所则效率较低；而“y 理论”在工厂虽然效率较低，但在研究所却很高。显然，这种效率问题上的不可重复性测试结果，不仅使人们发现了麦克雷戈所注重的“y 理论”存在的问题，而且催促了一种新的学说——“超 y 理论”或“权变论”管理学的形成。于是，以因时、因地、因具体情况而改变为特征的“权变论管理学”开始引起人们的关注。美国学者约翰·莫里斯和杰伊·洛希在 1970 年 5 ~ 6 号《哈佛商业评论》中先后发表了《超 y 理论》和《组织及其成员：权变法》，其中就阐述了这种“权变论管理”的基本思想。显然，与前述客观条件一起发挥作用，这就促使权变论管理学自此声名鹊起。

（三）权变论管理学派主要代表人物与主张

1. 伯恩斯和斯托克。伯恩斯和斯托克是最早运用权变思想来研究管理问题的人。他们对生产电子设备、机械等不同产品的 20 个企业进行了调查，经过研究，得出了以下的结论：企业按照目标、任务、工艺，及外部环境等活动条件的不同，可以分为“稳定型”和“变化型” 两大基本类型。“稳定型” 的企业，适宜于采用机械式的组织形式。它的特征是：既有一种严格规定的组织结构，也有很明确的任务、方法和责任以及与各个职能作用相一致的权利。管理系统内部的相互作用是按上下垂直的等级进行的。在组织活动中，具有重要意义的是职务的权利和责任，而非工作人员的技能和经验。相反地，如果是“变化型” 的企业，那么采用“有机式”的组织模式则较为适宜。它的特点是，有相当灵活的结构，

① 〔美〕丹尼尔·A·雷恩. 管理思想的演变[M]. 北京：中国社会科学出版社，1977. 227.

可以不断调整每个人的任务。系统内部的相互关系是网络型，而非等级型控制，故强调横向联系而非垂直的领导。在组织活动中，技能与经验居于优先地位，权利的分散以技术业务专长为基础；而不是以等级职位为基础，等等。

2. 钱德勒和琼·伍德沃德。钱德勒在 1962 年发表了《战略与结构》一书，强调在不同的条件下，理应有多种组织方案的论点。他对杜邦、通用汽车、新泽西标准石油公司 等近 70 个大型企业的组织结构的变化机理研究后指出：组织管理结构是随着企业战略的变化而变化的，而战略本身又由于市场的、金融的、科学技术及其他条件的变化而变化。

20 世纪 50 年代，女管理学家琼·伍德沃德和她的助手们对英国南伊塞克斯的 100 家公司进行了调查，并在此基础上于 1965 年发表了《工业组织：理论与实践》，证明了企业组织的技术分系统与结构分系统具有直接的相互关系。

3. 劳伦斯和洛希。他们的学说同样与权变管理有关。1967 年二人合写了《组织和环境》一书，论述了外部环境和组织结构之间的关系。他们主张按照不同形势、不同企业类型、不同的目标和价值，采取不同的管理方法。此观点的基本内容是：

组织结构的特点就是分散化和整体化两方面。分散化就是把组织系统划分为各种分系统，每个分系统根据与它相适应的外部环境所提出的要求，发展其特有的性质。整体化是努力使各个分系统在完成组织任务时达到统一的过程。

在组织的外部环境的不确定性程度估计方面，依据外部环境获得信息的清晰程度和对组织所采取行动的反馈时间及组织活动条件的计划性程度来进行。

企业结构模式分为 4 种：一是市场等外部条件变化快、内部各种产品之间工艺技术差别大的企业，例如，美国通用汽车公司就是这样，它的组织设计为按产品划分为各个事业部；二是外部环境变化较快，但工艺技术差别不大的企业，例如，美国休斯敦飞机公司就是这样，其组织设计采取矩阵结构；三是外部环境稳定，工艺技术也较稳定的企业，例如，美国大陆包装品公司就是如此，其组织设计采用直线职能制结构；四是外部环境十分稳定，而且产品非常单一的企业，例如，美国麦当劳公司就是如此，它采用高度集权结构。①

4. 卢桑斯。卢桑斯是美国尼勃拉斯加大学的教授，他是权变论学派的最主要代表人物。卢桑斯于 1973 年发表了《权变管理理论：走出丛林的道路》的文章，

① 高志华. 百年管理思想演进简评[J]. 理论学习与探索，2005(6).

1976 年又出版了《管理导论：一种权变学说》，借此系统地介绍了权变管理思想，提出了以权变管理统一以往各种管理的观点。

卢桑斯把过去的管理理论划分为过程学说、计量学说、行为学说和系统学说四方面，认为当过程、计量、行为、系统 4 种学说结合在一起时，就产生了“不同于部分总和的某种东西”，这就是管理的“权变学说”。故此他以研究权变关系为重点，认为 权变关系是两个或两个以上的变数之间的一种函数关系。卢桑斯把权变关系看作是一种“如果……那么……”的函数关系。其中“如果” 是自变数， “那么”是因变数。在权变管理中，通常的情况是，环境是自变数，而管理的观念和技术是因变数，它们两者之间有权变关系。卢桑斯提出了一个用矩阵图来表示权变管理的观念性的结构，沿着矩阵的横轴是独立的“如果”，纵轴是从属的“那么”，这个结构中的环境、管理观念和技术三者的内涵和相互关系是：

环境变数：分为外部环境与内部环境两个方面。外部环境又分一般的和特有的两种，一般的外部环境是由社会的、技术的、经济的和政治、法律的力量所组成，它们对正式组织系统的影响通常不是直接的，但却是巨大的。特有的外部环境包括供应者、顾客、竞争者，他们虽然也在正式组织系统的外面，但却直接影响组织。内部环境基本上是正式组织系统，它的各变数间，以及它与外部环境各变数间是相互关联、相互依存的，主要的内部变数包括组织结构、决策、交流和控制过程，以及工艺上的组织状态。

管理变数：主要是指过程学说、计量学说、行为学说、系统学说等所主张的管理观念和技术。其主要内容如下：过程的管理变数有计划、组织、指挥、交流和控制；计量的管理变数有基本的计量方法、决策模式、运筹学；行为的管理变数有学习、行为的改变、动机的形成、集体动态、组织行为；系统的管理变数有普通系统理论、系统设计和分析、信息管理系统。

权变关系：是独立的环境变数同从属的管理变数间的函数关系。

5. 弗莱德·E. 菲德勒。菲德勒早年就读于芝加哥大学，获博士学位。毕业后，留在芝加哥大学任教。1951 年，移居伊利诺伊州，担任伊利诺伊大学心理学教授和群体效能实验室主任。1969 年，菲德勒前往华盛顿大学担任心理学和管理学教授，同时兼任荷兰阿姆斯特丹大学和比利时鲁汉大学客座教授。菲德勒是当代美国著名的心理学家和管理学家。他从 1951 年起进行了长达 15 年的调查，提出了“有效领导的权变模式”。他认为，任何领导形态都可能是有效的，关键在于领导者必须与环境情景相适应。主要著作有《让工作适合管理者》(1965)、《领导方式与有效的管理》。

总之，权变理论学派认为，在企业管理中要根据企业所处的内外条件随机应变，没有什么一成不变、普遍适用的“最好的”管理理论和方法。该学派是从系统观点来考察问题的，其理论核心就是通过组织的各子系统内部和各子系统之间的相互联系，以及组织和它所处的环境之间的联系，来确定各种变数的关系类型和结构类型。故此权变论强调在管理中要根据组织所处的内外部条件随机应变，针对不同的具体条件寻求不同的最合适的管理模式、方案或方法。[①]权变理论就是要把环境对管理的作用具体化，并使管理理论与管理实践紧密地联系起来。这就是说，如果存在某种环境条件下，对于更快地达到目标来说，就要采用与之相应的管理原理、方法和技术。比如，如果在经济衰退时期，企业在供过于求的市场中经营，采用集权的组织结构就更适于达到组织目标；如果在经济繁荣时期，在供不应求的市场中经营，则采用分权的组织结构可能会更好一些。权变管理理论的核心内容是环境变量与管理变量之间的函数关系就是权变关系。环境可分为外部环境和内部环境。外部环境又可以分为两种：一种是由社会、技术、经济和政治、法律等所组成；另一种是由供应者、顾客、竞争者、雇员、股东等组成。内部环境基本上是正式组织系统，它的各个变量与外部环境各变量之间是相互关联的。

二、对权变论相关研究的批评

（一）权变论管理学的思想结构及“环境自变量”情况

1. 权变论的思想结构及“环境自变量”的逻辑外延。对权变论思想结构和依据的考查，旨在了解它所涉及的管理学理论结构及其“外部环境问题”的逻辑外延情况，目的在于看其权变思想能否与当今时代的“环境理念”发生联系。

权变论者的基本观点是：管理必须随企业的内外环境而改变。基于这一观点，他们认为，在管理的因变数与环境自变数二者间，存在着一种结构上的函数关系。即管理因变数将伴随环境自变数的变化而发生改变。因此，权变论研究者认为，管理要想实现自身目标，必须考察这种结构上的函数关系。这一点非常重要，它也被我国著名管理史学家孙耀君先生解读为形式逻辑上的”p→q”的假言命题，亦即“如果内外环境是什么样的（p），那么，就应做出什么样的调整

① 何欣梅. 西方管理思想和管理理论发展述评[J]. 时代经贸，2008(7月下旬刊).

(q)”。①

另外，我们还要考察其思想结构中“环境自变数”的逻辑外延。权变论研究者的“环境自变数”包括外部环境（含一般环境、特定环境）和内部环境两个方面。外部环境中的一般环境包含社会、科学技术、经济、政治与法律等要素，外部环境中的特定环境则包含供应商、顾客和竞争者。内部环境指正式组织系统，包括组织结构、决策程序、联系与控制、技术状态等内容。②不难看出，权变论思想结构的环境自变数所说的“外部环境”，无论指“一般环境”，还是“特定环境”，均不涉及外部自然生态系统相关联的任何内容。即使就外延最宽的“一般环境”而言，它所蕴涵的也仅仅是“社会”、“科学技术”、“经济”、“政治与法律”诸方面，而这些方面都与自然环境均无任何关联。至于“特定环境”，更是与自然环境系统的内容丝毫无涉。显然，这种情况正反映出权变论研究者的“效率主义思维”的局限特征，其目光没有跳出“经济人”乃至“经济—社会人”的狭隘视域。正因为如此，它使得权变论与外部环境的联系仅仅被限定于经济人的获利范畴或者对组织内部“情感逻辑”的关注方面。换言之，它仅注重自身经济效率而将“外部经济”（生态环境保护）排除在外。这种情况，在现实管理中无疑会造成“经济人”在追逐自身利润最大化时导致庇古理论意义上的“外部不经济”（此乃马克思在《1844年经济学哲学手稿》中所说的“异化劳动”和“异化自然”）的必然结果。然而，理论上，它却既不进入权变论研究者的视野，也不被记入“经济人组织”的账簿之中。这就是权变论管理学的思想结构中“环境自变数”与外部生态环境无任何关联的逻辑外延情况③。

2. 权变论的系统管理学理论依据及问题。权变论与系统管理学密切相关。在理论上，它除了以“超y理论”确立自身外，还与卡斯特和罗森茨韦克提出的“概念模型”的相关规定基本一致。卡斯特系统管理学思想中尽管也谈到以“环境超系统”概念命名的外部环境问题，并讨论到：“我们将考察其环境超系统的性质，以及它对组织的影响问题”，即“一般环境对所有组织的影响和具体工作环境某一组织的影响”问题，但是，即如权变论者“环境自变数”的逻辑外延与生态环境无任何关联那样，卡斯特系统管理学之中的“环境超系统”同样没有在

① 孙耀君. 西方管理思想史[M]. 太原.山西经济出版社,1987.664

② 孙耀君. 西方管理思想史[M]. 太原.山西经济出版社,1987.665.

③ 晔枫，杨必仪. 对经济效率主义的剖析——从权变论管理学生态化跃升视域说起. 兰州商学院学报,2013(1).

结构和机理上与外部自然环境保护问题进行实质性联系。卡斯特等人的组织管理同环境超系统的联系，均旨在更有效地服务于经济人“材料、能源和信息的‘投入—产出’过程”。换言之，它旨在以系统化的方式，更有效地服务于“经济人”的获利行为。至于组织对生态环境安全能否造成威胁，或者造成多大威胁，则不是其所关心的理论问题。此外，他们把组织系统划分为：“目标价值分系统”、“技术分系统”、“社会心理分系统”、“结构分系统”和“管理分系统”诸方面，严格地说，这种划分在逻辑上是存在一定问题的。譬如，他们把作为内容要素的“目标”和作为手段要素的“技术”变成了同一系统，这就造成“目标”和“技术”在外延上因交叉而混乱。在结构分系统中也是一样，结构分系统既不同于以“内容”为标准的目标，也不同于以“手段”为标准的技术，而是指管理过程之中的一种内在的有机联系着的机理情况。将这些本不是同一前提下划分的标准和依据在理论上作为具有并列或交叉因素的分系统或子项来对待，这本身就违反了划分标准必须同一的逻辑规则。更何况我们并没有从中看到组织与外部生态系统相关联的任何结构表征。①

权变论的概念模型是权变论得以建构的依据和基础，也是我们了解权变论同环境问题相关的系统管理学的理论依据。即是说，我们有必要了解它是否实质性地将庇古理论意义上的“外部性问题”纳入组织管理视野之中。虽然权变论者在其“目标价值子系统”中也谈到“普遍价值”，但并不足以说明这就是为了满足人类共同安全的生态环境保护效益方面的“普遍价值”。理论上，权变论是以“超y理论”为特征研究管理学的经济“效率”或者经济、社会二者关系“协同效率”为宗旨的。而与外部生态环境保护相联系的效率问题同样非常重要，事实上，只有将这一问题纳入管理学的基本范畴，才能真正谈得上“普遍价值”。显然，权变论在对待外部生态环境保护的效率内容方面并没有做出理论上的任何联系，所以它根本谈不上与“普遍价值”相关联，说到底，它只不过是“经济人”抑或“经济—社会人”价值观而已。正因为此，它也就成了我们对之提出质疑的关键性问题。②

理论上，只有将卡斯特理论意义上的“材料、能源、信息的投入—产出”与生态环境保护的“外部性问题”直接关联，并且能够从结构上体现经济、社会和

①② 晔枫，杨必仪.对经济效率主义的剖析——从权变论管理学生态化跃升视域说起，兰州商学院学报，2013.(1).

生态多元目标协同运作的效率时，方能说明它具有普遍价值的属性。在当今时代，这种“普遍价值”可直接被理解为关心人类的生存环境安全和可持续发展战略的目标，而不是像卡斯特的系统管理学说讲的那样，仅仅把“环境超系统”概念服务于“材料、能源、信息的投入—产出”方面。没有结构就没有功能，同样地，没有机理上确保与外部“生态逻辑”范畴的结构关联，就很难做出与生态系统安全相关的、并具有管理学上普遍价值的协同管理与运作。正因为如此，“外部不经济”在卡斯特系统管理过程中的常态化将会成为一种难以回避的必然情况，在权变论管理中同样如此。因此，至于权变论管理学说，它除了说明是为了组织自身“安全”或“效率”而规避风险的一种方法外，就很难找到其他解释了。理论上，由于不存在与庇古理论意义上“外部性问题”(比如对“外部不经济”的协同认知)直接关联的结构表征，以“超y理论”或“权变论管理学”方式对“获利效率”的促进，才是经济人组织最终追求的至高无上的目标，而对“经济—社会—生态”多元目标资源生态合理性优化配置的协调则完全忽略不计。然而，正是后者，对我们所处的可持续发展战略时代的管理上的意义非常重大，它也是管理学与可持续发展战略相联系的时代需求①。

（二）权变论管理的动态性特征的分析

在西方，除了杰伊·福雷斯特对管理外部性动态过程有过研究外，与外部性关联的管理学问题几乎被绝大多数管理学理论所忽略。而对于可持续发展管理学来说，由于它既涉及约翰·罗尔斯理论意义上的“代际公平”，也涉及多元目标动态平衡的关系，因此，在时间范畴或运动过程中衡量“经济—社会—生态”复合目标动态平衡及其演化，就成了管理学研究所必须面对的最突出问题。因此，权变论所注重的管理学“权变”或动态性特征，同样也是可持续发展管理学必须加以重视的内容。因为，可持续发展管理学理论所面对的既是“经济—社会—生态”复合目标演化的协同管理，也是与约翰·罗尔斯所说的“代际公平”相关的管理学理论问题。而“代际公平”涉及的“动态平衡协同运作”在可持续发展管理学理论中至关重要。这种情况在一般系统论创始人贝塔朗菲的学说中被称为“流动平衡”。事实上，权变论的积极意义正是在于它有助于我们以“权变”或动态的管理学方法为借鉴，科学、合理地协调与可持续发展紧密相关的“经济—社会—生态”多元目标的动态平衡关系②。

---

①② 晔枫，杨必仪. 对经济效率主义的剖析——从权变论管理学生态化跃升视域说起. 兰州商学院学报，2013.(1).

三、对权变论管理学“外部性短板”的认知与改进

(一) 权变论“效率主义”的外部性短板及悖谬

权变论注重对“经济效率”的追求已是不争的事实。但是，如果不将“外部性问题”同步纳入管理学关注的理论重心，那么，在崇尚“经济效率至上”原则的同时，就会把对生态系统的破坏视作寻求“经济效率大跃进”过程中的正当追求。事实上，这正是当今世界“效率主义至上”前提下造成生态环境破坏常态化的真正原因。在全球生态环境危机日益严重的今天，如果不包括生态环境保护的效率协同关注，在学理上不仅是不完备的，而且还不可避免地导致理论上的悖谬。可见，权变论注重的“经济效率”与生态环境保护的效率无任何关联。如果不存在管理效率与环境保护协同关联，那么，它就会以“高效率的经济行为”戕害我们的自然支持系统，这种所谓“高效率的经济行为”其行为轨迹在实践中是绝对片面的。[①]在客观上，这种不完备的所谓“效率主义”，必然导致马克思在《1844年经济学哲学手稿》中早就批评过的“异化自然”、庇古1920年也批评过的“外部不经济”，以及加勒特·哈丁1962、1968年先后在美国《科学》杂志上撰文同样批评的“公地悲剧”的出现。这种与“外部性问题”无关联的所谓“效率主义”的追求，事实上只是一种在实用主义和功利主义思想原则指导下的“经济人”利己主义的“效率主义”而已。这种“效率主义”的追求最终导致的将是地球生态系统极大破坏和人类公共福利（清洁空气、无毒的水、无污染的粮食等）的迅猛减少。在今天，这种所谓“效率主义”追求已经步入“效率主义悖谬”的逻辑怪圈之中，正因为此，国际上许多知名学者都给予了十分严厉的批评。美国学者霍根和拉维斯等人在其《关于下一次工业革命——自然资本论》一书中引用Robert Repette的话精辟地指出：“一个国家可以耗尽它的矿产资源，砍伐它的森林，侵蚀它的土壤，污染它的蓄水层……竭泽而渔，当这些资源消失时，测定的收入却未受到影响，其结果是错觉上的收入增益和财富的永久性损失。”显然，这就是对权变者在毫不顾忌生态系统法则约束前提下，以“超y理论”方式追求“效率主义”的最好解读。美国著名生态经济学家赫尔曼·E. 戴利在其《超越增长——可持续发展的经济学》一书中也批评指出：“以一定的速度使用资源，并

① 晔枫，杨必仪. 对经济效率主义的剖析——从权变论管理学生态化跃升视域说起. 兰州商学院学报，2013.(1).

损坏自然生命支持系统，不能满足所有人基本需要的系统，不能被称为有效率的。”①著名哲学家、罗马俱乐部成员 E. 拉兹洛也曾指出：“世界系统被看成是由社会圈和生态圈组成的”，“世界系统理论应当受到当代社会和政府的重视，因而它是社会实践的竞技场，社会科学的全部知识最终都在这里受到检验”。同样地，权变论也要接受世界系统竞技场的无情检验。

与以往的管理学说相比，权变论以权变或动态方式探讨管理学理论，这不能不说是一个进步，但是，其研究却是在远离对“外部性问题”的关注情况下展开的。“外部性问题”，是西方所有的市场经济“经济人”，乃至“经济—社会人”假设前提的管理学说的理论短板，因为这些管理学说在理论上并不包括“生态逻辑”的结构内涵，这正是问题的关键所在。到 20 世纪 70 年代为止，权变论对领导模型的经典研究当数美国管理学家弗雷德·费德勒和威廉·雷丁等学者的成果了。但是，在“费德勒领导模型”中并无延伸到对组织外部“生态逻辑行为”的全面审视方面，这使得其学说根本不可能对组织外部性行为进行协同管理。在雷丁“领导效率三因素模型”中，尽管把类似于德克萨斯学派“管理方格”的“对工作的关心”和“对职工的关心” 两者的协同“效率问题”贯穿到了其研究过程，但结果都未能跳出“经济—社会人”假设前提的基本范畴。这些研究，虽然也注意到了管理学动态性的重要，但却没有产生即如杰伊·福莱斯特及其弟子米都斯以系统动力学所探讨《增长的极限》中“世界模型”那样，把人类带入到可持续发展战略时代的功效。因此，他们共同的理论问题都反映在外部“生态逻辑”结构的严重缺失方面。权变论以追逐“效率”起家，但最终还是没有跳出“效率主义悖谬”的逻辑怪圈②。

它正说明了这样一个事实：人类在追求社会进步和发展的过程中，造成对我们生命自然支持系统常态化戕害的正是来自于经济学和管理学上的原因。因为，有关外部“生态逻辑”理论短板或结构性缺失，将会必然地造成经济管理运作过程功能的缺位。故此，理论上，它无疑会使权变论的科学性因此而大打折扣③。

---

①〔美〕赫尔曼·E.戴利.超越增长——可持续发展的经济学[M].上海：上海译文出版社，2001.309.

〔美〕PAUL HAWEN 等.关于下一次工业革命——自然资本论[M].上海：上海科学普及出版社，2000. 72.

②③ 晔枫，杨必仪：对经济效率主义的剖析——从权变论管理学生态化跃升视域说起.兰州商学院学报，2013.(1).

（二）对权变论生态化的认知与改进

权变论的生态化跃升涉及三个方面，即：从定义域方面提高或改变其对“环境自变数”的现有认知水平；从管理学理论或控制机理上作出与外部生态系统密切关联的结构性改进；从管理的运作功能上做出有利于资源生态合理性优化配置的相应调整。

1. 从定义域范畴改变权变论“环境自变数”的现有认知水平。在权变论管理学的研究中，“环境自变数”和“管理因变数”是其研究的重要的理论方法，而“环境超系统”概念则是权变论“概念模型”所依据的卡斯特系统管理学中的重要思想。但是，这里存在的问题是，“环境”概念的定义域抑或它所涉及的逻辑外延情况过分狭窄。权变论“环境自变数”所蕴含的全部内容具体包括：“社会”、“科学技术”、“经济”以及“政治”和“法律”诸方面。就此而言，显然它并没有跳出“经济—社会”的基本范畴。倘若用函数关系来表示即为：y=f(x)，而其中 x 的定义域被明显限定于“经济—社会”领域，即 x={经济—社会}。这种情况，可使我们清楚得知，权变论有关“环境自变量”的思想，在学理上已经受到了很大局限，它难以将其研究的权变管理功能延伸到“外部经济”或“外部不经济”的协同认知方面。“外部不经济”是市场经济前提下所有“经济人”组织在发展过程中的一个痼疾，但是，它并不进入“经济人假设前提”的管理学的研究视野之中。客观上，这使之对管理学逻辑外延上的认知对象出现了严重缺位。很清楚，这与我们所处的可持续发展战略时代对“环境自变数”定义域要求严重不符，不符合当今可持续发展战略时代的现实需求。正是由于这样，它也是现存管理学中所普遍存在的一种十分严重的结构缺失性理论问题。显然，若要对之进行学理上的生态化跃升，就必须突破传统管理学的思维定式，同时把“经济人组织”在以往忽略了的种种“外部性问题”协同纳入管理主体的整体认知过程，并在权变论者所说的“环境自变数”定义域中进行实质性的生态化改进，使“环境自变数”同时具有验证管理主体“外部行为”的理论内涵和生态化属性，亦即 x∈{经济—社会∩自然生态}的理论属性。只有这样，才能使权变论在学理上具有对管理主体外部行为的协同认知，也才能体现出其对外部生态环境协同管理的结构性关联，并做出符合自然生态系统法则的绿色化修正，形成 x 定义域扩大后的“环境自变数”同构的“管理因变数”的协同效应结果，以使之积极顺应当今时代的现实需求。同样地，我们还可以将之扩大与延伸到权变论者依据的卡斯特

“环境超系统”及“概念模型”的讨论方面①。

2. 从控制机理上做出与外部生态系统关联的结构性改进。权变论研究者们对“环境”概念定位存在的不把“外部生态环境”作为管理学研究协同关注的目标内容的问题，使得外部生态环境破坏成了现代化发展过程中“理所当然”的惯性思维。相应地，对外部生态环境保护的研究也成了管理学理论的盲区。客观上，它至少促进并助推了加勒特·哈丁所说十分严重的“公地悲剧”，使人类在现代化的发展过程中付出了沉重的代价。权变论的生态化改进，必须从学理上实质性打破这种惯性的思维方式，进行结构性的变革和创新，就是要把外部生态环境保护作为组织协同管理的目标内容，并增加与外部环境紧密关联的“生态逻辑结构”，在理论上形成“经济—社会—生态”复合目标协同管理的三维结构管理学理论样态。这种结构与权变论与既有成果的区别在于：权变论仅反映经济、社会范畴的管理目标，而它则注重的是经济、社会、生态协同管理的目标内容；权变论只强调经济效益抑或社会效益，而它则更强调经济效益、社会效益和生态效益的同时并举；在领导模型上，权变论仅注重以诸如“费德勒模型”和“雷丁领导效率三因素模型”研究经济—社会二元结构的动态平衡演化过程，而它则更注重以“三维管理方格”中9.9.9型形式变量反映领导行为的动态平衡协同运作过程；②权变论注重经济、社会二元结构的“必要张力”，而它更注重内部目标和外部目标的同时并举，注重经济—社会—生态三维目标协同运作的、动态的必要张力；权变论旨在与市场经济原则相匹配，而它则更强调与可持续发展战略要求相一致的经济—社会—生态协同运作方法等。很清楚，由于“生态结构维”的增设，权变论在与管理学上三维结构相结合的理论变革中，将有利于从包括“生态逻辑结构”在内的系统整体之中辨别组织“外部性行为结果”成为现实。它不仅是在结构的突破方面做了改变，而且蕴涵着十分深刻的伦理学思想上的演化性质，这既是一种管理学理论的结构性整合，又是一种对管理运作过程中事实判断的“真”与“假”和伦理学范畴的“好”与“坏”关系的协同认知，是一种逻辑上的真与假与伦理上的好与坏的、经权变论生态化跃升后的新的格式塔情节。

① 晔枫，杨必仪：对经济效率主义的剖析——从权变论管理学生态化跃升视域说起，兰州商学院学报，2013.(1).

② 晔枫.超越传统——管理科学的绿色化推进与拓展[M].北京：中国环境科学出版社，2007.
高志华.百年管理思想演进简评[J].理论学习与探索，2005(6).
〔法〕法约尔.工业管理与一般管理[M].北京.中国社会科学出版社，1998. 130.

3. 从运作功能上做出有利于资源生态合理性优化配置的相应调整。经济—社会—生态三维复合目标的整体性确立，将使权变管理从结构和机理上确保与生态系统整体相关联的协调功能，事实上，它也会使权变管理过程产生新的特征——对经济、社会和生态系统整体具有权变式协调运作功能的特征。前面已经谈到，"协调"概念早在古典管理学家法约尔的管理学说中就有强调。法约尔说："协调就是企业的一切工作，以便企业经营的顺利进行，并有利于企业取得成功。"法约尔以及后来许多学者对于"协调"的理论探索，都旨在服务于企业自身的经营效率，与我们今天所说的"协调"有严格意义上的不同。权变论者也不例外，他们是通过诸如"费德勒领导模型"及"雷丁领导效率三因素"等方式体现其权变"协调"功能的，其权变的协调性质依然严格限定于"经济—社会人"假设前提的基本范围之内。而我们则更注重权变管理协调功能的生态化延伸，并从学理和结构功能上突出经济、社会与生态系统整体的协调方式，目的是为了寻求资源生态合理性的优化配置，而不是在实用主义和功利主义思想指导下利己主义单纯意义上的泛"市场经济资源优化配置"。它不仅强调经济发展与社会公平方面的平衡，而且强调与自然生态系统的和谐。否则，即使有以"超 y 理论"为特征的"效率"权变论管理，但在最终意义上，依然难以跳出"效率主义谬误"导致的系统失衡的逻辑怪圈。

总之，权变论要求管理者根据组织的具体条件，及其面临的外部环境，采取相应的组织结构、领导方式和管理方法，灵活地处理各项具体管理业务。这种管理理论中的灵活性的观点无疑是值得肯定的。同时，以往人们对管理的行为大多是从非普遍联系角度来认识的，因而它们大多也处于相对静态的经济管理范畴，而权变学派突出强调管理视情况权宜而变的动态性也使人们对管理有了新的认识，它为人们分析和处理各种管理问题提供了一种十分有用的方法。但权变理论在强调变化的同时，既否定管理的一般原理、原则对管理实践的指导作用，又始终无法提出统一的概念和标准，加上它以"超 y 理论"方式追求效率而导致"效率主义谬误"，这就更需要我们在对之进行批评，并对之进行与可持续发展战略思想要求相一致的结构、机理和功能上的生态化改造。只有这样，才能促进权变论管理在实践中发挥更大的协调指导作用。

第四章　全球化发展下的当代管理思想的新发展

第一节　当代管理思想的历史背景

一、世界经济的结构性变化

如果我们从世界经济发展的角度来分析，世界经济在 20 世纪 70~80 年代也呈现出结构性的变化。

（一）初级产品经济与工业经济脱钩

这也就是说原材料经济与工业经济脱钩。随着科技的发展，人们对充分利用自然资源有了更深的认识，在整个工业发展的过程中，提高资源的价值和附加值是工业和科学技术发展的主要标志，加之受到 20 世纪 70 年代世界能源危机的影响，进入 20 世纪 80 年代以后，西方世界更加注重提高能源的利用率。例如日本 1984 年的每单位工业产品的原材料消耗量仅是 1973 年的 60%，这一过程仅用了 11 年。因此原材料经济与工业经济脱钩是世界经济中一个结构性的变化。从某种意义上，特别加剧了初始产品和加工产品的竞争。这种情况使初始产品严重过剩，因此不断地压低价格，导致竞争日趋激烈。另外，加工产品科技含量越来越高，产品周期也越来越短，这样市场竞争更加激烈，所以 20 世纪 80 年代以来的国际经济是以最为激烈的竞争形式出现的。

（二）加工工业经济内部生产与就业脱钩

从主要方面来说，就是制造业的生产与制造业的就业脱钩。在发达国家，增加制造业实际上意味着减少蓝领工人的就业人数。其结果是人工成本作为一种比较成本和竞争因素，其重要性逐渐减弱。1973~1985 年间，美国制造业生产实际上提高了大约 40%，而在同一时期制造业的就业人数则减少了 500 万人。然而这段时期，美国就业总人数增长速度比任何时期都要快。美国就业总人数从 8200 万增加到 1.1 亿人，即整整增加了三分之一，然而增加的全部就业人数都在制造业以外，而且特别是在非蓝领的工作岗位上。

发达国家的经济发展呈现出两种趋势：科学技术在制造业中越来越成为发展的主要力量，纯体力劳动因素的影响则越来越小；在非制造业方面，尤其是在服务业方面，纯体力劳动因素的影响越来越大，形成了新的竞争领域。这从另一方面说明了竞争加剧是20世纪80年代世界经济的主要特征。

（三）资本流动成为世界经济发展的主动力

这两者或许还没有脱钩，但它们之间的联系越来越松散了，越来越变得难以预料了。

我们可以把资本的流动看作象征性经济，即汇率和信贷的周转；把商品和劳务的流动看作实际性经济。这样来看，象征性的经济和实际性的经济在相当大的程度上是相互独立的，这尽管不易为人所理解，但是在世界经济中资本却是起着极其重要的作用。我们可以从世界货物贸易量来进行分析。商品和劳务贸易在20世纪80年代达到25 000亿至30 000亿美元，伦敦欧洲美元市场每个工作日的交易额就超过3 000亿美元，即每年为750 000亿美元，它至少是世界商品和劳务贸易总额的25倍。

世界上一切参与竞争的资本主要看其实力的大小，而实力大小的重要标志主要表现在两个方面：即科技含量和资本量。一句话，世界经济的竞争已经从有形向无形转变，从实际性向象征性发展。这说明了竞争的知识和技术含量越来越高，而且将会比资本量的作用与价值越来越重要。

德鲁克说，不管是什么原因，资本流动与商品和劳务贸易已造成了一种基本的变化，在世界经济中，货物与劳务的“实际”经济及货币信贷与资本“象征”经济已不再紧密地联系在一起了。事实上，它们离得越来越远。而经济竞争的激烈程度离我们越来越近了。德鲁克最后得出结论：经济的动力已经决定性地转向世界经济。一个国家只有根据世界经济的发展状况来制定它们自己的经济政策，以致出现了许多试图预测世界经济发展趋势，并利用世界经济的发展优势作为自己发展机会的国家。把注意力对准世界经济并赋予世界经济优先考虑的地位，这是一个国家，也是一个企业取得成功的真正秘密。①

二、20世纪80年代以后的世界格局

进入20世纪80年代，由于整个世界格局处于一个大动荡的前夕，许多矛盾在不断酝酿着、积聚着。东西方两大板块在不断地碰撞、交融、渗透。由于意识

① 丁军.德鲁克管理思想剖析[J].工业技术经济,2006(6).

形态领域的不同，以及各种传统文化的差异，使整个世界的格局处于一个动荡不安的状态。主要表现在以下几个方面：

（一）价值观的西化，强调个性成了一种主流

资本主义的市场经济是以新教伦理、自由意志伦理和市场伦理为最基本的基石的，这是从人的价值观出发来规定了人的基本行为，主要是强调人的本性，即将具有独立的人格特征作为社会基本的生活单元。在每个独立的人所组成的社会中，由于受组织制定规则的支配，从而形成了各种各样的社会组织形态。这样就形成了今天丰富多彩的社会画面，而这些社会画面的基本要素就是每一个人都是独立的。在人实现其个人价值的过程中，随着生产力的发展，人们在满足了基本需要以后，紧接着就会在追求个性心理需求方面要求得到满足，这样导致了需求的多样化。为了满足不断变化的市场需求，企业在机遇和风险并存的条件下，生存发展的难度不断上升。①

（二）传统文化和外来文化的交融

由于科学技术的不断发展，现代交通和通讯的发展使我们居住的地球越来越小了，现代的经济理论也证明了这一点，即经济的发展是世界经济的发展而不是一个国家经济的发展，在发展的过程中形成了区域经济圈。这样圈内与圈外、圈与圈之间的交融，形成了不同的文化融合，人们的传统习惯被不断地打破和改变，而且新的文化概念也在不断地形成，从而影响了人们的行为习惯，无论是人们的消费行为还是人们的社会行为都是以新的方式出现，这无疑给企业发展增加了压力。一方面是企业的产品和服务不仅要提高其质量，而且还要在其品种和方式上不断地更新，另一方面由于人的行为受其文化的影响是巨大的，不同文化的冲突，给管理企业也带来了巨大的困难，从而导致了企业生存率的下降，使企业在新的竞争环境下发展更加困难。②

（三）生产要素分化、组合、凝结的周期性变化更加明显

在竞争的强大压力下，生产要素不断重新分化、组合、凝结、再分化、再组合、再凝结的周期性的变化更加明显。20世纪80年代以后，在西方经济发展的过程中，一个比较突出的现象是兼并的浪潮此起彼伏。由于竞争的加剧，各企业为了生存和发展，都在不断地寻求生存发展的空间。企业兼并是一种避免倒闭

① 马克思恩格斯全集(第23卷)[M]. 北京:人民出版社,1965.649.

② 芮明杰,杜锦根. 人本管理[M]. 杭州:浙江人民出版社,1997.5.

的、增强实力的比较有效的方法，随着时间的推移，兼并从敌对性兼并发展到协作性兼并。

（四）美国经济背景

美国社会在60年代经历了很长一段时间的繁荣后，1969年经济再次进入衰退时期。进入70年代，美国社会的各项指数都呈现下降趋势。1974年，通货膨胀导致物价快速上涨，这标志着美国经济开始走下坡路。

70年代美国社会典型的特征就是“滞胀”。美国在越南的角色和处境也在不断地发生着变化：从1965年大规模增兵全面介入越南战争，到1972年面临着随时可能被摧毁的和平谈判，再到1975年的尴尬撤军，越南战场上的失败给美国国内的经济带来了诸多影响。1966~1982年间，美国政治局势和社会经济局面陷入一片混乱中，财富增长停滞，美国再次进入衰退时期。这是美国在和平时期所经历的最严重的一轮通货膨胀，消费价格指数在1966~1982年间翻了3倍，中等家庭的收入水平迅速下降，在1970~1982年下降8%~10%。

经济的萧条重重地打击了那些对未来盲目乐观的企业界人士。1975年，《哈佛商业评论》对1844位读者进行了调查，发现其中3/4的受访者对在未来10年中个人的经济状况和企业的生存情况都表现出极度悲观的情绪。1974~1975年，联邦会议委员会组织召开了一系列的会议，与会的企业管理者们一致认为，美国的自由企业制度在未来将会出现重大问题。

1966~1982年，普通家庭收入锐减，道琼斯指数也从1966年的最高点开始下降，到1982年8月共经历了两个阶段：一个是温和下降阶段，在这期间股指从1000点下降为775点；另一个是急速跳水阶段，股指迅速降至260点，市值几乎损失了3/4。回忆1929年9月~1932年7月经济危机期间，将通货膨胀的因素考虑在内，股票指数几乎下降近80%。这充分说明了1966~1982年对于美国来说也是一次隐性的或是悄无声息的经济危机。

通货膨胀还在持续。与此同时，美国政府加强了对工资和商品价格的管制。从1965~1970年，商品价格上涨了22%。1971年上半年，通货膨胀率控制在年均6%的水平上。从政治上看，政府对价格的严格控制使得尼克松以压倒性的优势赢得了1972年的总统大选。从经济上看，进入1973年以后价格开始放开，这一年的通货膨胀率为6%，1974年为11%（源于国际石油价格的上涨），1975年通货膨胀率回到6%。

受1973~1974年衰退的影响，商品价格在1976年时才基本得到了控制。然而，美国联邦储备局和由吉米·卡特领导的新的民主党政府都倾向于实施刺激经济发展的政策。因此，1977 年通货膨胀率又重新回到了 6.6%，1978 年达到 7.6%。针对这种情况，欧佩克开始实施新一轮提高石油价格的举措，此举导致 20 世纪后期通货膨胀趋势越发突出，以致使 1979 年通货膨胀率为 11.3%，1980 年为 13.5%，1981 年达到 10.4%，1982 年才降到 6.2%。

在 20 世纪 50 年代的美国管理界普遍有一种观点：优秀的企业管理者掌握的是一种一般的管理技能，它不因产业的不同而有所改变。显然，这也为企业的多元化经营提供了条件。在 20 世纪 60 年代，美国大量的大型企业纷纷进行多元化经营。这一过程持续了大约 10 年之久，随后而至的是大量企业在多元化经营上的失败。故此，管理界又开始进行反思，一方面开始反思企业多元化经营的合理性，另一方面开始探讨在一个行业取得持续成功的方略。

第二节　当代管理思想的新发展

80 年代末以来，信息化和全球化浪潮迅速席卷世界，跨国公司力量逐日上升，跨国经营也成为大公司发展的重要战略，跨国投资不断增加。知识经济的到来使信息与知识成为重要的战略资源，而信息技术的发展又为获取这些资源提供了可能；顾客的个性化、消费的多元化决定了企业只有合理组织全球资源，在全球市场上争得顾客的投票，才有生存和发展的可能。这预示着 90 年代以后，新自由主义掀起的经济全球化和知识经济时代的组织管理方式已经到来。这一阶段的管理理论研究，主要围绕由全球化、知识经济等新问题形成的复杂国际环境所展开。具体从组织“为顾客服务”、“竞争性战略”、“领导学与管理之区分”、“‘学习型组织’及‘虚拟组织’”、“‘企业再造’和‘企业文化’”、“质量管理”等方面展开。

一、托马斯·彼得斯与 20 世纪 80 年代以来的管理思想

（一）个人背景及主要著作

托马斯·J.彼得斯（1942~），1942 年出生于美国马里兰州的巴尔的摩；1966~1970 年在美国海军服役；1972 年在康奈尔大学获化学工程学士及硕士学位；1977 年获斯坦福大学工商管理硕士及哲学博士学位；1970~1973 年在华盛顿特区皮特·马维克·米歇尔公司担任顾问；1973~1974 年在华盛顿为美国政府工

作；1974年加入旧金山麦肯锡公司，并于1976年成为负责组织效益的主要业务领导；1981年离开麦肯锡公司组建自己的企业——托马斯·彼得斯集团公司，其总部设在加利福尼亚。托马斯·彼得斯无论是对于巨型公司还是小企业，无论是制造业还是服务业方面的管理都有自己的独到之处。他和小罗伯特·沃特曼合著的《追求卓越：美国优秀企业的管理圣经》，以及后来与南希·奥斯汀合著的《志在成功：领导的差别》，这两本书在80年代的美国影响很大，以至于成为美国的畅销书，并且在世界管理学界都产生了一定影响。到了80年代后期，他的《乱中取胜：——管理革命的手册》和1992年出版的《自由管理：快速变革的90年代之必要的无组织管理》同样引起轰动，这说明了彼得斯的思想反映了美国80年代管理思想的一个重要的方面。另外，他与同时代的迈克尔·波特（Michael Porter）、彼得·德鲁克(Peter Drucker)及查尔斯·汉迪(Charles Handy)各有不同。彼得斯没有深厚的学术背景，其管理理论来自他作为顾问期间的个人经验。他认为，美国许多的管理学原理都是错误的，很多陈旧过时的管理手段和模型急需“改革”与“解放”。他的著作因使用浅显方法而广受批评，但是他所倡导的如松散结构、广阔视野及模糊管理等许多观念，也已经成为人们所接受的一种管理思想。彼得斯继续创新和发展自己的管理理论，他尤其关注企业环境的变化。

在《追求卓越：美国优秀企业的管理圣经》中，彼得斯提出了公司如何才能实现卓越的论题，他不是运用学术模型而是根据他与同事的经验验证了这个课题。他以那些已经实现卓越的公司为例，寻找其共性。彼得斯的“7S”理论由7个组织变量构成：结构、战略、系统、技术、员工、风格和共同的价值观。其中，最后一个变量是该模型的核心，很显然它也是最重要的。彼得斯认为卓越是个文化因素，公司应尽力使员工融入该文化中去。他引用心理学家欧内斯特·贝克（Ernest Becker）的话来说明这种影响：人受到两重性的驱动，既要作为集体中的一员，又要彰显自己的个性。实现卓越公司，能同时满足员工的这两种需要。彼得斯承认这是一种矛盾，并进一步说：“如果说卓越的公司有什么更显著的特征的话，那就是具有管理不确定性和矛盾的能力。经济学家告诉我们按部就班的公司不可能实现卓越（1982）”。①

质量和顾客导向也是这部著作的重要主题，但他把更多的注意力放在了如何理顺和简化组织上。在《追求卓越：美国优秀企业的管理圣经》中他谈到，卓越

① 彼得斯. 追求卓越：美国优秀企业的管理圣经[M]. 北京：中央编译出版社，2001.

的公司就是那些具有坚实基础的公司：“工具不能代替思想……那些处在复杂环境中的公司应努力使事情简单化。”他后来的著作更加猛烈地抨击了这个主题。在《乱中取胜：管理改革手册》中他批判了对“巨型化”的崇拜，并含蓄地抨击了泰勒制度及专业化分工的思想，要求实现更多的授权和更少的控制（彼得斯，1987）。在《自由管理：快速变革的90年代之必要的无组织管理》中，它举了德国中间阶层系统的例子，这个系统鼓励中小企业在适当的市场发展，限制增长，但能通过小的集中型单位来管理革新和顾客服务（彼得斯，1992）。他不断抨击大型的、缺乏灵活性的组织，正如他在1992年所说的那样：“二战后从铁路系统衍生出来的中间管理模式已经过时了”（Peters,1992）。

不过彼得斯最重要的建树在于强烈要求对未来管理观念的革命。他认为管理的科学观念正在逐渐削弱其艺术观念。管理的职业化经常被等同于单纯的理性主义。量化管理、理性管理成为商学院的主流思想。它所告诉我们的就是，受过良好培训的职业经理有能力处理任何事，并能为所有的决策寻求到离散的、可分析的证据。这种管理观念毫无疑问存在着严重的错误，并导致我们完全盲目无主。彼得斯抨击了把规模经济和低成本生产作为取得成功唯一途径的观念，他认为“这种量化的、可分析的方法已经形成了一种传统偏见。彼得斯对管理学革命必要性的认同和泰勒一样强烈，并存在相似的观点，两人都认为成功要靠人才能实现。但他和泰勒的不同之处在于，他认为对人的成功管理有赖于减少控制、鼓励个性、提拔“新星”。在彼得斯的管理革命中，那些既靠近顾客又靠近员工的小型的、负责任的、灵活的业务部门代表了未来的发展方向。

（二）彼得斯的管理思想

1. 基本内容。进入80年代以后，整个世界的形势发生了巨大的变化，美国的管理思想进行重大的调整也是在情理当中的。彼得斯的管理思想基本上有这样两个方面：一是人受到“两重性”的驱动，他既要作为集体的一员，又要突出自己，他既要成为一个获胜队伍中的一个可靠的成员，又要通过不平凡的努力而成为队伍中的明星；二是只要人们认为某项事业从某种意义上说是伟大的，那么他们就会情愿地为了这个事业吃苦耐劳。

2. 管理的原则。彼得斯在分析美国的许多大小企业以后，提出了成功的公司必须遵循的8条原则：① 看准就干，行动果断，以求发展。② 接近顾客。③ 自主创业。④ 以人促产。⑤ 深入基层。⑥ 专心搞本行。⑦ 精兵简政。⑧ 张弛互济。这8条原则看起来是老生常谈，但是真正做起来很不容易，里面包含着深刻的管理思想的改变。

是用什么来管理，或者说是用什么思想来进行管理，这是整个问题的前提。传统的管理思想无疑是一种纯理性的管理模式，也就是说是用人的大脑中的左脑来进行管理的，用一种严密的理性的逻辑推理来进行分析和管理企业的。无论是泰勒的科学管理，还是梅奥的行为研究，都是建立在这种理性的思维基础上的。然而整个企业界到处充满着非理性的感情用事的人，或者说他们是通过直觉进行管理和决策的，人们是用直觉进行思维，是利用简单的决策规则进行思维的，许多企业家是通过直觉进行重大的决策的，当然他们并不排除理性和数字的分析，但主要是凭着他们的天才直觉进行的。彼得斯说："只有直觉的飞跃才能解决这个复杂世界所面临的问题。"

3. 人性是个矛盾的综合体。彼得斯在建构他的管理思想时应用了大量的心理学的研究成果，以寻求调动人的最大潜力的途径。① 所有的人都是以自我为中心的，对来自他人的赞扬感到快慰，有普遍趋于认为自己是优胜者的特性；② 人是环境的奴隶；③ 人迫切需要活得有意义，对于这种意义的实现愿意付出极大的牺牲；④ 人们通常将成功看成是由自身因素决定的，而把失败则归于体制，以便使自己从中开脱出来；⑤ 大多数人在寻求安全感时，好像特别乐于服从权威，而另一些人在利用他人向他们提供有意义的生活时，又特别乐于行使权力。

4. 彼得斯的管理哲学。在彼得斯看来，成绩优秀的公司既为人们提供了出人头地的机会，又将这一机会和一种具有超越意义的哲学和信念结合起来，这是一种巧妙的结合。这里说明了一个重要的事实：所谓的管理新思想是把我们引入一个模糊不清的、自相矛盾的世界，但这是一个重要的原则，是一个具有更大用处的原则，最重要的事情是看他们是否懂得这个原则，是否知道运用这个原则如何去处理这些自相矛盾的事情。最后彼得斯对人性的认识进行了归纳：① 人们需要有意义的生活；② 人们需要受一定的控制；③ 人们需要受到鼓励和表扬；④ 人们的行动和行为在一定程度上形成态度和信念，而不是态度和信念形成行动和行为。

关于彼得斯对于美国管理思想的影响，很难给出一个准确的评价。他的著作在全世界广泛流传，他的许多思想具有普遍适用性，但也为美国管理思想及环境影响下的种种偏见所束缚。因此我们看到，虽然许多美国公司和组织按照彼得斯的建议进行了自我调整，转变了经营模式，但很难说这样做是受到了彼得斯著作的影响。同样不应被忽视的是，并非所有彼得斯用来作为卓越公司典型的模范公司都取得了长期的成功。例如，在《追求卓越：美国优秀企业的管理圣经》出版后，IBM 公司仍反复出现了一些问题。

《追求卓越：美国优秀企业的管理圣经》引起了商学院和商业领袖的极大兴趣，很多学校把它列为学生必读书目。关于彼得斯后期的著作，只是偶尔会遭受学术界批评，但更多时候是被忽视了。著作中愈发尖锐的语言使他冒犯了许多权威人士，过于追求理性的批判使他树敌颇多。对彼得斯著作的批评之一是过于肤浅，只注重案例的堆砌，缺乏理论依据。但实际上，彼得斯深受学术思想的影响：他的"无战略的组织"思想来源于钱德勒，他的组织文化理论或多或少受到了20世纪30年代哈佛商学院梅奥和巴纳德著作的影响。在《自由管理：快速变革的90年代之必要的无组织管理》中，彼得斯承认受到了查里斯·哈迪的影响。

彼得斯对美国乃至全世界的未来管理思想做了有意义的探索。他的著作时常因过多使用说明性的方法而受到批评，被讥讽为成功的"食谱式"处方，但事实证明，这些处方是受大众欢迎且具有持久效力的。像"模糊管理"这样的术语已被收入管理学词典中。他认为管理学应该注重系统思考，注重一般性而不是特殊性，这一观点已被商学院特别是欧洲的商学院所广泛接受。

（三）对彼得斯管理学思想的评析

彼得斯对于管理思想的影响已在上面的陈述中得以展示。由于在服务业中产品生产和消费同时进行，加之服务业的管理存在着特定的运营和营销特征，故此彼得斯理论的实用性很快在这一领域得到表现。巴特森(Bateson)在服务营销课本中指出，授权给员工和提拔"新星"是服务企业成功的一个关键因素。生产企业要达到这样的共识可能需要一段较长的时间。希尔(Hill)（1989）已经提出过类似的观点，即生产企业更加需要注重营销管理，更加需要接近顾客。这说明，彼得斯的管理视野已经扩大到了外部社会范畴，这一点在管理学上是有进步意义的。然而，彼得斯的管理哲学，与其说是一种哲学，毋宁说是略微扩大了经营范围的经营学更为贴切，因为，哲学是普遍联系的学问，他的学说并没有达到这种思想境界。至少在同自然界相关"外部性"范畴他并未涉及，因而也难以说他做得很好。另外，在他的管理学思想兴盛时期，正值新自由主义学说盛行的时期，从这种意义上讲，新自由主义的片面的"效率主义逻辑"，不可能不对他产生影响。不过，比起新自由主义，彼得斯的学说还注意到"情感逻辑"的重要性。因为他同时对人性问题也有较为深刻的研究，并做了如下归纳：① 人们需要有意义的生活；② 人们需要受一定的控制；③ 人们需要受到鼓励和表扬；④ 人们的行动和行为在一定程度上形成态度和信念，而不是相反，等等。从这种意义上说，他对行为科学家们的理论成果也有所继承。

二、迈克尔·波特与20世纪70年代战略决策管理思想

(一) 个人简介

迈克尔·波特是哈佛大学商学院著名教授，20世纪70年代战略决策学派的代表，也是当今世界上少数最有影响的管理学家之一。他曾在1983年被任命为美国总统里根的产业竞争委员会主席，开创了企业竞争战略理论并引发了美国乃至世界的竞争力讨论。迈克尔·波特是当今世界战略权威，也是现代商业思想家之一。

波特出生于密歇根州的大学城——安娜堡，父亲是位军官。他在普林斯顿就学时学的是机械和航空工程，随后转向商业，获哈佛大学的MBA及经济学博士学位，并获得瑞典斯德哥尔摩经济学院及荷兰、法国等国七所著名大学的8个名誉博士学位。32岁即获哈佛商学院终身教授之职，是当今世界上竞争战略和竞争力方面公认的有影响力的人物。目前，迈克尔·波特博士之所以获得如此崇高的地位，与他所提出的“五种竞争力量”和“三种竞争战略”的理论观点有关。作为国际商学领域备受推崇的学者，迈克尔·波特博士至今已出版了17本书，发表了70多篇文章。其中，《竞争战略》一书已经再版了53次，并被译为17种文字；另一本著作《竞争优势》，至今也已再版32次。目前，波特博士的著述已成了哈佛商学院的必修课之一。迈克尔·波特的三部经典著作《竞争战略》、《竞争优势》、《国家竞争优势》被称为竞争三部曲，这些都是商业管理界的经典。但是，这位伟大的思想家曾经说过他是不可能写出管理类的畅销书的，因为他的书非常“沉重”，事实上，他的著作却风靡全球。正如一些学者所说的，这些经典著作绝不是可以躺在沙发上喝着咖啡就可以读的，而是需要静下来，在书桌上一点一滴、逐行逐字地去研读和体会。波特获得过无数奖项。他因对工业组织的研究而荣获哈佛大学的“大卫·威尔兹经济学奖”；波特在《哈佛商业评论》上发表的论文，已经5度获得“麦肯锡奖”；1990年，他的《国家竞争优势》一书被美国《商业周刊》选为年度最佳商业书籍；1991年，美国市场协会给波特颁发了“市场战略奖”；1993年，波特被推选为杰出的商业战略教育家；1997年，美国国家经济学人协会授予波特“亚当·斯密奖”，以表彰他在经济领域所取得的卓越成就。此外，波特还获得“格雷厄姆－都德奖”、“查尔斯·库利奇·巴凌奖”等众多奖项。

迈克尔·波特对竞争情有独钟，他的第一部广为流传的著作《竞争战略》改变了CEO的战略思维。作者在书中总结出了五种竞争力：它们分别是行业中现

有对手之间的竞争和紧张状态、来自市场中新生力量的威胁、替代的商品或服务、供应商的还价能力以及消费者的还价能力，这就是著名的“五力模型”。在激烈的商业竞争中，只有灵活运用战略才能胜出，因此，波特又为商界人士提供了三种卓有成效的战略，它们是成本优势战略、差异化战略和缝隙市场战略。公司应视具体情况和自身特点来选择战略方针，同时还应该考虑连接产品或者供给的系列信道，波特首次将这种信道称为价值链，他在每一条价值链上区分出内部后勤、生产或供给、外部物流及配送、市场营销及售后服务等五种主要的活动，而每一项活动都伴随着各自的派生活动，每一家公司的价值链相应地融入一个更为广阔的价值体系。

（二）主要管理思想及价值链理论

1. 五力理论。五力包括：同行业竞争者竞争力，供应商的议价能力，购买者的议价能力，潜在进入者威胁力，替代品威胁力。

2. 三大战略。波特认为，在与五种竞争力量的抗争中，蕴涵着三类成功型战略思想，这三种思路是：① 总成本领先战略；② 差异化战略；③ 专一化战略。波特认为，这些战略类型的目标是使企业的经营在产业竞争中高人一筹。它意味着，在一些产业中可取得较高的收益；而在另外一些产业中，一种战略的成功可能只是企业在绝对意义上能获取些微收益的必要条件。有时企业追逐的基本目标可能不止一个，但波特认为这种情况实现的可能性是很小的。因为贯彻任何一种战略，通常都需要全力以赴，并且要有一个支持这一战略的组织安排。（波特在这方面的思想与小钱得勒是一致的。）如果企业的基本目标不止一个，则这些方面的资源将被分散。

3. 总成本领先战略。成本领先要求建立起高效规模的生产设施，在经验的基础上全力以赴降低成本，抓紧成本与管理费用的控制，以及最大限度地减少研究开发、服务、推销、广告等方面的成本费用。为了达到这些目标，就要在管理方面对成本给予高度的重视。尽管质量、服务以及其他方面也不容忽视，但贯穿于整个战略之中的是使成本低于竞争对手。该公司成本较低，意味着当别的公司在竞争过程中已失去利润时，这个公司依然可以获得利润。赢得总成本最低的有利地位，通常要求具备较高的相对市场份额或其他优势，诸如与原材料供应方面的良好联系等，或许也可能要求产品的设计要便于制造生产，易于保持一个较宽的相关产品线以分散固定成本，以及为建立起批量而对所有主要顾客群进行服务。总成本领先地位非常吸引人。一旦公司赢得了这样的地位，所获得的较高的边际利润又可以重新对新设备、现代设施进行投资以维护成本上的领先优势，而这种再投资往往是保持低成本状态的先决条件。①

4. 差别化战略。差别化战略是将产品或公司提供的服务差别化，树立起一些全产业范围中具有独特性的东西。实现差别化战略可以有许多方式，譬如设计名牌形象、技术上的独特、性能特点、顾客服务、商业网络及其他方面的优势，等等。最理想的情况是公司在几个方面都有其差别化特点。例如履带拖拉机公司不仅以其商业网络和优良的零配件供应服务著称，而且以其优质耐用的产品质量享有盛誉。如果差别化战略成功地实施了，它就成为在一个产业中赢得高水平收益的积极战略，因为它建立起防御阵地对付五种竞争力量，虽然其防御的形式与成本领先有所不同。波特认为，推行差别化战略有时会与争取占有更大的市场份额的活动相矛盾。推行差别化战略往往要求公司对于这一战略的排他性有思想准备。②这一战略与提高市场份额两者不可兼顾。在建立公司的差别化战略的活动中总是伴随着很高的成本代价，有时即便全产业范围的顾客都了解公司的独特优点，也并不是所有顾客都将愿意或有能力支付公司要求的高价格。

5. 专一化战略。专一化战略是主攻某个特殊的顾客群、某产品线的一个细分区段或某一地区市场。正如差别化战略一样，专一化战略可以具有许多形式。虽然低成本与差别化战略都是要在全产业范围内实现其目标，专一化战略的整体却是围绕着很好地为某一特殊目标服务这一中心建立的，它所开发推行的每一项职能化的方针都要考虑这一中心思想。这一战略依靠的前提思想是：公司业务的专一化能够以更高的效率、更好的效果为某一狭窄的战略对象服务，从而超过在较广阔范围内竞争的对手。波特认为这样做的结果，是公司或者通过满足特殊对象的需要而实现了差别化，或者在为这一对象服务时实现了低成本，或者二者兼得。这样的公司可以使其赢利的潜力超过产业的普遍水平。这些优势保护公司抵御各种竞争力量的威胁。但专一化战略常常意味着限制了可以获取的整体市场份额。专一化战略必然地包含着利润率与销售额之间互以对方为代价的关系。

波特在《竞争战略》中还对三种通用战略实施的要求进行了详细的分析，并一一列举。波特认为，这三种战略是每一个公司必须明确的，因为徘徊其间的公司处于极其糟糕的战略地位。这样的公司缺少市场占有率，缺少资本投资，从而削弱了“打低成本牌”的资本。全产业范围的差别化的必要条件是放弃对低成本

① 宋松超. 现代管理理论简介.第二讲.行为科学与管理[J]. 中国医院管理,1982(9).
② 何欣梅. 西方管理思想和管理理论发展述评[J]. 时代经贸(下旬刊),2008(7).

的努力。而采用专一化战略，在更加有限的范围内建立起差别化或低成本优势，更会有同样的问题。徘徊其间的公司几乎注定是低利润的，所以它必须做出一种根本性战略决策，向三种通用战略靠拢。一旦公司处于徘徊状况，摆脱这种令人不快的状态往往要花费时间并经过一段持续的努力；而相继采用三个战略，波特认为注定会失败，因为它们要求的条件是不一致的。①

波特的竞争战略研究开创了企业经营战略的崭新领域，对全球企业发展和管理理论研究的进步，都有重要参考价值。战略咨询者偶尔会使用波特的五力模型来分析企业的竞争地位，但是对大多数咨询专家而言，五力模型只是一个参考框架。如果他们在给出咨询建议的时候，没有考虑到公司面临的具体环境及具体公司的具体条件的话，咨询的结论将是相当幼稚的。

6. 迈克尔·波特的竞争战略学说。（见图 4–1）

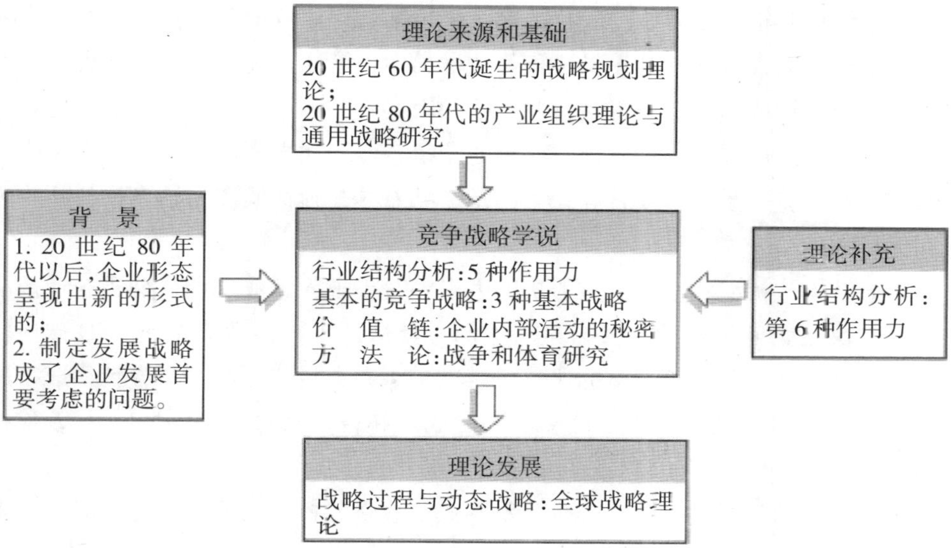

图 4–1

（1）行业结构分析。行业结构分析一：新进入者。任何一个企业在进入一个新的行业时，首先必须要攻破这个行业给企业设置的入侵壁垒。企业是否决定

① 李涛，张宗建. 德鲁克管理思想中的人本主义追求[J]. 东南大学学报（哲学社会科学版），2002(5).

要进入某一个行业，决定于企业攻破这些壁垒的实力，在预测攻破这些壁垒以后，多花成本还能否达到企业预期的利润，是企业考虑的主要问题。

行业结构分析二：决定供方力量的因素。在企业进入某一行业以后，它必须要在市场获取资源，这种获取是要花成本的，对供方来说，是提供投入产品的差异，而对于进入某个行业的企业来说，就要考虑行业中供方和企业的转换成本；除了这个因素以外，还必须考虑替代品投入的现状和供方的集中程度；而批量大小对供方的重要性与产业总成本和特色也影响产业中企业前向整合和后向整合。

行业结构分析三：决定替代威胁的因素。替代品是一个企业产品生存的主要威胁之一，这种威胁主要来自于替代品相对价格表现，这种价格竞争一直是企业竞争的主要手段，对于消费者来说，其转换成本是考虑的主要因素之一。如何增大消费者对于使用替代品的转换成本是企业考虑的战略因素。同时，还必须把客户对替代品的使用倾向考虑在内。

行业结构分析四：竞争的决定因素。决定某一行业竞争激烈程度的直接影响因素主要包括以下方面，首先是该行业的增长性；第二是固定（存储）成本或附加价格，产品构成的固定成本是行业竞争的因素之一；第三是周期性生产过剩，产品的生命周期严重地影响着该行业中的竞争企业，如果同类产品的生命周期相同，该行业的竞争激烈程度就高；第四是产品差异，独特的产品始终是制胜的法宝和无形的壁垒。

行业结构分析五：决定买方力量的因素。对于进入企业来说，购买企业产品的买方是决定企业生存的主要力量。他们主要从两个方面影响企业：① 砍价杠杆。首先是双方地理上集中度的比较，其次是买方数量，然后是买方转换成本相对企业转换成本。最后是买方信息获取的成本和替代品对企业的影响。② 价格敏感性。

⑵ 波特的基本竞争战略分析。基本竞争战略分析一：成本领先战略。成本领先战略是这 3 种战略中最明确的一种，它主要包括追求规模经济、专有技术、优惠的原材料以及其他的一些因素，使得企业的产品成本处于行业的平均水平以下，以获得较大的利润和市场份额，在很大程度上成本领先战略依赖于企业的技术水平和管理水平。即使这样，也不能放弃企业的特殊产品方面的追求。

基本竞争战略分析二：标新立异战略（特异优势战略）。这种战略是企业力求使得自己在行业内部独树一帜，它在行业内有一种或多种特质，以其特质获得溢价的报酬。这种战略主要依赖于建立的基础产品本身、销售交货体系、营销渠道及一系列其他的因素。但是追求这种优势的企业也不能放弃追求成本领先地位。

基本竞争战略分析三：目标集聚战略。集聚战略的企业选择行业内一种或一组细分市场，并量体裁衣使其战略为它们服务而不是为其他细分市场服务。集聚战略有两种形式，成本集聚战略和特异集聚战略。成本集聚战略是在一些细分市场的成本行为中发掘特异，而特异集聚战略则是开发特异细分市场上顾客的特殊的需求。这些差别意味着多目标竞争者不能很好地服务于这些细分市场。这样就取得了竞争的优势。

(3) 波特竞争战略理论评析。波特竞争战略的理论体系是非常完整的。从企业竞争的最基本因素即行业结构开始分析，到提出具体的战略构想都做了全面的探索。并且在美国的企业中得到广泛的应用，所以波特的竞争战略思想对西方在进入 20 世纪 80 年代的企业竞争方面提供了有力的思想武器，现在成为竞争战略方面的经典的管理理论。

(4) 波特的价值链。

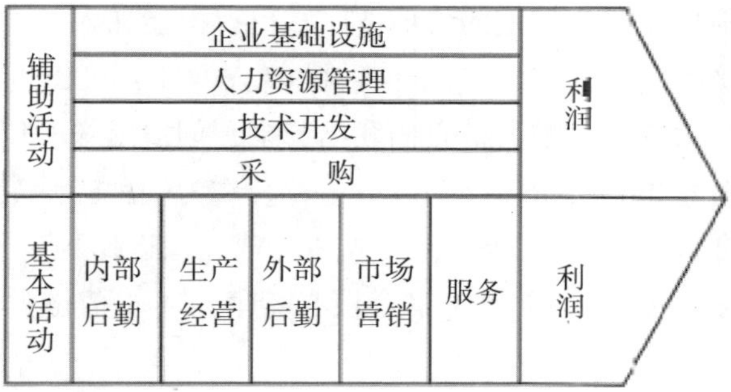

图 4–2

波特的价值链一：价值是买方愿意为企业提供给他们的产品所支付的价格，价值用总收入来衡量，总收入则是企业产品得到的价格与所销售的数量的反映。如果企业所得的价值超出了创造产品所花费的各种成本，那么企业就有盈利，因此分析竞争地位时必须使用价值，而不是成本，应该采取价值链的方法。价值链中的各种活动反映了企业的历史、战略、推行战略的途径和这些活动本身的根本的经济利益。

波特的价值链二：波特认为，一定水平的价值链是企业在特定的行业内活动的组合。且竞争者价值链之间的差异是竞争优势的一个关键来源。他把企业的整个活动分为两大类，基本活动和辅助活动。价值活动是竞争优势的各种相互分离活动的组成，每一种价值活动与经济效果结合是如何进行的，将决定一个企业在成本方面相对竞争能力的高低。每一种价值活动的进行也将决定它对买方需要以及特异方面的贡献，与竞争对手的价值链的比较揭示了决定竞争优势的差异所在。

迈克尔·波特的价值链理论认为：企业的任务是创造价值。企业的各项活动可以从战略重要性的角度分解为若干组成部分，并且它们能够创造价值,这些组成部分包括公司的基础设施、人力资源管理、技术开发和采购四项支持性活动，以及内部后勤、生产经营、外部后勤、营销和服务五项基础性活动，九项活动的网状结构便构成了价值链。价值链理论发展到今天，实现了新的突破，即价值链可以进行分解与整合。传统的大而全、小而全的企业在竞争中发展困难，而另一些企业则另辟蹊径，它们从对整个价值链的分析中，放弃某些增值环节，从自己的比较优势出发，选择若干环节培养并增强其核心竞争力，利用市场寻求合作伙伴，共同完成整个价值链的全过程。但是这样的价值链是由许多相对独立的且各自都有核心竞争力的增值环节组成的。这些原本属于某个价值链的环节一旦独立出来，就未必只对应于某个特定的价值链，它也有可能加入其他相关的价值链中去，于是出现了新的市场机会——价值链的整合，即：可以设计一个新的价值链，通过市场选择最优的环节，把它们联结起来，创造出新的价值。实现虚拟经营的企业能够充分意识到：价值链的分解与整合作为一种经营策略功效卓著，它能够保证企业获得最大的投入产出比。成功实现虚拟运作的步骤应该是这样的：价值链的分解 + 找到核心竞争力 + 培育核心竞争力 + 价值链的整合 = 成功实现虚拟经营。

波特认为，“每一个企业都是在设计、生产、销售、发送和辅助其产品的过程中进行种种活动的集合体。所有这些活动都可以用一个价值链来表明。”企业的价值创造是通过一系列活动构成的，这些活动可分为基本活动和辅助活动两类，基本活动包括内部后勤、生产经营、外部后勤、市场营销、服务等；而辅助活动则包括采购、技术开发、人力资源管理和企业基础设施等。这些互不相同但又相互关联的生产经营活动，构成了一个创造价值的动态过程，即价值链。价值链在经济活动中是无处不在的，上下游关联的企业与企业之间存在行业价值链，企业内部各业务单元的联系构成了企业的价值链，企业内部各业务单元之间也存在着价值链联结。价值链上的每一项价值活动都会对企业最终能够实现多大的价值造成影响。

波特的“价值链”理论揭示，企业与企业的竞争，不只是某个环节的竞争，而是整个价值链的竞争，整个价值链的综合竞争力决定企业的竞争力。用波特的话来说："消费者心目中的价值由一连串企业内部物质与技术上的具体活动与利润所构成，当你和其他企业竞争时，其实是内部多项活动在进行竞争，而不是某一项活动的竞争。"

波特继而将研究方向从企业之间的竞争转为国家之间的竞争，在《国家竞争优势》一书中，他分析了国家为何有贫富之分，一个重要的因素就是国家的价值体系，他把这种价值体系形象地称为"钻石体系"。波特对民族经济的研究十分广泛，虽然并不总是很受欢迎。他在《日本还有竞争力吗?》一书中指出，日本经济的长期低迷是政府战后政策不可避免的结果。波特坦言自己对中国并不十分了解，但他以学者的敏锐和诚恳一针见血地指出了中国经济的弊端，在红塔集团举办的"2004 年迈克尔·波特战略论坛"上，波特列举了中国经济将要面临的种种挑战，在肯定中国经济发展总趋势的前提下，主张发挥竞争优势，融入国际贸易体制。后来，波特对美国内地城市的关注成为他竞争力研究的最新方向。

（三）对波特管理思想的批评

波特对"竞争"和"战略"的研究不可谓不精当，其学说盛行的时期同样正值新自由主义在全球风行的时期。20 世纪 70 年代海湾石油危机后，西方社会普遍遇到了所谓由能源导致"滞涨"问题，面对新的危机凯恩斯学说无能为力，而由弗里德曼和哈耶克掀起的新自由主义思潮不失时机地迅速兴起。加之此时的英美两国，撒切尔夫人和里根从经济到政治上的强力推行，直到 1990 年"华盛顿共识"达成，新自由主义已经成为资本主义的国家意识形态，资本主义的国际垄断和渗透迅速向发展中国家扩展，故此，又进一步掀起了经济全球化浪潮。客观上，这种情况，正像它是彼得斯学说出现的时代背景一样，它也正是波特学说出现的时代背景。在这种资本主义的国际垄断前提下，一般经济组织要想生存颇为困难，因此波特学说似乎为它们开了一剂良药。然而，波特理论体系过分强调"竞争"而忽略与之对应的另外一个概念："共生"。关于"共生"概念德国学者艾根在其《准物种模型》，美国学者利奥波德在其《沙乡年鉴》，德国学者哈肯在其《协同学——大自然构成的奥秘》中都有研究。而正是这一概念，在 21 世纪可持续发展战略时代尤其必要，它也与每个组织的现实管理过程密切相关，因此也是组织管理理论研究必须重视的方面。关于"战略"问题，波特的研究充其量只不过是经济人组织的"生存战略"而已，他并没有上升到布伦特兰委员会：《我们共同的未来》中所界定的可持续发展战略高度，更没有从管理学范畴探讨联合国《21 世纪议程》为我们规定了的可持续发展战略问题。

另外，波特声称“相对于重新分配财富，创造财富是消灭贫困与不平等的更有效的良药”。波特的这一观点，似乎与我们耳熟能详的所谓“蛋糕做大论”完全一致。在当今的世界上，经济发展形成的总财富不可谓不大，但是，联合国环境规划署《全球环境展望3》一书借助UNDP2002年的统计数据显示：“全球人口中最富的20%占据私人消费总开支的86%……相反，全球最穷的20%人口只消费了这些商品和服务的5%，甚至不到5%”①。新自由主义的风行，又进一步加剧了全球两极分化的趋势与步伐。因此，不顾分配公平的所谓“创造财富是消灭贫困的更有效良药”之观点，经不起业已存在着的严峻事实的反驳。根据著名文化人类学家露丝·本尼迪克特的研究，恰好得出与波特相反的结论，她说：“高协和社会与低协和社会在财富分配方式方面似乎有着区别。一个优等社会无论其富裕程度如何，财富的分配往往更加均匀；而在劣等社会里，富者越富，贫者越贫”。②

三、约翰·科特与20世纪80年代的领导学与管理思想

（一）约翰·科特的生平

约翰·科特，1947年出生于美国圣地亚哥，早年先后就读于麻省理工学院及哈佛大学，1972年开始执教于哈佛商学院，1980年，年仅33岁即成为哈佛商学院的终身教授。由于在领导学领域里的贡献，科特被《商业周刊》评为“20世纪对世界经济最有影响的50位大师”之一。

约翰·科特是举世闻名的领导学专家，世界顶级企业领导与变革领域有影响的人物。他的学术核心思想是“领导与变革”。曾服务过的客户包括：高级微型设备公司(AMD)、美国运通(American Express)、ARCO、雅芳(Avon)、通用电气(General Electric)、IBM、摩托罗拉(Motorola)、壳牌石油(Shell Oil)、索尼(Sony)等公司。约翰·科特的写作生涯始于20世纪70年代，出版过《领导究竟应该做什么》、《领导变革》、《松下领导学》、《新规则》、《企业文化与经营业绩》、《变革的力量：领导与管理的差异》、《现代企业的领导艺术》、《总经理》、《权

---

① UNEP. 全球环境展望3 .北京：中国环境科学出版社，2002.31.

②〔美〕弗兰克·G.戈布尔第三思潮——马斯洛心理学.上海：上海译文出版社，2006. 100. 以此为鉴，我们也不难看出波特上述观点的问题所在。

力与影响》、《组织动态学》、《企业成功转型8步骤》、《废墟中站起的巨人》、《哈佛74年毕业生》等。此外，他还因改革哈佛商学院研究生课程设计而受到埃克森奖；因提出企业领导的新观点而获JSK奖；因撰写最佳哈佛商业评论文章而两次获麦肯锡奖；因著作《松下领导学》而获《财经时代》的全球商务书籍奖。科特的研究建立在大量的调查研究、深度访谈等一手资料基础之上，这使得他的研究心得成为企业经营者的实用指南，也使其一些著作成为划时代的畅销书。科特的著作曾经被翻译成50多种文字，销量过千万册。

科特还是蜚声全球的演讲家，他曾经为数十家企业进行了演讲和咨询服务，其中包括花旗集团、百事可乐、通用电气等世界顶级公司。进入新世纪，科特也将他广受欢迎的讲座开到了中国。他的演讲声情并茂，极富感染力。他的目标是激发听众的积极性，所以在个人演讲之外鼓励以互动的方式参与讨论。

教学、写作和演讲是科特事业上的三驾马车，它们不仅奠定了他在领导和变革方面不可取代的地位，也带给了他很多荣誉。《商业周刊》在2001年将科特评选为"领导大师第一人"。他发表于《哈佛商业评论》上的《领导者应该做什么》一文，被2004年1月号《Template:Search/doc》中文版评选为"管理史上的奠基之作"中八篇文章之首，与迈克尔·波特、彼得·德鲁克等管理大师并驾齐驱。

（二）约翰·科特的事业生涯

科特事业生涯的起点是研究管理者的行为，在转向对领导艺术的研究之前，科特写了大量有关综合管理学的文章。他认为，管理者能否进行有效管理，很大程度上取决于他们能否与他人建立某种联系。

之后，科特致力于领导与管理的界定，他有一句耳熟能详的名言是："取得成功的方法是75%～80%靠领导，其余20%～25%靠管理，而不能反过来。"这句话道出了他所认为的领导与管理之间的一种关系。但是，这种说法未必准确，因为，根据著名权变论领导学家威廉·雷丁"领导效率三因素模型"给出的结论，领导权变过程与德克萨斯学派二维管理方格是一种十分复杂的多变量效应关系[①]，而非所谓"75%~80%的领导及20%~25%管理"之分。领导和管理是两个互不相同但又互为补充的行为体系；在日趋复杂和变幻无常的商业社会中，这两者缺一不可，都是取得成功的必要条件。科特通过一一列举领导和管理的不同职能得出

① 孙耀君. 西方管理思想史. 太原：山西经济出版社，1987. 698.

结论：领导未必优于管理，也未必可以取代管理；要获得成功，真正的挑战在于将强有力的领导能力和管理能力结合起来，并使两者相互制衡。科特的观点对我们是一种启发。在中国，由于混淆了“领导”和“管理”这两个概念及其意义，导致了对高层领导的过分倚重以及管理上的偏差。

科特对企业文化也颇有研究，20 世纪 80 年代末，他开始对企业文化和企业经营业绩的关系问题进行研究，并和哈佛商学院的另一位教授詹姆斯·赫斯克特合作了长达 5 年的时间，《企业文化和经营业绩》就是他们合作的结晶。他认为，企业文化（包括内在的共享价值观及外显的行为规范）对长期经营绩效有巨大的正相关性，企业长期经营绩效的好坏与企业文化的强弱无关，而与企业文化是否适应外部环境变化有关。自然发展的企业文化容易导致不健康的文化，而提升绩效的文化需要管理层长期的努力。科特的研究与写作针对的是管理界而不是学术界，其目的是为了提高管理水平，而不是单纯为了积累和发展学术知识，所以，科特不仅是一位学者，更重要的，他是一位务实的学者。

约翰·科特（John Kotter）也是美国哈佛大学商学院有影响的管理学者，他用了 20 年的时间对在哈佛商学院学习过 MBA 的企业家们进行了跟踪调查，分析得出了许多令人耳目一新的启示，对进入 20 世纪 80 年代后的管理思想发展有着相当的影响。科特认为美国经济的发展可以分为三个阶段：第一阶段，从 1860~1930 年，这是美国经济发展迅速的阶段，是美国大企业快速增长的阶段，在这一阶段中美国的经济发展主要有两个特征：一是美国大多数的大公司都是在这一阶段成长和发展起来的，二是美国在这一阶段的发明超过了历史上任何一个国家 50 年发明的数量。第二阶段，从 1929 年那个黑色星期二开始，大萧条的发生摧毁了人们对放任的资本主义经济体制的信任，凯恩斯的经济学第一次得到了广泛的应用，通过政府的干预美国大公司在第二阶段许多方面取得成功，尤其是在第二次世界大战以后，国际形势给美国经济的发展带来了良好的发展机遇，使美国的经济和大公司的发展都取得了巨大成功。第三阶段，1973 年海湾石油生产国第一次大幅度统一提高石油价格，使西方世界发生了一次极大的能源危机，这一事件对美国的经济霸主地位的影响，比以前的其他任何一次事件都来得大，它标志着战后美国经济统治时代的结束，开始了真正的全球经济时代。①

因此，可以说美国经济发展的第一阶段是深受工业革命的影响，第二阶段的

① 张文昌.现代管理学(原理卷)[M].济南:山东人民出版社,2004.

经济是深受政府行为的影响，而进入第三阶段则深受新自由主义掀起的经济全球化的影响。以前的管理理论大多是建立在大企业和大工业的基础上的，在周围的经济环境对美国有利条件下产生的，具有很强的针对性，进入 20 世纪 80 年代以后国际经济形势和世界格局发生了变化。所以，科特认为在新的形势下应该遵守的不是以前的管理规则，而是应该遵守一种新的规则。这种规则是建立在经济发展的第三阶段的特征基础上的。他认为：在经济发展的第二阶段，经济是平稳的，许多公司经理的表现是很好的，执行主管在管理上花的精力超过了花在领导方面的精力，在许多行业供求相等或供小于求的情况下，成功的关键是把产品按时、按量地放在门外。在新的形势下，科特提出了他的一些新的规则。

新的现实规则指出：不要依靠传统，因循 20 世纪大多数胜者走过的职业道路，今天的现实将不会再次保证你成功，而应该紧紧盯住全球化和它相应的后果，一切都在变化，既提供了巨大的机会，也带来了风险。

新的反应规则指出：离开庞大的官僚化的公司，去小公司和更企业化的公司，在竞争日益加剧的世界里，速度和灵活易变是胜利的法宝。从外部也从内部帮助大企业，巨大的机会存在于各种咨询和其他的服务业中。不仅仅是管理，现在你必须能够领导并帮助组织成为胜利者。善于决断，大量的机会存在于金融业和其他决策性的职业中。

新的力量规则指出：增强你的竞争动力，高标准和强烈的取胜愿望对今天和将来是必需的。不要停止成长，终身学习对职业的成功显得越来越重要。

（三）约翰·科特的主要理论观点

1. “卓越领导”的基本特质。在当今时代，为了有效地驾驭环境的复杂性，寻求和塑造“卓越领导”成为一种时代追求。科特正是这一时代潮流的推动者。他在早期的研究中，对“卓越领导”的基本特质进行了详尽的描绘：其一，卓越的领导者需要个人特征和职位特征的匹配（《总经理》，1982 年）；其二，需要个人强有力的影响力（《权力与影响力》，1985 年）；其三，有效的领导活动是“企业兴旺发达的关键”。这就对领导者的素质提出了相关要求，如广泛的行业知识、深入了解公司情况；广泛而稳固的人际关系；很高的声望和出色的工作记录；思维敏捷，很强的人际交往能力；十分正直；充沛的精力、领导动机，等等（《现代企业的领导艺术》，1988 年）。

2. 变革时代的领导艺术。20 世纪初，随着大规模的动力制造业的兴盛，是否知道战略或者系统等“硬结构”成为当时管理者的口头禅和实现商业成功的基本模式。1982 年彼得斯《追求卓越》一书的出版标志着人们的注意力已开始转向“软因素”的重要性，并且在一定程度上，鼓励变革和创新作为组织生长和发展的推动力开始成为一种意识形态的新定位。为此，科特在《变革的力量》中刻意将管理和领导区分为两种不同的概念：管理的职能主要是计划和预算、组织和人员的配置、控制和解决问题，使企业形成一定程度的连贯性和秩序；而优秀的领导则意味着能够带来建设性的或者适应性的变革。简言之，领导发挥着“创业者”的作用，而管理则只是起到“守业者”的作用；只有将强有力的领导能力和管理能力结合起来，才可能使企业获得持续竞争力。1992 年，在《企业文化与经营绩效》一书中，他将“变革”视为优秀企业文化的突出特点，而形成这种特点文化的主体是卓越的领导者。1996 年，他又出版了畅销全球的《领导变革》，进一步总结出企业变革的八个步骤：产生紧迫感；建立强有力的领导联盟；构建愿景规划；沟通这种愿景规划；授权他人实施这种愿景规划；计划并夺取短期胜利；巩固已有成果，深化变革；使新的工作办法制度化。如今，科特的这一模式，被全球范围内的众多公司管理者奉为应对变革的圭臬。

3. 从“分析—思维”到“目睹—感受”。进入新世纪，科特对之前的研究进一步细化。他发现，自管理科学产生以来，几乎所有的管理教育都是以分析和思维为导向的。在科特看来，这是当代管理界最大的一个谬误。在进行大规模变革的时候，企业所面临的核心问题绝对不是战略、结构、文化或系统，而是改变组织中人们的行为；在改变人们行为的过程中，目睹所带来的感受上的变化的作用，要远远大于分析所导致的思维上的改变。为此，科特在《变革之心》中主张用“目睹—感受”来代替传统的“分析—思维”，将研究深入到变革的具体执行中去，以贴近管理实践。素有“异端大师”之称的明茨伯格也表达了类似的看法。在明茨伯格看来，现代企业的大部分弊端，都源于 MBA 式的世界观：精明、自负、倾心于技术分析，并确信管理技巧可以从一家公司套用到另一家，而无须长期浸淫于某个行业。这种课程训练出来的毕业生犹如雇佣兵，除了少数例外，他们对企业没有承诺感，而企业真正需要的是有献身精神的管理者。

4. 寻求真正的紧迫感。2006 年，科特出版了《冰山在融化》，用一个关于企鹅寻找新冰川的寓言故事揭示了不论个人还是组织都应当积极改变思维，进行变革的哲理思考。2009 年，科特在新出版的《紧迫感》一书中又进一步提出员工的紧迫感是企业变革和持续变革的催化剂，旨在指导企业如何在危机中发现机遇，成功变革自救。他指出，在现实中，许多企业表面上看起来并不乏紧迫感，员工们整天都忙忙碌碌，在会议和项目中反复挣扎，筋疲力尽。但在科特看来，这并不是真正的紧迫感；真正的紧迫感应该是谨慎、迅速、眼光向外，集中精力于主要事务，防止身心疲惫、一蹶不振。这本书传递给读者两个重要的信息：在成功中预见危机的居安思危和在危机中找到机遇的居危思安。在公司生活中，每一次危机既包含导致失败的根源，又孕育着成功的种子。因而，面对危机，唯一正确的态度，不是逃避，而是积极应对，抓住危机为我们所带来的变革机遇，将预防和处理“危机”作为管理的一件日常事务，即实行“危机化管理”，真正做到“未雨绸缪”、“防患于未然”。

5. 喧嚣时代的不实蛊惑。约翰·科特对领导问题的研究，使得他成为我们这个时代备受瞩目的大师之一。他延续了钱德勒关于职业经理人的偶像化塑造以及当代对富含远见的英雄式领导人狂热追捧的时代潮流。不可否认，具有远见卓识的领导人物在关键时刻能够起到力挽狂澜的独特作用。但是，同样不可忽视的是，这种时代风潮以企业家的个人幻想作为赌注，用领导的超人能力来取代实质性的组织建设，往往会给组织带来灾难性的影响。故此，在当今管理学日渐成为“显学”、管理新概念的产生日渐成为“时尚”、各种光怪陆离的管理大师不断牵引大众目光的时代喧嚣中，保持一份清醒认知和反思精神，便显得尤为必要。

6. 约翰·科特的领导学说。科特认为，为了成功，现在企业必须降低成本，提高质量，开发新产品和更快地前进，现在企业的应变能力，对是否成功变得越来越重要，这一切都需要有强而有力的领导。科特对企业管理中关键的因素即领导和管理有一些新的提法。科特认为，在企业中领导和管理是十分不同的概念，管理是计划、预算过程的确定和详细的日程安排，并调拨资源来实现计划。而领导是确定经营方向，确立将来的远期目标，并为实现远期目标制定进行变革的战略。在企业的发展过程中这两者是缺一不可的，只有有力的管理和有力的领导联合起来，才能产生好的效果。①

7. 激励领导的四个基本要素。①动力和精力。这是由个人人格特点所决定的，是由人的遗传和后天的经历所决定的，具有旺盛的内在动力，渴望求得发展获得成功，这是领导人必不可少的特征。②智力和智能。这是领导具有卓越的领导才能必须具备的基本条件。虽然他们不是天才，但是他们的某种基本的智力是超常的。而对于智能来说，经营方向的拟定是至关重要的，如果没有这一条件就不可能吸收大量不同的信息，并找出这些信息之间的联系，因为这是一种颇具难度和相当复杂而艰巨的任务。③精神和心理健康。精神和心理健康在领导的全过

① 芮明杰，杜锦根. 人本管理[M]. 杭州：浙江人民出版社，1997. 5.

程中都具有十分重要的作用，在联系他人和准确地把握他人的情感和价值观中都起到作用，尤其对拟定经营方向起到非常关键的作用，这是领导者的阅历和修养的结果。④正直。正直是领导人物的一个重要品质。领导人的正直对其下属和同事有着极其重要的影响。因为许多人特别善于判断领导人是否看重他们，关心他们的幸福，他们只稍观察他或她的所作所为及产生的影响即可。正直是领导者的基本素养，也是做人的基本素养。

科特提出，现在需要的是管理和领导能力都具备的人，这是一个很难达到的要求，现代社会就是提出这样的要求。但由于领导和管理差异很大，以至于它们很容易发生冲突。科特指出："主导当今社会的是无数综合企业组织，培养发展足够的领导兼管理型的人员帮助经营这些企业是一个巨大的挑战，是我们必须迎接的挑战。"

（四）约翰·科特管理思想评析

科特最突出的特点就是对自己的学说思想作了明确定位，那就是他将其理论建构与新自由主义推行的经济全球化复杂国际环境相联系。在领导学与管理的区分方面，他尤为重视，这一点，从卡斯特系统管理学中似乎能够找到相似的特征。卡斯特认为："在组织战略层中，按照其难以控制或无力控制的来自环境的投入情况看来，组织面临着最大程度的不确定性。所以，这一层次的管理者应该具有相对开放系统的观点，并集中精力于适应性的和革新的战略。"[①]而他所认为的"管理"则与系统管理学纵向结构中的"协调层"和"作业层"相一致。从某种意义上说，这种区分似乎不无道理。但是，正像本书第三章批评卡斯特系统管理学思想时所指出的那样，"他们的学说并没有延伸到对组织外部生态环境保护行为的协同关注方面"。其实，科特的领导学同样如此。因此，他们共同的缺点是：都经不起罗马俱乐部成员、系统哲学家拉兹洛所说的包含着"生态圈"和"社会圈"的世界系统竞技场的检验。另外，科特所说的组织若要成功，"75%～80%靠领导，20%～25%靠管理"这一点，我们不敢苟同。因为"雷丁领导效率三因素模型"已经较为详细地揭示了领导与管理之间复杂的有机联系和机动性的权变关系。另外，在经济全球化时代，科特倾注的是对公司"竞争与自身获利"方面的研究。然而，他所忽略的却是"'共生'与'外部性'范畴的协调"。而恰

①〔美〕弗里蒙特·E.卡斯特等. 组织与管理——系统方法与权变方法. 北京：中国社会科学出版社，1985. 136.

恰是后者，既与我们赖以生存的环境密切相关，又与人类共同的战略目标——联合国规定的21世纪可持续发展战略目标密切相关。故此，科特的学说观点与麻省理工学院的杰伊·福雷斯特和米都斯（把人类引入可持续发展战略时代的《增长的极限》的著作者与理论指导者）思想境界相比相形见绌。毫无疑问，科特的管理学理论是以新自由主义风行时代的"经济人假设前提"为依据建构的。

四、彼得·圣吉的学习型组织理论

（一）彼得·圣吉的学习型组织理论产生的背景

企业组织的管理模式问题一直是管理理论研究的核心问题之一，而对未来企业组织模式的探索研究，又是当今世界管理理论发展的一个前沿问题。从传统的以泰勒职能制为基础，适应传统经济分工理论的层级组织到威廉·大内提出的适应企业文化环境的Z型组织，都是为了建立一个适应经济发展变化的企业组织形态。

20世纪80年代以来，随着信息革命、知识经济时代进程的加快，企业面临着前所未有的竞争环境的变化，传统的组织模式和管理理念已越来越不适应环境，其突出表现就是许多在历史上曾名噪一时的大公司纷纷退出历史舞台。因此，研究企业组织如何适应新的知识经济环境，增强自身的竞争能力，延长组织寿命，已成为世界企业界和理论界关注的焦点。在这样的大背景下，以美国麻省理工学院教授彼得·圣吉（PeterM. Senge)为代表的西方学者，吸收东西方管理文化的精髓，提出了以"五项修炼"为基础的学习型组织理念。

彼得·圣吉1947年生于芝加哥，1970年于斯坦福大学完成航空及太空工程学士学位，之后进入麻省理工学院的斯隆管理学院，获社会系统模型完成硕士学位。旋即被杰伊·福雷斯特（Jay Forrester）教授的系统动力学整体动态搭配的管理新观念所吸引。1978年获得博士学位后，他和戴明（Edwards Deming)、阿吉瑞斯（Chris Argyris)、雪恩（Edgar Schein）与熊恩（Donald Schon）等人，以及一些企业家一起致力于将系统动力学与组织学习、创造原理、群体深度对话与模拟演练游戏融合，发展出一种学习型组织的蓝图。1990年，彼得·圣吉在麻省理工学院斯隆管理学院创立了"组织学习中心"，对一些国际知名企业，如微软、福特、杜邦等，进行创建学习型组织的辅导、咨询和策划。

1990年，《第五项修炼——学习型组织的艺术与实践》出版，获世界企业学会（World Business Academy）最高荣誉开拓者奖（Pathfinder Award)。后来，该书被译成二三十种文字风行全世界，它不仅带动了美国经济近十年的高速发展，并在全世界范围内引发了一场创建学习型组织的管理浪潮。美国《商业周刊》也因此而推崇圣吉为当代最杰出的新管理大师之一。1999年，圣吉出版了《变革之舞：学习型组织持续发展面临的挑战》。同年，圣吉因《经营战略》评为20世纪对商业战略影响最大的24位人物之一。2000年，又与他人合作出版《学习的学校》。2001年，彼得·圣吉与彼得·德鲁克的对话《领先于变革时代》（Leading in a Time of Change）出版。2002年9月，首次访问中国，其后多次到中国参加论坛和演讲。

彼得·圣吉的《第五项修炼》是理论与实践相配套的一套新型的管理技术与方法，是继“全面质量管理”（TQM）、“生产流程重组”、“团队战略”之后出现的又一管理新模式，被西方企业界誉为21世纪的企业管理圣经。主要内容有“自我超越”、“改善心智模式”、“建立共同愿景”、“团队学习”、“系统思考”等五项管理技巧，试图通过这些具体的修炼办法来提升人类组织整体运作的“群体智力”。《第五项修炼》的核心是强调以系统思考代替机械思考和静止思考，并通过了解动态复杂性等问题，找出解决问题的高“杠杆解”。《第五项修炼》涉及个人和组织心智模式的转变，它深入哲学的方法论层次，强调以企业全员学习与创新精神为目标，在共同愿景下进行长期而终身的团队学习。《第五项修炼》顺应了信息化时代大潮，是知识经济的产物，完全符合中国创建学习型社会、学习型城市、学习型社区、学习型企业和学习型家庭的发展趋势。

（二）彼得·圣吉学习型组织理论的主要观点

学习型组织理论认为，在新的经济背景下，企业要持续发展，必须增强企业的整体能力，提高整体素质；也就是说，企业的发展不能再只靠像福特、斯隆、沃森那样伟大的领导者一夫当关、运筹帷幄、指挥全局，未来真正出色的企业将是能够设法使各阶层人员全心投入并有能力不断学习的组织——学习型组织。所谓学习型组织，是指通过培养弥漫于整个组织的学习气氛、充分发挥员工的创造性思维能力而建立起来的一种有机的、高度柔性的、扁平的以及符合人性并能持续发展的组织。这种组织具有持续学习的能力，具有高于个人绩效总和的综合绩效。学习型组织具有下面的几个特征：

1. 组织成员拥有一个共同的愿景。组织的共同愿景（SharedVision），来源于员工个人的愿景而又高于个人的愿景。它是组织中所有员工共同愿望的景象，是他们的共同理想。它能使不同个性的人凝聚在一起，朝着组织共同的目标前进。

2. 组织由多个创造性个体组成。在学习型组织中，团体是最基本的学习单位，团体本身应理解为彼此需要他人配合的一群人。组织的所有目标都是直接或间接地通过团体的努力来达到的。

3. 善于不断学习。这是学习型组织的本质特征。所谓“善于不断学习”，主要有四点含义：一是强调“终身学习”。即组织中的成员均应养成终身学习的习惯，这样才能形成组织良好的学习气氛，促使其成员在工作中不断学习。二是强调“全员学习”。即企业组织的决策层、管理层、操作层都要全心投入学习，尤其是经营管理决策层，他们是决定企业发展方向和命运的重要阶层，因而更需要学习。三是强调“全过程学习”。即学习必须贯彻于组织系统运行的整个过程之中。约翰·瑞定（J. Redding）提出了一种被称为“第四种模型”的学习型组织理论。他认为，任何企业的运行都包括准备、计划、推行三个阶段，而学习型企业不应该是先学习然后进行准备、计划、推行，不要把学习与工作分割开，应强调边学习边准备、边学习边计划、边学习边推行。四是强调“团体学习”。即不但重视个人学习和个人智力的开发，更强调组织成员的合作学习和群体智力（组织智力）的开发。

学习型组织通过保持学习的能力，及时铲除发展道路上的障碍，不断突破组织成长的极限，从而保持持续发展的态势。

4.“地方为主”的扁平式结构。传统的企业组织通常是金字塔式的，学习型组织的组织结构则是扁平的，即从最上面的决策层到最下面的操作层，中间相隔层次极少。它尽最大可能将决策权向组织结构的下层移动，让最下层单位拥有充分的自决权，并对产生的结果负责，从而形成以“地方为主”的扁平化组织结构。例如，美国通用电器公司目前的管理层次已由 9 层减少为 4 层。只有这样的体制，才能保证上下级的不断沟通，下层才能直接体会到上层的决策思想和智慧，上层也能亲自了解到下层动态，吸取第一线的营养。只有这样，企业内部才能形成互相理解、互相学习、整体互动思考、协调合作的群体，才能产生巨大的、持久的创造力。

5. 自主管理。学习型组织理论认为，“自主管理”是使组织成员能边工作边学习并使工作和学习紧密结合的管理方法。通过自主管理，可由组织成员自己发现工作中的问题，自己选择伙伴组成团队，自己选定变革进取的目标，自己进行现状调查，自己分析原因，自己制定对策，自己组织实施，自己检查效果，自己评定总结。团队成员在“自主管理”的过程中，能形成共同愿景，能以开放求实的心态互相切磋，不断学习新知识，不断进行创新，从而增加组织快速应变、创造未来的能量。

6. 组织的边界将被重新界定。学习型组织的边界的界定，是建立在组织要素与外部环境要素互动关系的基础上的，实际上，它已超越了传统的根据职能或部门划分的“法定”边界。例如，把销售商的反馈信息作为市场营销决策的固定组成部分，而不是像以往那样只是作为参考。

7. 员工家庭与事业的平衡。学习型组织努力使员工丰富的家庭生活与充实的工作生活相得益彰。学习型组织对员工承诺支持每位员工充分的自我发展，而员工也以承诺对组织的发展尽心尽力作为回报。这样，个人与组织的界限将变得模糊，工作与家庭之间的界限也将逐渐消失，两者之间的冲突也必将大为减少，从而提高员工家庭生活的质量（满意的家庭关系、良好的子女教育和健全的天伦之乐），达到家庭与事业之间的平衡。

8. 领导者的新角色。在学习型组织中，领导者既是设计师、又是仆人和教师。领导者的设计工作是一个对组织要素进行整合的过程，他不只是设计组织的结构和组织政策、策略，更重要的是设计组织发展的基本理念；领导者的仆人角色表现在他对实现组织愿景的使命感，他自觉地接受组织愿景的召唤；领导者作为教师的首要任务是界定真实情况，协助人们对真实情况进行正确、深刻的把握，提高他们对组织系统的了解能力，促进每个人的学习。

学习型组织有着它不同凡响的作用和意义。它的真谛在于：学习一方面是为了保证企业的生存，使企业组织具备不断改进的能力，提高企业组织的竞争力；另一方面学习更是为了实现个人与工作的真正融合，使人们在工作中活出生命的意义。尽管学习型组织的前景十分迷人，但如果把它视为一贴万灵药则是危险的。事实上，学习型组织的缔造不应是最终目的，重要的是通过迈向学习型组织的种种努力，引导出一种不断创新、不断进步的新观念，从而使组织日新月异，不断创造未来。学习型组织的基本理念，不仅有助于企业的改革和发展，而且它对其他组织的创新与发展也有启示。人们可以运用学习型组织的基本理念，去开发各自所置身的组织创造未来的潜能，反省当前存在于整个社会的种种学习障碍，思考如何使整个社会早日向学习型社会迈进。或许，这才是学习型组织所产生的更深远的影响。

（三）彼得·圣吉管理思想评价

彼德·圣吉于20世纪90年代初创立“学习型组织”的目的旨在说明：企业唯一持久的竞争优势源于比竞争对手学习得更快、更好的能力。而他创立的“学习型组织”的理论，正是为了使人们在工作中体现自身生命价值，并为实现组织共同目标作出努力，进而使之在激烈竞争的国际市场中获得优势的一种蓝图。圣吉认为，要想建立学习型组织，系统思考是必不可少的。他所说的“五修炼”，旨在促使组织实现这一目标。由于涉及“系统思考”，这或许是得益于他师从麻省理工学院杰伊·福雷斯特系统动态学的缘故，这一点也是成就他的“学习型组织”理论的一种原因。他还认为，通过迈向“学习型组织”的种种努力，就是要引导出一种不断创新和进步的新的观念，以促使组织日新月异，持续创造未来成为可能。的确，在信息化、市场化、知识经济和全球经济一体化的十分复杂的当今时代，“学习型组织”不仅有助于企业自身的变革与发展，而且能够发掘其所置身组织的未来潜能，认清其所面对的整个外部社会环境的种种障碍，使之在严酷竞争的国际环境前提下得以存活和发展，它的实用价值和意义也正是此书出版后不久，能在全球范围内引起轰动，并于1992年荣获世界企业管理协会最高荣誉奖——“开拓奖”的原因。

彼得·圣吉的管理学说和思想无可厚非，尤其是在新自由主义掀起的经济全球化和泛自由市场经济导致的十分复杂的当今世界，为了组织生存之需要，“学习型组织理论”与学说也有存在的价值和必要。然而，在全球环境危机已经十分严重的当今世界，由于新自由主义继亚当·斯密之后极力倡导的“经济人自身利润最大化”连同所谓“看不见的手”自由市场经济导向，已经把全球社会经济发展导入灾难性的境地，使全球社会经济发展朝着与可持续发展战略极为相悖的方向运行，客观上，它已经造成了我们赖以生存的自然生态系统的严重破坏。今天环境灾难使人触目惊心，已经发展到引起灾变的临界点，甚至空气和水也因污染而到了不适宜人类生存之用的程度了！2013年10月17日，世界卫生组织（WHO）下属的国际癌症研究机构（IARC）宣布：室外空气污染为人类新的致癌物。此乃24位世界顶级科学家组成的团队，回顾检视了超过1000篇科学论文，经详细研究所得出的结论。这一消息使世人十分震惊！因此，它迫使我们不得不反思新自由主义的经济政策和由此造成的每个经济人组织的“外部不经济行为”后果。十分遗憾，在这种针对经济人组织“外部不经济”行为结果的管理上，圣吉的学说中并没有丝毫的反映和体现。虽然与米都斯师出同门，都就学于杰伊·福雷斯特门下，然而圣吉远没有米都斯的思想境界，其学说也远没有《增长的极限》把人类带入可持续发展战略时代，及引起人类重视对我们生存栖息地——地球进行保护的功效。1972年3月，当《增长的极限》以罗马俱乐部第一份报告向全世界公布后，立刻在全球范围引起巨大反响！当时就有33个国家翻译成本国语言；全球1000多所大学将之作为教材。其影响力还不止于此，更重要的是它引起了同年6月5日联合国在瑞典首都斯德哥尔摩召开“第一届环境与发展大会”。6月5日这一天，自此也成了“全球环境保护纪念日”。事实上，今天的“可持续发展战略”也与之密切相关。由于《增长的极限》爆炸性的警示世人效果，全世界都已开始关注我们生存栖息地的安全问题。嗣后，它又相继引起许多绿色经典的出台与问世。直到1992年6月3日至14日，联合国在巴西里约热内卢召开“第二届环境与发展大会”并由世界各国首脑签署联合国《21世纪议程》为止，充分证明其影响力已把人类带入到了世界各国首脑普遍认同的可持续发展战略时代。相比而言，圣吉的管理学说尽管能使组织在激励竞争的经济全球化时代寻觅生存空间，但是，由于其“外部性结构”缺失的理论短板，使之难以同《增长的极限》相媲美。同样地，它更逃不过罗马俱乐部另一成员、著名系统哲学家拉兹洛所说的由“生态圈”和“社会圈”构成的“世界系统竞技场”的检验。因此，圣吉虽因其“学习型组织”理论而赢得诸多光环，但与米都斯相比却因其不能适应可持续发展战略时代的急迫要求而相形见绌。

五、戴明与朱兰——质量管理理论双子星座

戴明和约瑟夫·朱兰是世界著名的质量管理专家，也是举世公认的现代质量管理领军人物之一。戴明是质量管理的先驱者，对国际质量管理理论和方法始终产生着异常重要的影响，其主要观点为“14要点”，成为20世纪全面质量管理TQM的重要理论基础。朱兰的主要贡献是提出了质量的“适用性”理念，将人性尺度纳入质量范畴，以“大质量”促使质量管理从最初的统计方法向经营管理方向加以拓展，建立了质量管理的螺旋形提高模式。朱兰第一个把帕累托分布引入质量管理，提出了“二八法则”并予以广泛应用。他的“质量计划、质量控制和质量改进”三部曲，为企业的质量管理提出了一套完整的方法论。

（一）戴明的质量管理理论

戴明（Deming）博士于1900年10月4日生于美国爱荷华州(Sioux City, IA)，戴明父亲经营农场但收入不多，少时的戴明家算是贫穷，因此他在少年时代可以说是一直在打工，有时候在外面点亮街灯、除雪，赚取每天一块两毛的工资或在饭店内打杂、洗碗赚取每小时两毛伍美金等补贴家计。

1921年戴明从怀俄明大学(Univ. of Wyoming)毕业后前往科罗拉多大学进修，并于1925年修得数学与物理硕士，最后于1928年取得耶鲁大学的物理博士学位。在学期间曾经于芝加哥的西电公司霍桑工厂工作时得知当时在贝尔研究所的W. A. 休哈特博士，并于1927年见面后成为亦师亦友的莫逆之交。戴明博士毕

业后婉拒西电公司的工作机会而应聘到华盛顿的美国农业部的固氮研究所工作。他也曾经利用一年的休假到伦敦大学与 R. A. Fisher 做有关统计方面的研究。1950 年应聘去日本讲学，并将其报酬捐出，而后几乎每年都赴日继续指导，奠定了日本企业界良好的质量管理基础。

1. 戴明博士的贡献划分为几个阶段。

第一阶段——对美国初期 SQC 推行的贡献。戴明博士在美国政府服务期间，为了国事人口调查而开发新的抽样法，并证明统计方法不但可应用于工业而商业方面亦有用。到了第二次世界大战期间，他建议军事有关单位的技术者及检验人员等都必须接受统计的质量管理方法，并实际给予教育训练。另外在 GE 公司开班讲授统计质量管理并与其他专家联合起来，在美国各地继续开课总计共培训了包括政府机构在内有 31000 多人，可以说对美国 SQC 的基础及推广有莫大的贡献（当时戴明博士已将统计的质量管理应用到工业以外的住宅、营养、农业、水产、员工的雇用方面，其涉及面极为广泛）。

第二阶段——对日本的质量管理贡献。戴明博士从 1950 年到日本指导质量管理后就一直继续长达近 40 年，且前二三十年几乎每年都去，可以说日本的质量管理是由戴明博士带动起来的。戴明博士在日本虽然也教授统计方法，但他很快就发现只教授统计质量管理可能会犯了以前美国企业界所犯的错误，因此，他修正计划而改向企业的经营者灌输品质经营的理念及重要性，而使日本的早期经营者几乎都见过戴明博士而受教于他，并实践戴明博士的品质经营理念，奠定了日本 TQC 或 CWQC 的基础。戴明博士早期辅导日本企业的质量管理时曾经预言，日本在 5 年内其产品必将雄霸世界市场，果不出所料，其预言被证明正确，且提早来到，这也就难怪日本企业界对戴明博士怀有最崇高的敬佩而称其为日本质量管理之父了。

第三阶段——对美国及全世界推行 TQM 的贡献。由于戴明博士对日本指导质量管理的成功，让美国人惊醒原来日本工商经营成功的背后竟然有一位美国人居功最大，故开始对戴明博士另眼看待。而于 1980 年 6 月 24 日美国广播公司（NBC）在电视播放举世闻名的“日本能，为甚我们不能”（If Japan Can, Why Can't We），使戴明博士一夜成名。从此以后由于美国企业家重新研究戴明的质量管理经营理念，加上戴明博士继续在美国及各国积极讲授他的品质经营经典——为期四天的 14 个管理原则（Deming's 14 Points）与为美国各大公司如福特或 AT&T 公司提供品质经营的顾问工作而收到了实质上的效果。事实上，戴明博士的品质14 点管理原则就是美国在 20 世纪 80 年代开始盛行迄今的 TQM 的基础，所有全面品质经营所包含的重点，几乎都可以在戴明博士的 14 点里面找到类似或相同的诠释。目前，在美国及英国都已成立有 Deming Institute，其所宣称的基本精神也都是 TQM 的精神。也就是说戴明博士对 TQM 的影响是直接的。

由以上可知戴明博士不但具有学问上的成就，对世界各国品质经营的推动更有功不可没的伟大贡献，因此，堪称质量管理的一代宗师。

2. 戴明的主要质量管理理论贡献。

(1) 戴明博士质量管理《十四条》。《十四条》的全称是《领导职责的十四条》。这是戴明先生针对美国企业领导提出来的。从美国各刊物所载原文看，无论是次序还是用语，都各有差异。这可能是因为在十多年的时间里，戴明本人在不同场合有不同的强调的缘故。

第一条：要有一个改善产品和服务的长期目标，而不是只顾眼前利益的短期观点。为此，要投入和挖掘各种资源。

第二条：要有一个新的管理思想，不允许出现交货延迟或差错和有缺陷的产品。

第三条：要有一个从一开始就把质量造进产品中的办法，而不要依靠检验去保证产品质量。

第四条：要有一个最小成本的全面考虑。在原材料、标准件和零部件的采购上不要只以价格高低来决定对象。

第五条：要有一个识别体系和非体系原因的措施。85%的质量问题和浪费现象是由于体系的原因，15%的是由于岗位上的原因。

第六条：要有一个更全面、更有效的岗位培训。不只是培训现场操作者怎样干，还要告诉他们为什么要这样干。

第七条：要有一个新的领导方式，不只是管，更重要的是帮，领导自己也要有个新风格。

第八条：要在组织内有一种新风气。消除员工不敢提问题、提建议的恐惧心理。

第九条：要在部门间有一种协作的态度。帮助从事研制开发、销售人员多了解制造部门的问题。

第十条：要有一种激励、教导员工提高质量和生产效率的好办法。不能只对他们喊口号、下指针。

第十一条：要有一个检查工作时的定额和标准程序，并且要看之是真正帮助员工干好工作，还是妨碍员工提高劳动生产率。

第十二条：要把重大的责任从数量上转到质量上，要使员工都能感到他们的技艺和本领受到尊重。

第十三条：要有一个强而有效的教育培训计划，以使员工能够跟得上原材料、产品设计、加工工艺和机器设备的变化情况。

第十四条：要在领导层内建立一种制度，推动全体员工都来参加经营管理的变革。

(2) 戴明的质量管理十大原则。

第一原则：要有一个坚定不移的目标。许多公司趋向于解决当前的问题而忽略将来的目标。根据戴明的原则："对于一个公司，在没有一个针对未来的计划的前提下，它是不能存在于商业领域中的。"一个坚定不移的目标需要创新。如：一个长期的计划，投资于研究和教育，并且不断地改进产品和服务。为了应用该原则，一个质量保证组织可以：开发一个质量保证计划，提供一个长期的质量方向，需要软件测试者为每个项目开发并维护一个一致的测试计划，鼓励质量分析人员和测试人员遵循具有革新的方法来最大化产品的质量，致力于不断改进质量的过程。

第二原则：质量成为信仰。质量必须成为一个新的信仰，根据戴明的理论："生存的成本和需要花钱购买的商品与服务的质量是成反比的，如：可靠的服务可以降低成本，延迟的服务或错误却会提高成本"。由于延迟的服务和错误，商品和服务的消费被终止了，这降低了它们存在的意义。为了应用该原则，一个质量保证组织可以教育开发组织关于质量的价值和需要，并提高质量保证部门的地位，使他们和别的部门同样重要，纠正对质量部门是"看门狗"的消极看法。

第三原则：不要依赖于海量的检查。传统的想法认为检查可以排除糟糕的质量。当难于确定在过程中一个缺陷在哪边产生的时候，一个好的方法是关注于我们做得如何，而不应针对最终的产品。质量应当是内在的，而不是依赖于无数的检查获得的。为了使用该原则，一个质量保证组织可以在整个开发生命周期中，提高并使用技术评审、走读和检视来获取质量。

第四原则：不要纯粹按照价格因素来选择供应商。"两个或多个以上的同种商品的供应商可能会导致恶性的竞争，这些竞争除了会损害供应商自身外，还可能会损害商品的使用者。"为了最好地服务于公司，购买方可以和供应商建立一种长期的忠实的关系，并且与一个专门的供应商建立信任关系。一般可能会通过一系列的标准来衡量哪个供应商更好，但一个更好的方法是积极地使用戴明的十四条原则参与到供应商管理当中。在软件开发中，可能会需要各种工具和中间件供应商、子合同承包商，而这些商品或服务的质量会极大地影响最终的产品质量。为了应用该原则，一个质量保证组织需要软件产品和服务提供者提供能够证明他们质量的统计数据，对每一个质量保证工具、测试工具和服务进行选择，并最终确定一个最好的供应商，与之建立一种同质量计划一致的工作关系。对于子合同承包商来说也是一样，同样需要建立一致的质量保证计划。

第五原则：产品和服务系统稳定、长期的提高。改进不是一时的努力——管理者有责任不断地提高质量。“把火扑灭——很多公司称之为救火队，并不是改进，寻找失去控制的地方，找到其特殊的原因并改正之，这只是把过程纠正回本来应该的位置。改进的责任是一个无止境的过程。”为了应用该原则，一个质量保证组织可以：不断地提高质量保证和测试过程不要依赖于主管的判断，使用统计技术，如测试分析和通过主因及效果分析揭示问题根源等方法。

第六原则：建立培训和再培训制度。在很多公司，通常只有很少甚至根本没有培训，员工们不知道何时才能正确地完成他们地工作。消除不适合的培训是非常困难的。戴明强调：只要工作成果还无法受到统计控制，并且还能获得更大的好处的时候，培训就不应当被中止。为了应用该原则，一个质量保证组织可以：建立现代的培训辅助和实践。鼓励质量工作者通过参加研讨班或上课不断地提高质量和测试方面的技术知识，奖励工作者建立新的研讨班和特殊的兴趣小组，使用统计技术确定何时培训被需要，并且何时培训可以结束。

第七原则：建立良好的组织结构。“没有任何一个借口可以把人放到他们不知道如何做的岗位上。绝大多数所谓的‘无事可做的人’是因为他们被放置在不适合的工作上或者由于不善的管理造成的。”管理者有责任去寻找是什么原因造成员工不以工作为自豪。从信息技术的眼光来看，开发人员经常认为质量这种事应当是质量部门的责任。QA 作为质量领导者应当敢作敢为，并且指出质量是每一个人的责任。为了应用该原则，一个质量保证组织可以：如果一个开发人员有大量的错误被 QA 测试发现，那么需要花时间来培训他（她）如何进行单元测试或如何更有效地编码。提高对流程规范的监督，这是管理者的责任。允许项目管理者有更多的时间在工作上去帮助项目组内的人，使用统计技术来揭示哪里存在缺陷，并加强组织结构内的各种沟通，加强质量计划的制订、执行和反馈。质量部门保持一定的独立性。

第八原则：打破不同领域间的障碍。当各部门有不同的目标时，很多的问题就随之产生了。这些部门不会像一个有效的小组一样去解决问题、设定政策和定义新的方向。“人们在自己的部门内可以工作得非常好，但如果他们的目标发生冲突的时候，他们将对公司造成损害。此时最好成立一个联合工作组，使他们对公司负责”。为了应用该原则，一个质量保证组织可以通过质量保证部门和其他部门紧密地工作在一起。QA 应当被视为好的伙伴，他们致力于使软件产品最终成为最优秀的产品。质量保证组织应当指出缺陷，应当在产品最终到达用户手上之前被发现。

第九原则：排除为工作而努力设置的口号、训示及目标。“口号是不会帮助任何一个人做好工作的，它们会产生挫折和怨恨。”像“零缺陷”或“在第一时间把事情做好”等口号在表面上看是好的，问题是它们被视为一种信号，即管理者不理解或不关心雇员的实际问题。设定了目标但不描述如何去完成该目标，在实践中是经常发生的。为了应用该原则，一个质量保证组织应该鼓励管理人员避免使用口号，同时应该制定指导实践的规范；QA 组织应当开发文档标准、过程和步骤，而不是产生一些无用的口号。其他组织成员可以使用这些标准、过程和步骤得到最好的质量。

第十原则：建立一个教育和再培训的有力的过程。质量是由制造产品的人决定的，而最终是由人的知识和技能来决定的。人们必须获得新的知识和技能。教育和再培训是对人的一种投资，这是一个长期的计划。教育和再培训必须使人们到新的工作岗位上并承担新的责任。为了应用该原则，一个质量保证组织可以鼓励质量工作者通过参加研讨班或上课方式，不断地提高质量和测试方面的技术知识，奖励工作者建立新的研讨班和特殊的兴趣小组。在新的质量技术方面对个人进行再培训。

(3) 戴明的 PDCA 循环理论。戴明博士最早提出了 PDCA 循环的概念，所以又称其为“戴明环”。PDCA 循环是能使任何一项活动有效进行的一种合乎逻辑的工作程序，特别是在质量管理中，它已得到了广泛的应用。P、D、C、A 四个英文字母所代表的意义如下：

P（Plan）——计划。包括方针和目标的确定以及活动计划的制定；

D（DO）——执行。执行就是具体运作，实现计划中的内容；

C（Check）——检查。就是要总结执行计划的结果，分清哪些对了，哪些错了，明确效果，找出问题；

A（Action）——行动（或处理）。对总结检查的结果进行处理，成功的经验加以肯定，并予以标准化，或制定作业指导书，便于以后工作时遵循；对于失败的教训也要总结，以免重现。对于没有解决的问题，应提交下一个 PDCA 循环中去解决。

作为推动工作、发现问题和解决问题的有效工具，典型的模式被称为“四个阶段”、“八个步骤”和“七种工具”。四个阶段就是P、D、C、A，八个步骤是：

①分析现状，发现问题；

②分析质量问题中各种影响因素；

③分析影响质量问题的主要原因；

④针对主要原因，采取解决的措施；

———为什么要制定这个措施?

———达到什么目标?

———在何处执行?

———由谁负责完成?

———什么时间完成?

———怎样执行?

⑤执行，按制定的措施或计划的要求去做；

⑥检查，把执行结果与要求达到的目标进行对比；

⑦标准化，把成功的经验总结出来，制定相应的标准；

⑧把没有解决或新出现的问题转入下一个PDCA循环中去解决。

通常，七种工具是指在质量管理中广泛应用的直方图、控制图、因果图、排列图、相关图、分层法和统计分析表等。

PDCA循环有以下四个明显特点：

①周而复始：PDCA循环的四个过程不是运行一次就完结，而是周而复始地进行。一个循环结束了，解决了一部分问题，可能还有问题没有解决，或者又出现了新的问题，再进行下一个PDCA循环，依此类推。

②大环带小环：类似行星轮系，一个公司或组织的整体运行体系与其内部各子体系的关系，是大环带动小环的有机逻辑组合体。

③阶梯式上升：PDCA循环不是停留在一个水平上的循环，不断解决问题的过程就是水平逐步上升的过程。

④统计的工具：PDCA循环应用了科学的统计观念和处理方法。

戴明学说反映了全面质量管理的全面性，说明了质量管理与改善并不是个别部门的事，而是需要由最高管理层领导和推动才可奏效。戴明学说的核心可以概括为：高层管理的决心及参与；群策群力的团队精神；通过教育来增强质量意识；质量改良的技术训练；制定衡量质量的尺度标准；对质量成本的分析及认识；不断改进活动；各级员工的参与诸方面。

（二）朱兰的质量管理理论

约瑟夫·朱兰是世界著名的质量管理专家，与戴明齐名，是举世公认的现代质量管理领军人物之一。朱兰的主要贡献是提出了质量的“适用性”理念，将人性尺度纳入质量范畴，以“大质量”促使质量管理从最初的统计方法向经营管理方向加以拓展，建立了质量管理的螺旋形提高模式。朱兰第一个把帕累托分布引入质量管理，提出了“二八法则”并予以广泛应用。《管理突破》及《质量计划》二书是他的经典之著。由朱兰博士主编的《质量控制手册》被称为当今世界质量控制科学的名著，为奠定全面质量（TQM）的理论基础和基本方法做出了卓越的贡献。朱兰理论的核心：管理就是不断改进工作。他的“质量计划、质量控制和质量改进”三部曲，为企业的质量管理提出了一套完整的方法论。

1. 顾客是产品质量的最终裁决者。朱兰首次提出“适用”产品质量这一概念，并把它作为产品和服务的特征。他认为产品是否适用取决于消费者的判断而不是生产者。工作的头衔远不如这样一种意识重要：对于企业内部其他人和外部顾客来说，每个人都是产品和服务的提供者，都对产品质量负有不可推卸的责任。同样，在产品增值链上，处于下游的每个企业都是上游供应商的真正顾客。朱兰强调首先要识别顾客的需求。他把质量策划路线图描述成“输入—输出的连锁装置”，并且认为任何活动都离不开顾客、中间商和供应商这三个角色。

2. 朱兰质量螺旋曲线。所谓质量螺旋是一条螺旋式上升的曲线，该曲线把全

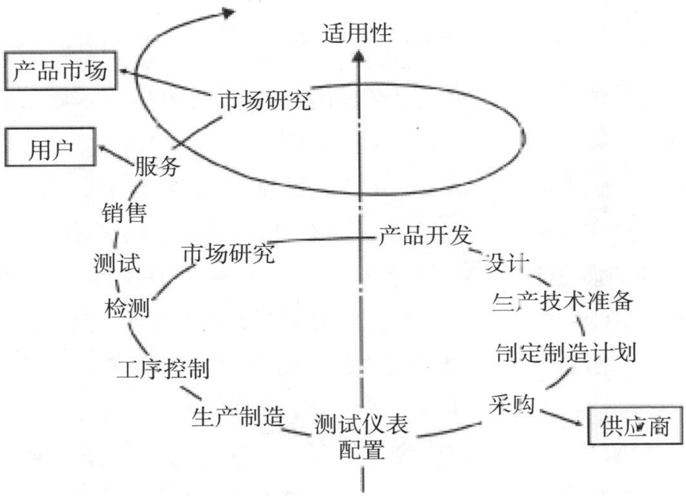

图 4-3　朱兰质量螺旋曲线

过程中各质量职能按照逻辑顺序串联起来，用以表征产品质量形成的整个过程及其规律性，通常称之为“朱兰质量螺旋”。朱兰质量螺旋反映了产品质量形成的客观规律，是质量管理的理论基础，对于现代质量管理的发展具有重大意义。朱兰质量曲线图如图 4–3。

主要内容：

产品的质量形成过程包括市场研究，产品开发、设计，制定产品规格、工艺，采购，仪器仪表及设备装置，生产，工序控制，产品检验、测试，销售及服务等共 13 个环节。各个环节之间相互依存，相互联系，相互促进。

产品质量形成的过程是一个不断上升，不断提高的过程。为了满足人们不断发展的需要，产品质量要不断改进，不断提高。

要完成产品质量形成的全过程，就必须将上述各个环节的品质管理活动落实到各个部门以及有关的人员，要对产品质量进行全过程的管理。

品质管理是一个社会系统工程，不仅涉及企业内各部门及员工，还涉及企业外的供应商、零售商、批发商以及用户等单位及个人。

品质管理是以人为主体的管理。朱兰螺旋曲线所揭示的各个环节的品质活动，都要依靠人去完成。人的因素在产品质量形成过程中起着十分重要的作用，品质管理应该提倡以人为主体的管理。此外，要使“循环”顺着螺旋曲线上升，必须依靠人力的推动，其中领导是关键，要依靠企业领导者做好计划、组织、控制、协调等工作，形成强大的合力去推动质量循环不断前进，不断上升，不断提高。

瑞典质量学家 L. 桑德霍姆从企业内部管理角度出发，将主力质量螺旋归纳为企业内部八大职能——市场研究、产品研制、工艺准备、采购、制造、检查、销售和企业外部的两大环节，形成质量循环图。

3. 二八法则。在质量进展螺旋的工作实践中，朱兰博士依据大量的实际调查和统计分析认为：在所有质量问题中，仅有 20%是由基层 操作人员的失误造成的，而其中 80%的质量问题是领导者造成的。此外，他还得出 80%的质量问题是在 20%的环节中产生的。同样，在 ISO9000 国际标准中，与领导者责任密切相关的一些因素占有相当大的比例，这种关系在客观上也证实了 80/20 法则在质量管理中的普遍存在。

4. 帕累托原则。帕累托原则代表一种存在于任何人群的普遍现象，即相对少数的人创造了绝大多数的价值，这既是一种自然规律也是一种思维方式。根据这个原则，质量损失呈不均匀分布状态，也就是说大部分后果是由少数几个原因造成的。这个原则使人们把注意力集中在几个能够产生重大影响的事物上，因此成为质量改进最有力的工具。可以用来经常性地分析问题产生的原因，进而消除或最大限度地削减不利影响因素。

帕累托原则可以概括为：关键的少数原理，这一原理存在于我们日常生活的方方面面。维尔弗里多·帕累托（Vilfredo Pareto）是从财产的分配中发现这个原理的，他的重要贡献是提出了符合关键的少数现象的收入分配对数法则。20 世纪 50 年代，朱兰首次把这个法则推广到许多工作领域，套用一句老话，他把这个原则称为“关键的少数”原则。

5. 质量三部曲。朱兰通过他的质量改进运动告诉我们：仅仅把质量理解成产品和服务的改进是多么幼稚。他认为质量管理一般包括以下三个过程：

(1) 质量计划。质量计划就是清晰的质量目标以及为实现质量目标所做的质量战略性规定。确立质量目标，了解顾客和他们的需求，并通过可能的、持续的过程把这些目标转化成实实在在的产出。质量目标提出的过程是一个自我评价的过程，即要找到自己的位置，与同行业水平横向、纵向比较，发现内部不同个体之间、不同时段之间质量水平的差异，然后策划出短期目标和中长期目标。提出目标后要分解质量目标，实施有具体的时间方案，形成对质量目标细化指标的有效支撑。提出质量战略是对实现质量目标过程的审核和对流程的审视，要充分考虑每个影响产品质量的因素，使用科学的分析方法审核每一次质量目标实现的过程，然后对这个实施结果有一个正确的评价。经过了上述质量计划过程后建立的质量标准才可能在一段时间内使产品质量保持稳定。有些管理人员认为质量目标就是产品检验合格，不出问题；其实这种理解是片面的。所有制作行业不可能做到每个产品全检，检验合格只能代表所检验的样品合格。那么如何证明所取样品与整批产品的质量的一致性，那么我们必须制定一个全过程的质量标准。质量计划就是致力于让人们从一开始就将正确的事情全过程做对，将全过程的质量“标准”确定下来。

(2) 质量控制。质量控制不是等到产品出现不合格的时候进行控制，而是在生产过程中通过质量管理工具，监控到在不久以后的时间必然会出现的不合格现象，从而分析原因，制定相应的措施，杜绝不合格品的产生。用计划——实施——检查——评价循环监控这些过程的运行以确保产出质量最优化。产品生产过程中，我们收集了大量产品质量数据，但往往忽视数据分析处理。数据分析处理中最重要的过程就是质量控制图。质量控制图以长时期内相同产品的质量指标数据作为基础，分析出控制上下限，然后对现行的各生产工序进行控制，以预防不合格品的产生。

(3) 质量改进。质量控制是消除偶发性问题，使产品质量保持在规定的水平，即质量维持。而质量改进是消除系统性的问题，对现有的质量水平在控制的基础上加以提高，使质量达到一个新水平、新高度。识别并解决问题，利用团队不断地寻找优化质量的最佳方法，维持最高的质量标准。我们可以运用因果分析法，举个例子来说，比如生产的废品率居高不下怎么办？质量改进首先要回答以下几个问题：① 废品率居高不下是多少？从什么时间开始恶化的？为什么？② 一个月内最好一天和最差一天的废品率差多少？为什么？③ 不同操作人员间废品率差多少？为什么？④ 不同产品结构或机型间废品率差多少？为什么？⑤ 不同厂家原材料废品率差多少？为什么？如果这几个问题仍然找不到废品率高的原因，也就意味着以上提到的不存在差异或较大的差异，那么下一步我们进行实验分析，找出影响废品率的关键参数，如果有三个，我们固定其中两个参数调整其中一个参数进行实验，只要耐心地去做，肯定会找到最优的参数组合，废品率高的原因也一定会找到。俗话说："质量损失是一座没有被挖掘的金矿"，而质量改进正是通过各种方法把这个金矿挖掘出来。因此质量改进具有很高的投资收益率，有管理人员甚至认为，"最赚钱的行业莫过于质量改进"。

6. 朱兰博士的"突破历程"。朱兰博士的"突破历程"综合了他的基本学说，以下是此历程的七个环节：

第一环节：突破的取态。管理层必须证明突破的急切性，然后创造环境使这个突破能实现。要去证明此需要，必须搜集资料说明问题的严重性，而最具说服力的资料莫如质量成本。为了获得充足资源去推行改进，必须把预期的效果用货币形式表达出来，以投资回报率的方式来展示。

第二环节：突出关键的少数项目。在纷纭众多的问题中，找出关键性的少数。利用帕累托法分析，突出关键的少数，再集中力量优先处理。

第三环节：寻找知识上的突破。成立两个不同的组织去领导和推动变革——其一称之为"策导委员会"，另一个可称为"论断小组"。策导委员会由来自不同部门的高层人员组成，负责制定变革计划，指出问题原因所在，授权作试点改进，协助克服抗拒的阻力，及贯彻执行解决方法。诊断小组则由质量管理专业人士及部门经理组成，负责寻根问底。

第四环节：进行分析。诊断小组研究问题的表征，提出假设，以及通过试验来找出真正原因。另一个重要任务是决定不良产品的出现是操作人员的责任或者是管理人员的责任。若说是操作人员的责任，必须是同时满足以下两项条件：操作人员清楚知道他们要做的是什么，有足够的资料数据明了他们所做的效果，以及有能力改变他们的工作表现。

第五环节：决定如何克服变革的抗拒。变革中的关键任务必须明了变革对他们的重要性。单是靠逻辑性的论据是绝对不足够的，必须让他们参与决策及制定变革的内容。

第六环节：进行变革。所有要变革的部门必须要通力合作，这是需要说服功夫的。每个部门都要清楚知道问题的严重性，不同的解决方案，变革的成本，预期的效果，以及估计变革对员工的冲击及影响。必须给予足够时间去酝酿和反省,并进行适当的训练。

第七环节：建立监督系统。变革推行过程中，必须有适当的监督系统定期反映进度及有关的突发情况。正规的跟进工作非常重要，足以监察整个过程及解决突发问题。

7. 朱兰的生活质量观。不久的将来，产品质量将面临更大的挑战，这是每一个企业管理者都可以预见的。社会工业化引起了一系列环境问题，它严重影响着人们的生活质量。朱兰认为，现代科学技术、环境与质量密切相关。他说："社会工业化引起了一系列环境问题的出现，影响着人们的生活质量。"随着全球社会经济和科学技术的高速发展，质量的概念必然拓展到全社会的各个领域，包括人们赖以生存的环境质量、卫生保健质量以及人们在社会生活中的精神需求和满意程度等。朱兰博士的生活质量观反映了人类经济活动的共同要求：经济发展的最终目的，是为了不断地满足人们日益增长的物质文化生活的需要。也就是说，没有需求的拉动，经济发展将难以实现。①

环视当今社会，国家间的竞争正逐渐被企业间产品及服务的竞争所替代。质量已不再是一种奢侈品，而是任何产品及服务所必须具备的。用户完全满意已经成为世界一流企业和跨国公司所必须具备的最基本条件。因此，每个企业、每种产品和服务，要想在国际市场上占有一席之地，都要面对超严格的质量要求，都要努力使自己达到世界级的质量水平。应该说无论朱兰还是戴明，他们的工作都是十分重要的。质量管理方面的学说，无论是对国际标准化组织质量管理和质量保证技术委员会制定的国际标准：ISO9001 等质量认证体系的理论充实，还是组织对顾客满意度的实现；无论是对人与自然环境和谐相处标准制定，还是对社会

① 罗建文. 经济管理现代化和经济管理发展新趋势[J]. 广西轻工业,2007(7).

效益范畴的标准认证等，都是有着十分重要理论价值和现实意义的。这种理论，倘若同诸如“因子X”（资源利用效率提高方面的理论），以及对企业排放标准规定有机整合，那么，对可持续发展方面的管理就是有很大的建设性作用的。

（三）戴明与朱兰——质量管理理论双子星座评析

“戴明与朱兰——质量管理理论双子星座”理论，对于节约生产过程原材料使用来说，确实不失为较好的质量管理方法。但是，相对于德国伍珀塔尔（Wuppertal）气候、环境和能源研究所的“因子X”理论，即“倍数理论”来说，它还是属于组织内部生产管理过程中的一种消极意义上的节约方式。因为，与“戴明与朱兰——质量管理理论双子星座”相比，德国伍珀塔尔研究所的“因子X”理论即倍数理论才是以保护外部自然环境为前提所创造性地提出的一种理论。它是以可持续发展战略原则为要求，以资源代际代内生态合理性优化配置为前提，以同自然生态系统的和谐相处为目的，借技术进步的力量，高效率地节约和利用自然资源的一种积极方式。并借此遏制新自由主义掀起的对自然资源无节制的开发和利用方式。具体说，它是以1990年资源利用效率为参照，“因子4”，则在原来资源利用基础上提高了4倍效率；“因子10”则提高了10倍效率，等等。[①]然而，这是包括环境效益在内的一种资源节约利用方式。因此，它也是仅仅满足于经济人组织生产过程节约材料和资源的“质量管理”难以比拟的。很清楚，伍珀塔尔研究所的思想境界要比“戴明与朱兰——质量管理理论双子星座”高得多，它是站在全球及包括以后各代的代际关系立场，而非经济人组织自身获利立场研究问题的。

六、企业战略与核心能力学说

（一）关于企业战略理论

在管理学上，企业战略理论的发展分为三个阶段，它具体由早期战略思想阶段、传统战略理论阶段和竞争战略理论阶段构成。

1. 早期战略思想阶段。在此阶段，虽已出现了一些战略思想，但并没有形成较为完整的战略理论体系。美国哈佛大学的迈克尔·波特教授对此作了较为精辟的概括，总结了早期战略思想阶段的三种观点。

---

①〔日〕山本良一. 战略环境经营——生态设计范例100. 北京：化学工业出版社，2003. 177.

企业战略思想的第一种观点。20 世纪初，法约尔对企业内部的管理活动进行整合，将工业企业中的各种活动划分成六大类：技术活动、商业活动、财务活动、安全活动、会计活动和管理活动，并提出了管理的五项职能：计划、组织、指挥、协调和控制，并认为，其中计划职能是企业管理的首要职能。换言之，也可以说这是最早出现的，与企业战略思想相关的一种职能。

企业战略思想的第二种观点。1938 年，巴纳德在《经理人员的职能》一书中，首次将组织理论从管理理论和战略理论中分离出来，并主张管理和战略主要是与领导人有关的工作。此外，他还指出管理工作的重点在于创造组织的效率，其他工作则应注重组织的效能，亦即如何使企业组织与环境相适应的问题。事实上，这种关于组织与环境相“匹配”的主张，成为现代战略分析方法的理论基础。

企业战略思想的第三种观点。60 年代，哈佛大学的安德鲁斯（Andrews）对战略进行了四个方面的界定，并将战略划分为四个构成要素，即市场机会、公司实力、个人价值观与渴望、社会责任。其中市场机会和社会责任是外部环境因素，公司实力、个人价值观与渴望则是企业内部因素。

2. 传统战略理论阶段。设计学派（Design School）：这一学派的观点始自塞日尼克（Selznick），发展于钱德勒（Chandler），后由安德鲁斯做出了精确的界定。1962 年，钱德勒在其所著的《战略与结构》一书中指出，企业的经营战略要适应环境的变化，企业的组织结构也必须随企业战略的变化而改变。安德鲁斯认为，战略形成过程实际上是把企业内部条件因素与企业外部环境因素进行匹配的过程，这种匹配能够使企业内部的强项和弱项与企业外部的机会和威胁相协调，并由此建立了著名的 SWOT（Strength、Weakness、Opportunity、Threat）战略形成模型。设计学派认为，企业战略的形成必须由企业高层经理负责，而且战略的形成应当是一个精心设计的过程，它既不是一个直觉思维的过程，也不是一个规范分析的过程；战略应当清晰、简明，易于理解和贯彻整体思想，故此如何设计将至关重要。

计划学派（Planning School）：计划学派的产生几乎与设计学派同时，以安索夫于 1965 年出版《企业战略》一书为标志。安索夫提出，战略应当包括四个构成要素：① 产品与市场范围，即企业在所处行业中的产品与市场的地位；② 增长向量，即企业的经营方向和发展趋势；③ 协同效应，即一种联合作用的效果，它是企业获得的大于由部分资源独立创造的总和的联合回报效果；④ 竞争优势，即企业及其产品和市场所具备的不同于竞争对手的能够为企业奠定牢固竞争地位的特殊因素。计划学派认为，战略的形成是一个受到控制的、有意识的、规范化的过程，原则上主要由领导承担整个过程的责任，但在实践中则由计划人员负责实施，因此，企业战略应当详细、具体，包括企业目标、资金预算、执行步骤等实施计划，以保证企业战略的顺利实现。

定位学派（Positioning School）：这一学派的观点始流行于80年代，其杰出代表人物当推迈克尔·波特。1980年，他在哈顿（Hatten）和斯堪德尔（Schendel）等人关于战略定位问题研究的基础上，明确提出企业在考虑战略时必须将企业与所处的环境相联系，而行业是企业经营的最直接的环境；每个行业的结构又决定了企业的竞争范围，从而决定了企业的潜在的利润水平。企业在制定战略的过程中必须要做好两个方面的工作：一是企业所处行业的结构分析；二是企业在行业内的相对竞争地位分析。通过这些分析，就可以大大减少企业之间由于程式化的产业结构分析而带来的定位趋同，并降低企业之间竞争的强度。因此，从这个意义上说，企业战略制定人员应该是“分析家”，其首要任务是选择利润潜力比较大的行业。波特为此还提供了各种方法和技巧，分析企业所处行业的情况和企业在行业中的竞争优势。如著名的五种竞争力模型、公司地位和行业吸引力分析矩阵、价值链等。

创意学派（Entrepreneurial School）：创意学派因其显著不同的研究角度和研究内容而获得了独特的地位。与设计学派极为相似的是，创意学派研究的侧重点是企业高层管理者，但和设计学派不同又与计划学派完全相反的是，它从根本上认为战略形成过程是一个直觉思维、寻找灵感的过程。这就使得战略从精妙的设计、周密的计划或者准确的定位转而变成为某种隐约可见的“愿景”（Visions）。为了让人理解，创意学派常常通过暗喻来从某种意义上阐释其观点。它认为企业战略主要应该关注以下一些方面的问题：企业产生、企业生存与发展或私有制以及企业在竞争力量主导下的转变。因此，企业必须有一个极富创新精神的领导，由他来提出有关这方面问题的创意。而且，创意学派认为，企业领导者应当通过严密控制来实现他通过直觉思维所形成的“愿景”的过程。

认知学派（Cognitive School）：一些研究人员更为关心的是，战略是如何产生的这个问题。假如战略是通过诸如结构、模式、图形、概念或纲要等因素产生于人们的意识，那么怎样理解这些心理过程？从80年代开始，研究人员通过多年的探讨，使认知学派的观点得到了持续稳定的发展，并且其影响越来越大。认知学派认为，战略的形成是基于处理信息、获得知识和建立概念的认知过程——其中后者是战略产生的最直接、最重要的因素，而在哪一阶段取得进展并不重要。

同时这一学派另一新的分支接受了战略形成过程的更加具有主观解释性（Interpretative）的或结构主义者（Constructivist）的理论观点：即认知是通过对企业组织的内外环境条件的理解，借助于所掌握的方法和手段，来构造具有创造性解释功能的战略，而不是用更客观或更不客观的方法来简单地描绘实际上已被扭曲了的事实。

学习学派（Learning School）：由于组织外部环境变化的不可预测性和组织自身固有的适应能力，使得管理过程常常出现一些经过严格程序制定，而并未实现的战略，以及另一些未经正式制定、却自然显现并得以实施的战略情况。因此，一些学者开始把研究的重点转向组织在各种不可预测的环境因素约束情况下的战略形成的探索方面，由此而产生了学习学派。学习学派由林德布罗姆（Lindblom）的早期渐进主义，贯穿奎因（Quinn）学说始终的逻辑渐进主义，波瓦（Bower）和伯杰尔曼（Burgelman）的突破思维定式，明茨伯格的自然选择形成的观点，以及韦克（Weick）的总结过去的经验教训论所构成。学习学派与其他学派的不同之处在于：它认为战略是通过学习和自然选择形成的，它可在组织上下出现，并且战略的形成与贯彻相互交织在一起。

权力学派（Power School）：权力学派把权力看成是战略形成不可缺少的条件与基础，认为战略的形成是一个组织内部权力与权力之间政治斗争的结果。该学派之所以要强调权力的重要性，是因为在企业战略制定的过程中，不仅要受到“经济”因素的影响，而且还要受到“政治”因素的影响。因此，他们认为，战略的形成过程，权力不是无足轻重，而是举足轻重。权力学派大体上有两种不同的观点：① 微观权力观把企业组织的战略制定看作是一种实质上的政治活动，是组织内部各种正式和非正式利益团体运用权力、施加影响、进行讨价还价、游说、妥协以及最后在各派权力之间达成一致的结果。② 宏观权力观则把组织看作是一个整体。故他们认为，组织将通过自身力量作用于其他各相关利益团体，包括竞争者、同盟者、合作者以及其他涉及企业战略利益的网络关系等。因此，权力学派认为，战略制定不仅要注意行业环境、竞争力量等经济因素，而且要注意利益团体、权力分享等政治因素。

文化学派（Cultural School）：该学派认为，如果把权力看作镜子，那么其反面则是文化。权力学派通常着眼于自我利益和局部，而文化学派则不同，它注重团队利益和整体。文化学派认为，企业战略根植于企业文化及其背后的社会价值观念方面，因此它的形成过程是一个将企业组织中各种有益因素加以整合，并使之发挥作用的过程。这一观点，在解释不同企业在同等条件下的经营行为与业绩存在很大差异方面，具有较强的说服力。一些企业之所以能够在激烈的市场竞争中立于不败之地，并获得长足发展，一般可以归结于企业文化的作用。20世纪80年代，当日本管理模式在世界广受推崇时，企业文化在美国已经成为一个热门话题。今天，企业文化概念已深入人心，它对企业经营业绩和社会形象都具有很大影响，因此人们对企业战略形成与文化之间关系的研究也越来越重视。

环境学派（Environmental School）：从严格意义上来讲，环境学派还不能算是一种战略理论学派。实际上，如果说环境学派强调的是企业组织在其所处的环境里如何获得生存和发展，那么环境学派不过起到了一种让人们关注环境因素的作用。在这一学派中，有两种不同的发展方向。一种称作“权变理论（Contingency Theory）”，它侧重于研究企业在特别的环境条件下和面临有限的战略选择时所做的预期的反映。权变理论要求企业必须发挥主观能动性，因为企业可以在一定的环境条件下，对环境的变化采取相应的对策以影响和作用于环境，争取企业经营的主动权；另一种称作“规制理论（Institutional Theory）”，它强调的是企业必须适应环境，因为企业所处的环境往往是企业难以把握和控制的，因而企业战略的制定必须充分考虑环境的变化，了解和掌握环境变化的特点，只有如此，企业才能在适应环境的过程中找到自己的生存空间，并获得进一步的发展。

结构学派（Configuration School）：结构学派是一种比较特殊的学派，它博采众长，集诸种学派观点之大成，同时，它更加注重学术性和描述性。因此，结构学派也更像是一个混合体，它把企业组织看成是一种结构——由一系列行为和特征组成的有机体；把战略制定看成是一种整合——由其他各种学派的观点综合而成的体系。实际上，几乎每一学派都可以在结构学派中找到自身某种观点的存在。

3. 竞争战略理论阶段。在企业战略理论的发展过程中，十种战略学派都曾在某一时期内发挥过一定作用。但随着企业战略理论和企业经营实践的发展，企业战略理论的研究重点逐步转移到企业竞争方面，特别是20世纪80年代以来，西方经济学界和管理学界一直将企业竞争战略理论置于学术研究的前沿地位，从而有力地推动了企业竞争战略理论的发展。回顾近20年来的发展历程，企业竞争战略理论涌现出了三大主要战略学派：行业结构学派、核心能力学派和战略资源学派。

行业结构学派：行业结构学派的创立者和代表人物，是美国著名战略学家、哈佛大学迈克尔·波特教授。波特深受美国的以梅森（Mason）和贝恩（Bain）为代表的产业组织学派的影响，并且致力于将产业组织理论应用于企业竞争战略的研究。波特的贡献在于，实现了产业组织理论和企业竞争战略理论的创新性兼容，并把战略制定过程和战略实施过程有机地统一起来。波特认为，构成企业环境的最关键部分就是企业投入竞争的一个或几个行业，行业结构极大地影响着竞争规则的确立以及可供企业选择的竞争战略。为此，行业结构分析是确立竞争战略的基石，行业结构永远是战略制定的起点。波特还指出企业需要做好的第二个工作是在已决定进入的行业中进行自我定位。为此，波特创造性建立了五种竞争力量分析模型，他认为一个行业的竞争状态和盈利能力取决于五种基本竞争力量之间的相互作用，即进入威胁、替代威胁、买方讨价还价能力、供方讨价还价能力和现有竞争对手的竞争，而其中每种竞争力量又受到诸多经济技术因素的影响。因此，当影响行业竞争的作用力以及它们产生的深层次原因确定以后，企业的当务之急就是分析自己在所处行业中的强项和弱项，并据此做出正确的战略决策。在这种指导思想下，波特提出了赢得竞争优势的三种最一般的基本战略：总成本领先战略、标新立异战略、目标集聚战略。

核心能力学派：1990 年，普拉哈拉德和汉默尔在《哈佛商业评论》上发表了《企业核心能力》一文。其后，越来越多的研究人员开始投入企业核心能力理论的研究。所谓核心能力，就是所有能力中最核心、最根本的部分，它可以通过向外辐射，作用于其他各种能力，影响着其他能力的发挥和效果。一般说来，核心能力具有如下特征：① 核心能力可以使企业进入各种相关市场参与竞争；② 核心能力能够使企业具有一定程度的竞争优势；③ 核心能力应当不会轻易地被竞争对手所模仿。核心能力学派认为，现代市场竞争与其说是基于产品的竞争，不如说是基于核心能力的竞争。企业的经营能否成功，已经不再取决于企业的产品、市场的结构，而取决于其行为反应能力，即对市场趋势的预测和对变化中的顾客需求的快速反应，因此，企业战略的目标就在于识别和开发竞争对手难以模仿的核心能力。只有具备了这种核心能力，企业才能很快适应迅速的市场变化，满足顾客的需求，才能在顾客心目中将企业与竞争对手区分开来。另外，企业要获得和保持持续的竞争优势，就必须在核心能力、核心产品和最终产品三个层面上参与竞争。在核心能力层面上，企业的目标应是在产品性能的特殊设计与开发方面建立起领导地位，以保证企业在产品制造和销售方面的独特优势。

战略资源学派：战略资源学派认为，企业战略的主要内容是如何培育独特的战略资源，以及最大限度地优化配置这种战略资源的能力。在企业竞争实践中，每个企业的资源和能力是各不相同的，同一行业中的企业也不一定拥有相同的资源和能力。这样，企业战略资源和运用，以及这种战略资源的能力方面的差异就成为企业竞争优势的源泉。80年代，库尔（Cool）和申德尔（Schendel）通过对制药业若干个企业的研究，进一步确定了企业的特殊能力是造成它们业绩差异的重要原因。1990年，普拉哈拉德和汉默尔在对世界上优秀公司的经验进行研究的基础上提出，竞争优势的真正源泉在于“管理层将公司范围内的技术和生产技能合并为使各业务可以迅速适应变化机会的能力”。战略资源学派认为，每个组织都是独特的资源和能力的结合体，这一结合体形成了企业竞争战略的基础。因此，企业竞争战略的选择必须最大限度地有利于培植和发展企业的战略资源，而战略管理的主要工作就是培植和发展企业对自身拥有的战略资源的独特的运用能力，即核心能力，而核心能力的形成需要企业不断地积累战略制定所需的各种资源，需要企业不断学习、不断创新、不断超越。只有在核心能力达到一定水平后，企业才能通过一系列组合和整合形成自己独特的、不易被人模仿、替代和占有的战略资源，才能获得和保持持续的竞争优势。

（二）企业核心能力学说

1. 企业核心能力的含义。核心能力是企业在长期生产经营过程中的知识积累和特殊的技能（包括技术的、管理的等）以及相关的资源（如人力资源、财务资源、品牌资源、企业文化等）组合成的一个综合体系，是企业独具的，与他人不同的一种能力。

企业持续竞争的源泉和基础在于核心能力。核心能力是在1990年由两位管理科学家哈默尔和普拉哈拉德在《哈佛商业评论》发表《企业核心能力》一文中提出的，核心能力和企业能力理论在企业发展和企业战略研究方面迅速占据了主导地位，成为指导企业经营和管理的重要理论之一。它的产生代表了一种企业发展的观点：企业的发展由自身所拥有的与众不同的资源决定，企业需要围绕这些资源构建自己的能力体系，以实现自己的竞争优势。根据麦肯锡咨询公司的观点，所谓核心能力是指某一组织内部一系列互补的技能和知识的结合，它具有使一项或多项业务达到竞争领域一流水平的能力。核心能力由洞察预见能力和前线执行能力构成。洞察预见能力主要来源于科学技术知识、独有的数据、产品的创造性、卓越的分析和推理能力等；前线执行能力产生于这样一种情形，即最终产品或服务的质量会因前线工作人员的工作质量而发生改变。企业核心能力是企业的整体资源，它涉及企业的技术、人才、管理、文化和凝聚力等各方面，是企业各部门和全体员工的共同行为。

2. 核心能力源自学习型团队。核心能力积累的关键在于创建学习型组织，在不断修炼中增加企业的专用资产、不可模仿的隐性知识等。湖南有家公司以打造学习型企业为目标，执照“学习型组织”管理理论进行企业再造，积极建立继续教育、终身学习和共同参与、全体受益的良好学习机制，推进企业与员工共同进步、共同发展。公司要求全体人员转变思想观念，在学习目的上，把创建学习型组织当成企业管理革命的武器，通过创建活动，使企业管理模式从“制度加考核”转变到“学习加激励”上来；在学习态度上，变被动学习为主动学习，将学习转变为创造力，变成企业基业长青的有效工具。在学习方法上，坚持内外结合、工余结合、培训与自觉结合。公司通过建立和完善三级中心组学习制度，即决策层、管理层、操作层，针对新的增压技术、绘图软件、新工艺和质量体系、市场营销、财务管理、精益生产等先进的管理方法和经验以及法律、法规方面的知识，公司采取专题培训与班前会相结合，利用专题辅导、组织研讨、团队训练、读书心得交流等多种学习形式，促进员工提高知识水平、业务能力和综合素质。在创建学习型组织过程中，公司坚持做到学习有计划、内容有安排、过程有检查、效果有考核，使全体成员全身心地投入并有能力不断学习，让全体成员工作中体验到生命意义，通过学习增强创造自我、扩展未来的能量。

3. 核心能力的种类。

第一类，基于整合和协调观的核心能力。诸如整合观、协调观、网络观、组合观等均属此类。核心能力是组织对企业拥有的资源、技能、知识的整合能力，是一种积累性学识，这种积累过程涉及企业不同生产技巧的协调,不同技术的组合,价值观念的传递，通过核心能力的积累,组织可以很快发现产品和市场的机会，获得更多的超额利润。

第二类，基于文化观的核心能力。巴顿等认为企业中难以完全仿效的有价值的组织文化是公司最为重要的核心竞争力，并强调，核心竞争力蕴含在企业的文化中，表现于企业的诸多方面，包括技巧和知识。麦肯锡公司的凯文、科因、斯蒂芬、霍尔等也提出,核心能力是某一组织内部一系列互补的技术和知识的组合，它具有使一项或多项关键业务达到业界一流水平的能力。这一提法强调了核心能力是以知识的形式存在于企业的各方面能力中。

第三类，基于资源观的核心能力。杰伊·巴尼强调，获得那些潜在租金价值的资源是企业成功的基础，这些资源是保证企业持续获得超额利润的最基本的条件。奥利维尔认为，不同企业之间在获取战略性资源时，决策和过程上的差异构成了企业的核心竞争力。企业只有获得战略性资源，才能在同行业中拥有独特的地位，这种地位来自其在资源识别、积累、储存和激活过程中独特的能力。

第四类，基于技术观的核心能力。帕特尔和帕维特认为，企业的创新能力和技术水平的差异是企业异质性存在的根本原因。梅耶和厄特巴克（1993）提出，核心竞争力是企业在研究开发、生产制造和市场营销等方面的能力，并且，这种能力的强与弱直接影响企业绩效的好坏。

第五类，基于系统观的核心能力。该学派认为,核心能力是提供企业在特定经营中的竞争能力和竞争优势基础的多方面技能，互补性资产和运行机制的有机结合，它建筑于企业战略和结构之上，以具备特殊技能的人为载体，涉及众多层次的人员和组织的全部职能，因而，必须有沟通、参与和跨越组织边界的共同视野和认同。企业的真正核心能力是企业的技术核心能力、组织核心能力和文化核心能力的有机结合。

4. 核心能力及其核心的特征。虽然关于核心能力的内涵，从不同的角度出发有不同的理解。但对核心能力特征的理解却大同小异。企业核心能力的特征实质上是企业能力理论的一般逻辑推理，它表明核心能力是企业持续竞争优势的源泉。核心能力至少具有三个方面的特征：

价值特征：创造独特价值核心能力的价值特征表现在三个方面：①核心能力在企业创造价值和降低成本方面具有核心地位，核心能力应当能显著提高企业的运营效率。②核心能力能实现顾客所特别注重的价值，一项能力之所以是核心的，它给消费者带来的好处应是关键的。③核心能力是企业异于竞争对手的原因，也是企业比竞争对手做得更好的原因。因此核心能力对企业、顾客具有独特的价值，对企业赢得和保持竞争优势具有特殊的贡献。

资产特征：专用性资产对企业核心能力的投资是不可还原性投资，因此核心能力可以看作是企业的一种专门资产，具有“资产专用性”的特征。核心能力的专用性还体现在积累的自然属性上，因为核心能力具有历史依存性，是企业积累性学习的结果，也即企业的“管理遗产”，它使仿制者处于时间劣势，即使仿制者知道核心能力，也由于资源的积累需要一段时间而无法参与竞争（福斯、哈姆森，1998）。核心能力的资产专用性特征对外面的潜在进入者构成一种进入壁垒，以保护垄断利润的获得；同时又对企业本身构成了一种退出壁垒，这种退出壁垒对企业产生一种推动作用，激励企业员工为共同的目标而努力。

知识特征：隐性知识可以分为两大类：显性知识和隐性知识。具有信息特征的显性知识很容易被仿制，而具有方法论特征的知识则相对来说较难仿制。如果核心能力必须是异质的，必须是完全不能仿制和替代的，那么核心能力必须是以隐性知识为主。正因为隐性知识不公开、内容模糊、无法传授、使用中难以觉察而又自成体系的缘故（Winter，1987），核心能力才具有“普遍模糊”的特点。

因此，“核心能力可以被认为是关于如何协调企业各种资源用途的知识形式”。

（三）对企业战略各学派“外部性”结构的评析

关于企业战略与核心能力学说涉及范围比较广泛，分析起来难度较大，加之本书主要考察组织与外部生态环境保护相关联的理论性质，故对具有强烈内部性色彩的“核心能力学说”就不再讨论。现主要分析“传统战略理论阶段”和“竞争战略理论阶段”一些主要学派的大体情况。

1. 传统战略理论阶段各学派评析。既然涉及企业战略，那么，我们首先要考察它们各派观点中有关“战略”的定义域如何？

设计学派由于强调战略应当清晰、简明、易于理解并贯彻整体思想，故此认为如何设计至关重要。他们强调：“战略形成过程实际上是把企业内部条件因素与企业外部环境因素进行匹配的设计过程，这种匹配设计过程旨在能使企业内部的强项与弱项同企业外部的机会和威胁相协调。”很清楚，设计学派所说的企业外部环境仅仅是旨在寻求将企业自身强项和弱项与外部机遇或威胁相协调的社会范畴的环境。这说明，其定义域已经限定了使其不具有与外部生态环境保护关联的意涵。

计划学派也是一样，他们主张战略应当详细、具体，包括企业目标、资金预算、执行步骤等实施计划。同时他们提出战略包含的四个构成要素：“① 产品与市场范围，即企业在所处行业中的产品与市场的地位；② 增长向量，即企业的经营方向和发展趋势；③ 协同效应，即一种联合作用的效果，它是企业获得的大于由部分资源独立创造的总和的联合回报效果；④ 竞争优势，即企业及其产品和市场所具备的不同于竞争对手的能够为企业奠定牢固竞争地位的特殊因素。”从“战略四要素”可以看出，均为组织自身面对激烈竞争的市场经济环境而设定的一种内部性战略，根本不涉及与组织外部生态环境保护相关联的战略内涵，因此，其定义域同样受内部性局限。

定位学派的代表人物是迈克尔·波特。关于波特，前述有关“竞争性决策管理”中我们已经谈到。战略定位学派也与他密切相关。该学派强调：企业在考虑战略时必须与所处环境相联系，而行业则是企业经营最直接的环境，每个行业的结构又决定了企业的竞争范围，从而决定了企业的潜在的利润水平。故此他们认为，企业在制定战略的过程中必须要做好所处行业的结构分析和企业在行业内相对竞争地位的分析两个方面工作。很明显，定位学派考虑企业经营的外部环境仅仅属于社会范畴，目的是为了在竞争中获得优势，根本没有与自然生态环境和谐相处的丝毫关联。故此，其定义域依然是内部性战略。

创意学派与设计学派反对借直觉制定组织战略所不同，他们则强调直觉对构成战略“愿景”的意义。故此认为，企业产生、企业生存与发展或私有制以及企业在竞争力量主导下的转变，必须有一个具有创新精神的领导提出创意，并经严密控制来实现其借直觉思维所形成的战略“愿景”。显然，与前述战略定义域完全一致，该学派同属组织内部经营性战略范畴。

除了上述学派，还有：认知学派、学习学派、权力学派、文化学派、结构学派和环境学派。其中，只有环境学派（Environmental School）的“规制理论（Institutional Theory）可以将管理战略定义域延伸到组织外部生态环境范畴，其余均属组织内部战略，不存在组织与外部生态系统关联的结构和功能。

2. 竞争战略理论阶段各学派评析。20 世纪 80 年代，正是美、英两国新自由主义在政治上取得统治地位的时期。此时撒切尔夫人和里根先后上台，他们各自都以新自由主义作为国家意识形态。反映在经济上，新自由主义主张市场自由竞争的原则，因此，管理学上的竞争战略理论也随之日渐突出，并涌现出行业结构学派、核心能力学派和战略资源学派三个学派。行业结构学派的代表人物是迈克尔·波特。他强调赢得竞争优势的三种基本战略，即总成本领先战略、标新立异战略、目标集聚战略，同时又提出五种竞争力量分析模型。他认为一个行业的竞争状态和盈利能力取决于五种基本竞争力量之间的相互作用，即进入威胁、替代威胁、买方讨价还价能力、供方讨价还价能力和现有竞争对手的竞争。由此可见，其学说思想的组织内部性特征非常突出，相应地，与环境保护相关的外部性短板也显而易见。波特的学说前面章节中已有详述，因此不再赘述。核心能力学派的代表人物是普拉哈拉德和汉默尔。他们认为，核心能力既可使企业进入各种相关市场参与竞争，还能够使之具有一定程度的竞争优势，同时也不会轻易地被竞争对手所模仿。很明显其理论具有强烈的内部性色彩。但他们主张在外部社会范畴区分竞争对手和顾客，并满足顾客的需求，因此，其理论的外部性特征仅限于社会范畴，而忽略外部生态系统。

战略资源学派观点 20 世纪 80 年代由库尔（Cool）和申德尔（Schendel）最早提出。1990 年，普拉哈拉德和汉默尔使之进一步发展。旨在强调有效培育独特的战略资源，及最大限度地优化配置这种战略资源的能力。以使企业在激烈竞争实践中，借战略资源能力方面的差异而获得竞争优势地位。十分明显，该学派的所谓“战略资源优化配置”，只是出自企业生存竞争之目的，绝非生态合理性意义上的资源优化配置，因此其外部性理论短板同样非常明显。

七、企业文化理论的形成与发展

（一）企业文化理论概述

企业文化是一种较新的企业管理理论，它发祥于日本，并于20世纪80年代形成于美国。是继古典管理理论（又称科学管理）、行为科学管理理论、丛林学派管理理论（又称管理科学）以及“走出管理丛林之路的‘权变论’”之后，管理史上出现的又一次重要变革。标志企业文化诞生的重要著作是1981~1984年在美国出版的《Z理论——美国企业如何迎接日本的挑战》（作者是威廉·大内）、《日本企业管理艺术》（作者是理查德·帕斯卡尔和安东尼·阿索斯）、《公司文化——现代企业的精神支柱》（又译《企业文化》，作者是特伦斯·迪尔和艾伦·肯尼迪）、《寻求优势——美国最成功公司的优势》（又译《成功之路》，作者托马斯·彼得斯和小罗伯特·沃特曼）、《美国企业精神——未来企业经营的八大原则》（作者是劳伦斯·米勒），等等。企业文化认为，企业管理的基本原则是以人为本，即以尊重人的人格、促进人的发展为中心，成功企业之所以取得成功，不在于它们的资金、技术、设备、建筑物、销售网络等硬件，而在于有致力于人的发展的企业文化。

（二）企业文化理论形成的过程

20世纪70年代初的石油危机是企业文化形成的背景。石油危机下的美国渴望通过产品竞争力来摆脱困境，却遇到了日本产品的挑战并处于劣势。美国产品竞争力的下降，带来了一系列的问题，如国外市场萎缩，企业开工不足，工人失业率提高，国内市场竞争更激烈，通胀率升高，经济处于停滞状态，因而不得不实行贸易保护政策等。而与之不同，大洋彼岸的日本，本国资源奇缺，经济几乎完全依赖国际市场，石油危机也没有使国民经济停顿，且有争夺世界第一经济强国之态势。这极大地刺激了美国管理界研究日本，并反思自我的热情。

第一次世界大战以后的几十年里，美国经济一直称雄世界，理论界对管理科学十分热衷，企业也依靠扎实的制度机制实现了良好的发展，但企业文化理论一直处于缓慢发展的状态，对人与人感情的建立、企业和员工的价值观、企业精神等，没有给予足够的重视。同时期的日本却从民族存亡角度出发来看待人的积极作用，并将内部各种力量统一于共同的爱国主义旗帜下。此时的企业，也主动承担救国救民的责任和义务。为国分忧的大前提，促成了“产业报国”、“和亲一致”经营管理哲学的出现，进而逐步建立起了“以人为中心”、“和魂洋才”、“家族主义”，“终身雇佣制”、“年工序列工资制”、“企业工会”等六个经营管理支柱，从制度上确保并稳定了职工队伍。事实上，这种经营管理方式效果也十分明显，确实赢得了员工对企业、对国家的忠诚心、献身精神和高度的责任感。这种全新的企业管理思想，也对企业形成良性回报，使企业出现勃勃生机和无限的创造力。

1980 年，哈佛大学伏格尔著《日本名列第一》出版后，立即在全美国引起强烈反响。美国国家广播公司迅速播出电视节目：“日本能，为甚我们不能?”及时推动了美国全国的反思。不久，《Z 理论》、《日本的管理艺术》等著作出版，把举国反思引向管理理论变革新阶段，至此，掀起了重构企业管理机制和美国企业文化的热潮。在这种企业文化热潮影响下，到 21 世纪初，美国企业界已基本普及了“以人为中心”的管理思想。

（三）企业文化理论的内涵

企业文化理论的基本内涵，是指揭示其革命性思想的几大管理学说，包括创立学说、定义学说、价值观学说、人本学说、革命性学说。

创立学说：企业文化是石油危机背景下，美国企业和管理界通过对本国企业管理与日本企业管理比较研究而产生的一种管理新理论。企业文化理论使世界企业管理进入了一个新阶段。

定义学说：企业文化的定义是经典作家早已确定了的，不是可以随意解读和演义的。《Z 理论》认为：一个公司的文化，主要由其传统的风气构成，另外还应包括一个公司的价值观。《寻求优势》认为：企业文化是摄取传统文化的精华，结合当代先进的管理策略，为企业职工构建价值观念、行为规范和环境氛围。《美国企业精神》认为：企业文化是创造和接纳了新的价值观念、新的眼光、新的精神的一种文化。概括起来就是：企业文化是以以人为本为原则，即以尊重人的人格和价值、促进人的发展为中心，摄取传统文化的精华，创造和接纳新的价值观念、新的眼光、新的精神，结合当代先进的管理策略，为职工构建的一套价值观念和环境氛围。

价值观学说：该学说强调，企业价值观是企业文化的核心，企业价值观是关于人的价值观。企业价值观是关于人的还是关于物的，换句话说，是否显明尊重个人，以人的发展为中心，是区别和划分真假企业文化的标志。企业文化以前的旧管理，见物不见人，那种把“企业发展”、“安全生产”、“资本扩张”、“GDP”等放在第一位的，都是以物为本的。

人本学说：该学说强调没有以人为本就没有企业文化，企业文化反对“管卡压罚”，“管卡压罚”不是企业文化。企业文化在理论上实现了四个突破，从而宣告了它是以人为本的管理理论：① 改变了企业管理发展的思维方向；② 提出了“以人为本”的原则；③ 把以人为本价值观放在企业一切要素的中心地位；④ 以人为本已经成为全球企业走向成功的法宝。

革命性学说：该学说从五个方面把企业文化与之前的所有旧管理区别开来：① 把“软管理”放到突出的地位；② 提出人的价值高于利润；③ 科学界定“以人为本”（“成功企业总是把普通职工看作提高质量和生产率的根本源泉，……都有一条根深蒂固的基本宗旨，那就是：尊重个人，使员工成为胜利者，让他们出人头地。”《寻求优势》）④ 科学界定“企业文化”；（一个企业的企业文化应由企业环境、价值观念、英雄人物、典礼仪式、沟通网络组成，它们以价值观念为中心。“企业环境是形成企业文化的最大影响因素，而企业文化则是企业在这种环境中，为了获得成功所必须采取的全部策略的体现。”《企业文化》）⑤ 推出很多典型企业。

（四）企业文化理论评析

企业文化几个学说中，由于价值观学说乃其核心，因此，现就人本学说和价值观学说进行评价。

人本学说：价值观是企业文化的核心。在企业文化学说中，企业价值观是关于人还是物，这一理论问题迄今都是人们热议的焦点。在企业管理中是否尊重人，亦即尊重员工，是区别真假企业文化的重要标志。之前的旧的管理学说中，除了人际关系学和行为科学外，大多是“见物不见人”的学说。这种学说通常表现为把“企业发展”、“规模生产”、“资本扩张”、“GDP”等放在首要位置的“以物为本的管理”。其管理过程所推崇的是“效率主义逻辑”，根本不存在康德理论意义上的“人是目的”，相反，它们始终把人当作工具。而企业文化的“人本学说”则相反，它不仅将人看成“目的”，而且也是对管理思想史上人际关系学派和行为科学的深化与发展。但是，该学说依然存在康德所说的“自然目的论”严重缺失的理论短板，抑或庇古理论意义上对组织外部行为审视的条件。这使得实践中它必然导致马克思所说的“异化自然”，亦即庇古理论意义上的“外部不经济”行为结果。事实上，今天生态环境遭到严重破坏的事实已经清楚地告诉了我们，管理学因缺少对组织外部行为审视而引发“外部不经济”问题的严重性。它完全证实恩格斯在《自然辩证法》中早就预言了的那种情况。因此，正像恩格斯所说：“我们不要过分陶醉于我们对自然界的胜利。对于每一次这样的胜利，自然界都报复了我们。”①

价值观学说：价值观学说旨在强调尊重个人，以人的价值和发展为核心，并借此建构企业文化。应当说，相对于以往的管理学说，企业文化注重价值观研究这同样是一个十分重大的理论进步。但是，在可持续发展战略的21世纪，建构企业文化，必须同时重视霍尔姆斯·罗尔斯顿在其《哲学走向荒野》和《环境伦理学》中所强调的“自然价值论”问题，否则，即使企业文化使管理过程有了人性化色彩，但它同样摆脱不了含有“生态圈”和“社会圈”的“世界系统理论”竞技场的检验，而这一点，正是罗马俱乐部成员、美国著名系统哲学家E. 拉兹洛在其《系统哲学讲演集——世界系统》一文中对世界各国政府提出的警告。他指出：“世界系统理应受到当代社会和政府的重视，因为它是社会实践的竞技场，社会科学的全部知识最终都在这里受到检验。”②

八、关于企业再造理论

（一）企业再造理论的概述

企业再造理论（BPR）是1993年由美国的迈克尔·哈默和詹姆斯·钱皮在《企业再造》（Reengineering the Corporation）一书中提出的。200年来，人们一直遵循亚当·斯密的劳动分工的思想来建立和管理企业，即注重把工作分解为最简单和最基本的步骤。而目前应围绕这样的概念来建立和管理企业，即把工作任务重新组合到首尾一贯的工作流程中去。他们给BPR下的定义是：“为了飞跃性地改善成本、质量、服务、速度等现代企业的主要运营基础，必须对工作流程进行根本性的重新思考并彻底改革。”它强调以业务流程为改造对象和中心，以关心客户的需求和满意度为目标，对现有的业务流程进行根本的再思考和彻底的再设计，利用先进的制造技术、信息技术以及现代化的管理手段，最大限度地实现技术上的功能集成和管理上的职能集成，以打破传统的职能型组织结构，建立全新的过程型组织结构，从而实现企业经营在成本、质量、服务和速度等方面的巨大改善。它的重组模式是：以作业流程为中心、打破金字塔状的组织结构、建立横宽纵短的扁平式柔性管理体系，使企业能适应信息社会的高效率和快节奏、适

① 马克思恩格斯全集. 北京：人民出版社，1971. 519.

②〔美〕E. 拉兹洛. 系统哲学讲演集. 北京：中国社会科学出版社，1991. 141.

合企业员工参与企业管理、实现企业内部上下左右的有效沟通、具有较强的应变能力和较大的灵活性。

（二）企业再造理论产生的背景

企业再造理论（BPR）的产生有着深刻的时代背景。20世纪六七十年代以来，信息技术革命使企业的经营环境和运作方式发生了很大的变化，而西方国家长期的经济低增长及市场竞争的日趋激烈，使企业面临着十分严峻的挑战。此时，有些管理学家用3C理论反映了这种全新挑战的大体情况。3C理论具体指：

顾客（Customer）——买卖双方关系中的主导权转到了顾客一方。它表明竞争使顾客对商品有了更大的选择余地。相应地，随着生活水平的不断提高，顾客对各种产品和服务也有了更高的要求。

竞争（Competition）——技术进步使竞争的方式和手段不断变化，一致发生了根本性的改变。同时，它导致越来越多的跨国公司越出国界，在逐渐走向一体化的全球市场上展开各种形式的竞争。譬如当时美国企业就面临日本、欧洲企业的竞争威胁。

变化（Change）——市场需求日趋多变，产品寿命周期的单位已由“年”趋于“月”，技术进步使企业的生产、服务系统经常变化。因此在以往大规模生产、大批量消费的环境下发展起来的企业经营管理模式已无法适应快速变化的市场。面对这些挑战，企业只有在更高水平上进行一场根本性的改革与创新，才能在低速增长时代增强自身的存活率和竞争力。

在这种背景下，美国企业为挑战来自日本、欧洲的威胁而进行深入研究。1993年哈默和钱皮出版了《再造企业》（Reengineering the Corpration）一书，1995年钱皮又出版了《再造管理》，并提出应在新的企业运行空间条件下，改造原来的工作流程，以使企业更适应未来的生存发展空间。这一全新的思想震动了当时管理学界，一时间，“企业再造”、“流程再造”成为大家谈论的热门话题。而哈默和钱皮的著作也以极快的速度被大量翻译和传播。除此，与之有关的各种刊物、演讲会也盛行一时，在短短的时间里成为全世界企业界及学术界讨论的热点。加之，当时IBM信用公司借流程改造而使一位通才信贷员代替了过去多个专才，并减少了九成作业时间的案例更是广为流传。

（三）企业再造理论的基本内容

企业再造理论认为，企业再造绝非对原有组织进行简单修补的一次改良活动，而必须是重大的突破性变革。企业再造是对植根于企业内部的、影响企业各种经营活动的传统方展开的，因此它向固有的基本信念提出了挑战；企业再造必须对组织中人的观念、组织的运作机制和运作流程进行彻底的更新，要使经营业绩具有显著的改进，哈默和钱皮认为：从效率上，所谓“显著改进”就是制定了一个目标，以达到“周转期缩短70%，成本降低40%，顾客满意度和企业收益提高40%，市场份额增长25%”等，显然，数字都很具体。企业再造就是指“流程再造”，其实施方法是以先进的计算机信息系统和其他生产制造技术为手段，以顾客中长期需求为目标，在人本管理、顾客至上、效率和效益为中心的思想的指导下，通过最大限度地减少对产品增值无实质作用的环节与过程，建立起科学的组织结构和业务流程，使产品质量和规模发生质的变化，从而保证企业能以最小的成本、高质量的产品和优质的服务在不断加剧的市场竞争中战胜对手，获得发展的机遇。

（四）企业再造的程序

企业“再造”就是重新设计和安排企业的整个生产、服务和经营过程，并使之合理化。通过对企业原来生产经营过程的各个方面、每个环节进行全面的调查研究和细致分析，对其中不合理、不必要的环节进行彻底的变革。在具体实施过程中，可以按以下程序进行。

1. 对原有流程进行全面的功能和效率分析，发现其存在问题。根据企业现行的作业程序，绘制细致、明了的作业流程图。一般地说，原来的作业程序是与过去的市场需求、技术条件相适应的，并由一定的组织结构、作业规范作为保证。当市场需求、技术条件发生的变化使现有作业程序难以适应时，作业效率或组织结构的效能就会降低。

因此，必须从以下方面分析现行作业流程的问题：①功能障碍：随着技术的发展，技术上具有不可分性的团队工作（TNE），个人可完成的工作额度就会发生变化，就会使原来的作业流程或者支离破碎增加管理成本、或者核算单位太大造成权责利脱节，并会造成组织机构设计不合理，形成企业发展的瓶颈。②重要性：不同的作业流程环节对企业的影响是不同的。随着市场的发展，顾客对产品、服务需求的变化，作业流程中的关键环节以及各环节的重要性也在变化。③可行性：根据市场、技术变化的特点及企业的现实情况，分清问题的轻重缓急，找出流程再造的切入点。为了对上述问题的认识更具有针对性，还必须深入现场，具体观测、分析现存作业流程的功能、制约因素以及表现的关键问题。

2. 设计新的流程改进方案，并进行评估。为了设计更加科学、合理的作业流程，必须群策群力、集思广益、鼓励创新。在设计新的流程改进方案时，可考虑：①将现在的数项业务或工作经营组合；②工作流程的各个步骤按其自然顺序进行；③给予职工参与决策的权力；④为同一种工作流程设置若干种进行方式；⑤工作应当超越组织的界限，在最适当的场所进行；⑥尽量减少检查、控制、调整等管理工作；⑦设置项目负责人（Case maneger）。

对于提出的多个流程改进方案，还要从成本、效益、技术条件和风险程度等方面进行评估，选取可行性强的方案。

3. 制定与流程改进方案相配套的组织结构、人力资源配置和业务规范等方面的改造计划，并形成系统的企业再造方案。企业业务流程的实施，是以相应组织结构、人力资源配置方式、业务规范、沟通渠道甚至企业文化作为保证的，所以，只有以流程改进为核心形成系统的企业再造方案，才能达到预期的目的。

4. 组织实施与持续改善。实施企业再造方案，必然会触及原有的利益格局。因此，必须精心组织，谨慎推进。既要态度坚定，克服阻力，又要积极宣传，达成共识，以保证企业再造的顺利进行。企业再造方案的实施并不意味着企业再造的终结。在社会发展日益加快的时代，企业总是不断面临新的挑战，这就需要对企业再造方案不断地进行改进，以适应新形势的需要。

（五）企业再造理论批评

企业再造理论是以再生性思维方式，重新审视现行管理学理论，包括目标管理、多样化、Z 理论、零基预算、价值分析、分权、质量圈、追求卓越、结构重整、文件管理、走动式管理、矩阵管理等，并对传统管理学赖以确立的基础——分工理论提出质疑。该理论主张：为适应新的世界竞争环境，企业必须摒弃已成定式的运营模式，并以工作流程为中心重新设计企业经营模式，以高效率的运营方式实现即如哈默和钱反所认为的“周转期缩短 70%，成本降低 40%，顾客满意度和企业收益提高 40%，市场份额增长 25%”的目标。

企业再造理论倡导者哈默和钱皮大有当年卢桑斯《权变管理理论：走出丛林的道路》之气势，似乎唯其学说能够拯救资本主义经营与管理，并代表未来管理学的发展方向。其实，他们的学说，只不过是以往所有经济人“效率主义逻辑”的当代翻版。事实上，这种学说只是片面的主张资本的获益，而忽略更为广泛的社会责任（尽管它注重社会效益范畴的“顾客”利益，但却忽略环境范畴的社会责任）；主张社会达尔文主义的片面“竞争”，而忽略美国环境伦理学家利奥波德、德国协同论创始人哈肯、德国生物学家艾根在批评达尔文主义基础上强调的“共生”（包括生态环境范畴的“共生”）；主张单纯意义上的片面“激励”，忽略经济、社会、生态多元目标的生态合理性优化配置的协调；主张马克思早就批评了的“资本有机构成”式的技术追求，忽略由之导致的“相对人口过剩”的社会灾难（其实在中国，曾经有人强力推行的“减员增效”与之如出一辙）；主张新自由主义的价值取向，忽略布伦特兰式《我们共同的未来》连同联合国《21世纪议程》为我们规定了的可持续发展战略目标；主张“经济人自身利润最大化”新自由主义追求，忽略生态系统平衡的环境保护方面的环境效益，等等。因此，该学说客观上并不符合21世纪管理学的发展方向。

九、六西格玛理论的管理学意义

（一）六西格玛理论的由来

六西格玛（Six Sigma）是在20世纪90年代中期开始被一种全面质量管理方法演变成为一个高度有效企业流程设计、改善和优化技术的。之后，又提供了一系列同等地适用于设计、生产和服务的新产品开发工具。在当时，六西格玛也成为全世界追求管理卓越性的最为重要的战略举措，进而逐步发展成了以顾客为主体来确定产品开发设计的标尺，及追求持续进步的一种管理哲学。六西格玛是摩托罗拉公司发明的术语，用来描述在实现质量改进时的目标和过程。西格玛（σ）是统计员用的希腊字母，是指可准许的偏差的意思。术语六西格玛指换算为百万分之3.4的错误/缺陷率的流程变化（六个标准偏差）尺度。

（二）六西格玛的理论内涵

六西格玛（Six Sigma）又称：六式码、六标准差、6σ、6Sigma，不能使用大写的Σ。西格玛（Σ，σ）是希腊文的字母，在统计学中称为标准差，用来表示数据的分散程度。其含义引申后指：一般企业的瑕疵率大约是3到4个西格玛，以4西格玛而言，相当于每100万个机会里，有6210次误差。如果企业达到6西格玛，就几近完美地达到顾客要求，在100万个机会里，只有3.4个瑕疵。

（三）六西格玛在管理中的推行与实践

为达到六西格玛的质量性能，需要一组专门的质量改进方法和统计工具。实践中，将这些方法和工具教给一小群称为六西格玛黑带的人，由他们全职负责定义、测量、分析、改进和控制过程质量。黑带领导可以跨职能的员工团队（每个人称为六西格玛绿带）来实现过程质量的突破。六西格玛精英团队确保质量改进项目的重点不只放在对公司长期的成长与成功影响最大过程上，还通过清除遇到的组织中的障碍来促进改进流程。六西格玛是通用电气的杰克韦尔奇于20世纪90年代发展起来的，它是在总结全面质量管理的成功经验基础上，提炼其中流程管理技巧的有效方法。事实上，它也成了一种提高企业业绩与竞争力的管理模式。该管理模式，通过摩托罗拉、通用电气、戴尔、惠普、西门子、索尼、东芝等众多跨国企业的实践业已被证明是卓有成效的。正因为此，目前国内一些机构也在推行 6σ 管理工作。

1. 战略目标。战略目标是将 6σ 作为产品开发设计的标尺和追求持续进步的一种管理哲学。追求零缺陷质量，实现完美品质的另一个目的，旨在确保客户满意。

2. 质量管理。6σ 管理法是一种统计评估法，核心是追求零缺陷生产，防范产品责任风险，降低成本，提高生产率和市场占有率，提高顾客满意度。6σ 管理既着眼于产品的服务质量，又关注过程的改进。“σ”用以描述总体中的个体离均值的偏离程度，测量出的σ 表征着诸如单位缺陷、百万缺陷或错误的概率性，σ 值越小，缺陷或错误就越少。6σ 是一个目标，这个质量水平意味的是所有的过程和结果中，99.99966% 是无缺陷的，也就是说，做 100 万件事情，其中只有 3.4 件是有缺陷的，这几乎趋近人类能够达到的最为完美的境界。6σ 管理关注过程，特别是企业为市场和顾客提供价值的核心过程。因为该过程能力用 σ 来度量后，σ 越大，过程的波动越小，过程以最低的成本损失、最短的时间周期、满足顾客要求的能力就越强。6σ 理论认为，大多数企业在 3σ ~ 4σ 间运转，也就是说每百万次操作失误在 6210 ~ 66800 次之间，这些缺陷要求经营者以销售额 15% ~ 30%的资金进行事后的弥补或修正，而如果做到 6σ，事后弥补的资金将会降低到约为销售额的 5%。

3. 为了达到 6σ，首先要制定标准，在管理中随时跟踪考核操作与标准之间的偏差，并不断改进，以最终达到 6σ。6σ 的改进过程已形成一套简单的流程模式，即界定、测量、分析、改进和控制。

界定：确定需要改进的目标及其进度，企业高层领导确定企业的策略目标，中层营运目标可能是提高制造部门的生产量，项目层的目标可能是减少次品和提高效率。界定前，需要辨析并绘制出流程。

测量：以灵活有效的衡量标准测量和权衡现存的系统与数据，了解现有质量水平。

分析：利用统计学工具对整个系统进行分析，找到影响质量的少数几个关键因素。

改进：运用项目管理和其他管理工具，针对关键因素确立最佳改进方案。

控制：监控新的系统流程，采取措施维持改进的结果，以期整个流程充分发挥功效。

（四）六西格玛评析

6σ 对于高效率地节约利用原材料和自然资源确实不失为较好的管理方法，但是，即如前述“戴明与朱兰——质量管理理论双子星座”那样，相对于德国（Wuppertal）研究所的“因子 X”理论，即倍数理论来说，它也是经济人组织内部管理过程的一种消极意义上的节约方式。尽管在经营过程中，它们也采取了“以顾客导向”而使之有了社会范畴的一些内容，但在理论上并不因此而改变其组织“内部性”管理的理论实质。故此，前面对“戴明与朱兰——质量管理理论双子星座”的批评，在此同样也适用于对 6σ 质量管理方面，故此不再赘述。

第三节　当代管理思潮批评

一、原地踏步——当代管理学非线型本质

我们已经系统评析了当代管理的各种思潮和派别，并指出它们各自的理论特点与问题。十分清楚，西方当代管理思潮，除“环境学派”（Environmental School）中的“规制理论”（Institutional Theory）具有对经济组织“外部不经济行为”的管控功能外，其余都因“外部性结构”缺失而存在理论短板。正像前面各章内容，即古典管理理论、行为科学管理理论、丛林学派管理理论，以及“走出管理丛林之路的‘权变论’”因“外部性结构”缺失而存在理论短板那样，当代管理思潮的各个派别也都大多如此。似乎管理思想史的发展，并非朝着“线型”的方向运行，亦即并非朝着后来的学说一定会比先前的理论更为优越，更能符合管理思想发展的生态合理性真谛的方向推进。然而，至少经过对当代管理思潮的考察，使我们清楚地认识到事实也正是如此，亦即它们并非是朝着更加理想的——可持续发展的方向运行。因为，在当今条件下，新自由主义的风行和经济全球化，使得当代管理学即如古典管理理论面对当时的自由市场激烈竞争那样，也要面对由新自由主义掀起的全球十分激烈的市场竞争情况。很清楚，这也是当代管理学难以回避的一个十分重要的原因。从经济学理论上说，新自由主义推行的既是资本主义的国家意识形态，也是亚当·斯密经济学说和思想的当代版本。因此，推行强烈的“经济人”思想和理念，以及尊奉“效率主义逻辑”，使它们有着学理上的高度一致性，客观上这也造成当今时代所有“经济人组织”管理同

样地朝着“效率主义逻辑”方向急速迈进的内在原因。正是这种既有的时代背景和条件，也似乎可作为对管理学非线型发展情况的一种来自外在条件方面的说明。

二、公地悲剧——当代管理学“外部性结构缺失”的必然产物

新老自由主义经济学的一个共同特点是：它们二者都对外部自然生态系统的约束力即成本（生态系统失衡的成本）递增和报酬（自然生态系统作为公共福利的报酬，如清洁的空气、无毒的水，等等）递减律予以无视。经济的发展，必然会受到自然资源枯竭的约束，譬如某资源大省曾以盛产煤炭而引以为荣，“能源重化工基地”也是其经济发展的基本特色。但最终导致挖一吨煤损失两吨半地下水，这既造成不可再生性化石燃料濒临枯竭，也导致本就紧张的地下水资源越来越减少，以致不得不以“引黄工程”来缓解水资源紧缺的突出问题就是这种情况。其实，大自然约束力抑或成本递增及报酬递减律还不止如此。另外一种约束乃是来自作为我们生存栖息地的环境污染情况的严重性。事实上，生态环境的严重污染已经到了足以引起灾变的程度，譬如时下我国多地普遍出现的“雾霾污染”和“地下水污染”问题，同样属于成本（或代价）递增与报酬递减的另外一种情形。这种新老自由主义所固有的理论问题，事实上早就受到了美国著名环境经济学家赫尔曼·E.戴利的批评。戴利指出：这种情况“被生物学家加勒特·哈丁称之为‘公地效应’，福利经济学家称之为‘外部不经济’，而我想称之为‘看不见的脚’。亚当·斯密看不见的手使得私人的自利在不自觉地为公共利益服务。看不见的脚则导致私人的自利把公共利益踢成碎片。在一个竞争的市场中，私人所有权和私人的（资源）利用产生了看不见的手，而无限制地使用公共的东西产生了看不见的脚”。①

三、新自由主义的观念与方法——当代管理学“外部性结构缺失”原因

反观当代管理学各种思潮和流派的理论，它们大多是为了适应新自由主义掀

① 〔美〕赫尔曼·E. 戴利等. 珍惜地球——经济学、生态学、伦理学. 北京：商务印书馆，2001.41~43.

起的经济全球化的激励竞争所建构的理论体系。即如古典管理学是以市场经济"经济人假设"为前提建构各自的理论体系那样，当代管理学在完全不考虑自然生态系统成本递增和报酬递减情况下，换言之，在完全不考虑加勒特·哈丁所说的"公地悲剧"、庇古所说的"外部不经济"以及戴利所说的市场经济"看不见的脚"的前提下，以"效率主义逻辑"抑或"效率主义逻辑"合取"情感逻辑"为特征研究管理学。这种学说，在现实管理的运行与实践过程中所追求的充其量只是经济人组织"自身利润最大化"的所谓经济效益，抑或经济效益加社会范畴"顾客"意义上的"社会效益"。从本质上说，这与古典管理及行为科学没有实质性的区别。因为，它们共同的特征就是根本不考虑自然生态系统约束力或"环境效益"情况。从这种意义上说，这就不能不被认为它们都存在着十分严重的外部性结构缺失的理论短板。正是由于这种理论短板连同它们奉行的新自由主义意识形态和观念，使之既不能适应21世纪可持续发展战略的现实需要，也不能满足管理学必须应有的学理上的合理性。它是事实上的一种残缺不全的理论。因此，这也难怪福利经济学创始人庇古、生态经济学家赫尔曼·E. 戴利、生物学家加勒特·哈丁对经济学乃至管理学做出批评了。

除了上述学者，即使与弗里德曼、哈耶克同属芝加哥学派的德国学者安德烈·贡德·弗兰克对历史学研究所做的形象比喻，同样也可被应用于对管理学的反思方面。弗兰克借助一个故事巧妙地指出了历史学研究方法上存在的问题。他说一个赠送他书的人写到书上的赠词是："'一个研究树木的人 赠送给一个研究树林的人'。不要说'文明研究者'，就是'世界史'学者也习惯把自己的注意力局限在某些大树上，仅仅对某些大的片断加以比较……有些人为自己的方法辩护说，遵照'科学'标准，我们只能研究整体的片断"。接着弗兰克又指出："总之，他们或者由于不愿意看见整体，或者由于看不见整体，因而不去看整个画面。"[①]其实，当代管理学研究者又何尝不是如此?！当代管理学，在它千方百计将全部精力倾注于经济增长的"效率主义逻辑"时，之所以又同时促成了全球环境危机的频频发生，正是由于看不到弗兰克所说的"整体"。当代管理学急迫需要从研究"树木"转向研究"树林"，否则，它就很难看到整个的、完整的"画面"！

① 〔德〕贡德·弗兰克. 白银资本——重视经济全球化中的东方. 北京：中央编译出版社，2001.64.

第五章　未来管理思想的发展趋势

今天的环境危机告诉我们，关于未来管理学，除杰伊·福雷斯特系统动力学所探讨的世界系统学说及环境学派（Environmental School）的“规制理论(Institutional Theory)”外，不能按照当代管理学其他思潮业已规定的方式经营。这主要有以下几种原因：第一，当代管理学理论建构的假设前提与未来可持续发展战略原则的要求不相吻合。因为，它是以“经济人”抑或“经济—社会人”假设为前提所建构的理论体系，在观念上，受经济人伦理思想和价值观的强烈制约与影响，理论上，它既同可持续发展战略所要求的生态伦理思想相排斥，也与可持续发展战略内在蕴涵的自然价值论思想相冲突。第二，未来管理学，为了防止组织行为导致的“外部不经济”，必须具有协同兼顾外部“生态系统”目标管理的理论意涵，因为这是避免造成马克思早就批评过的“异化自然’，亦即勒特·哈丁所说的“公地悲剧”的前提条件。而当代大多管理学的“目标管理”，因其外部“生态目标”管理内容的缺失，使之难以适应这一基本情况。第三，未来管理，为了适应可持续发展的现实要求，必须以哈肯理论意义上的协同学管理方式，协调经济、社会、生态多元目标之间关系的动态平衡，因为一旦失衡，就会导致系统不和谐问题的产生，乃至引起灾变。第四，未来管理，必须满足与可持续发展战略相一致的“资源生态合理性优化配置”，而非单纯意义上的所谓“市场经济资源优化配置”，故此，管理过程的“生态设计”至关重要。第五，未来管理，必须从管理机理和结构上确保与外部生态系统的紧密关联，而且唯有如此，才能具有防止组织管理过程“外部不经济”行为的发生。因此，蕴涵外部“生态结构”在内的“三维管理方格”理论探索同样非常必要，因为它既是从结构上确保与可持续发展思想一致的机理性前提，也是杜绝传统管理学“外部性结构缺失”理论短板的必要条件。

第一节　未来管理发展趋势——工业生态学协同管理

在环境危机日益严重的情况下，就像曲格平先生的绿色著述所说的那样，

“我们需要一场变革”！作为管理科学理论研究也是如此，我们需要一场变革！其实，为了我们生存栖息地——地球的安全性工作，20世纪70年代初人们就开始了这项具有伟大战略性意义的工作。在当时，受麻省理工学院杰伊·福雷斯特系统动力学深刻影响的米都斯的《增长的极限》，为惊醒人类确实起到了振聋发聩的作用，它也引起了人类开始关注我们的生存环境，并与《增长的极限》问世的同年（1972年）6月5日促成了联合国第一届“环境与发展大会”在斯德哥尔摩的召开。自此，人们以各种研究成果探讨与地球生态系统和谐相处的方式。工业生态学也是继《增长的极限》等许多绿色经典之后的一个新兴的研究领域。

一、工业生态学的研究概况

关于工业生态学的研究历史，艾尔克曼在其《工业生态学》第三章“历史的回眸”中已有较为翔实的阐述。在此我们也只是做一些简单的、提示性的介绍。在20世纪70年代的一些科技文献中工业生态学已有出现。当时美国一位地球化学家普雷斯顿·克罗德（Preston Cloud）在其论文中，较早使用了“工业生态学”概念，并对之做了与现在较为接近的界说。他的论文是为1977年德国地球学年会撰写的。但是，对工业生态学研究做出决定性贡献的是1972年斯德哥尔摩联合国环境与发展大会首任主任莫里斯·斯特朗的助手罗伯特·福罗什。后来他与尼古拉·加劳布劳斯（二人均在美国通用汽车实验室工作）1989年在《科学美国人》杂志撰文阐述了其工业生态学观点。他们认为：既然在自然生态系统中一个物种的废弃物会成为另一个物种的资源，那么，为什么我们的工业系统不能如此呢？如果借此方式推进工业发展，并减少废弃物处理过程，使现行工业系统像自然生态系统一样形成废弃物的循环利用，那么，便可大幅度地减少原材料的需求及其所造成的环境污染。

此外，美国麻省理工学院1997年首次出版了世界上第一份《工业生态学》杂志。显然，这是继米都斯《增长的局限》之后，麻省理工学院为寻求与地球生态系统和谐相处的工业管理发展方向，又一次起到了引领者的重要作用。继之，瑞士学者苏伦·艾尔克曼于1999年出版了世界上最早的《工业生态学》专著，该书从“出乎自然的工业”、“工业生态学”、“历史回眸”、“工业代谢研究”、“臻于成熟的工业体系”、“技术战略”、“不断使用的财富”共七个章节中较为完整地探讨了工业生态学及未来管理学发展方向问题。继苏伦·艾尔克曼具有创造性意义的工作之后，美国学者劳爱乐与中国学者耿勇也共同合著了《工业生态学和生态工业园》一书，并于2003年问世，这使工业生态学和未来管理发展的理论研究又朝着具体实践方向推进了一步。

二、工业生态学的理论内涵及特征

（一）工业生态学的理论内涵

工业生态学的理论内涵与工业代谢理论密切相关，但二者也存在一定区别。根据苏伦·艾尔克曼的界说，我们可清楚地看出，他既强调了二者之间的有机联系，又对它们做了明确区分。

首先，为了更有效地揭示工业生态学，他对工业代谢理论进行了解读。他指出：工业代谢理论研究的是工业系统所有生物物理组成部分的总和。其基本手段是分析与描述，旨在弄清与人类活动相关的物质、能量的流动及存储的动力，以及从资源的采掘到生物地球化学的循环过程。他强调，这是物质不可逆转并迟早要发生的循环。

在揭示“工业代谢理论”基础上，艾尔克曼给工业生态学下了一个十分明确的定义，并指出它们二者间的联系与区别。他说：所谓工业生态学，它是借助于对生态系统和生物圈的认知找到能使工业体系与生物生态系统“正常”运行相互匹配的可能的革新途径的工业管理学说。[①]故此，他认为，相对于工业代谢理论而言，工业生态学已经向前跨越了一个阶段，因此，工业代谢理论既是工业生态学不可或缺的先决条件，也是工业生态学所依据的十分重要的理论基础。

（二）工业生态学的基本特征

与新自由主义所不同，既然工业生态学旨在借助对生物圈的认知寻求使工业体系与生物生态系统“正常”运行相匹配的革新途径，那么，自然界“共生”特征和生物生态系统的“协同”性质对之至关重要。新自由主义即如亚当·斯密市场经济原教旨主义那样，只是片面地强调竞争，而工业生态学还同时注重自然生态系统与竞争相对的另外一种特征——共生。关于共生概念，国际上许多学者都有研究，美国著名环境伦理学家利奥波德在其《沙乡年鉴》“土地伦理学”一章中指出：“事物在各种相互依存的个体向相互合作的模式发展的意向中是有其根源的。生态学家把它称为共生现象，政治学和经济学则是提高了共生现象，在

① ［瑞士］苏伦·艾尔克曼．工业生态学．北京：经济日报出版社，1999．2．

这种共生现象中，原有的自由竞争的一部分被带有伦理学意义的各种协调方式所取代了。”[①]不仅利奥波德，德国著名学者哈肯在其《协同学——大自然构成的奥秘》一书中，同样强调了共生问题。他说：“在激烈的生存斗争中，一个特别有趣的例子是共生现象，其中不同的物种相互帮助，而且甚至只有这样大家才可能生存。”[②]因此共生问题同样是工业生态学最重要的基本特征。

除了共生以外，工业生态协同运作方式同样是其最重要的基本特征。工业生态协同运作方式可具体分为“内生态协同”和“外生态协同”两个方面。所谓内生态协同是指工业企业自身内部各个生产环节进行资源生态合理性优化配置的一种协同运作管理方式。譬如，我国鲁北化工集团一生产车间的废弃物为下一生产车间的资源，以致最终废弃物零排放的案例就是内生态协同管理运作方式。所谓外生态协同是指工业企业与企业之间进行资源生态合理性优化配置的一种协同运作管理方式。艾尔克曼在其《工业生态学》所举的丹麦卡伦堡市各个企业之间废弃物相互利用的案例就是外生态协同。[③]

工业生态学的上述特征均旨在积极寻求工业发展与自然生态系统的平衡及资源生态合理性的优化配置，而这一点，恰恰是新老自由主义学说所不重视的方面。只因为如此，它遭到了美国著名生态经济学家赖斯特·R.布朗的严厉批评。他指出：“今日全球经济是受市场力量左右，并非受生态学原理所制约。令人遗憾的是，因为市场的力量不能反映商品服务的全部成本，所以市场提供给各级决策者的信息往往是些误导人的信息。这样一种因已经酿成了一种果：为我们选择了一种与地球生态系统很不合拍的亦即被扭曲了的经济——一种正在戕害其自然支持系统的经济。”布朗接着又批评指出：“市场的力量看不到可持续产出的种种基本生态观念因而也不能重视自然界的这样一些平衡。譬如说市场力量是不会去注意碳的排放与自然界固定碳的能力之间越来越失衡，更不会去注意燃烧化石燃料在造成此类失衡的过程中所起到的作用。”[④]

---

①〔美〕奥尔多·利奥波德. 沙乡年鉴[M]. 长春：吉林人民出版社，1997.192.
②〔德〕赫尔曼·哈肯. 协同学——大自然构成的奥秘[M]. 上海：上海译文出版社，2001.71.
③ 晔枫. 当代工业管理的协同学本质及其特征[J]. 湖北经济学院学报，2007(4).
④〔美〕赖斯特·R. 布朗. 生态经济学[M]. 北京：东方出版社，2002. 84.

第二节　未来管理发展趋势——“生态设计”

进入21世纪，面对经济全球化造成的生态环境的持续破坏，以及由全球自由市场经济发展造成的所谓资源、能源消耗的加剧，我们的地球方舟越来越不堪重负。为了纠正高消耗、高污染的现行粗放型经济发展模式，积极顺应可持续发展战略需要，日本东京大学山本良一教授撰写了《战略环境经营——生态设计》一书。该书体现出作者对一味地追求所谓“GDP最大化”的浮士德式发展方式，所表现出的急切心情和忧虑。这种情况，从书的前言中即可清楚地看出。他说：“当考虑到一味追求物质文明的发达国家和为了达到同样目的而正在强行军的中国和印度的情况时，我想如果有人说物质文明与地球承载极限相冲突的日子可能会比许多专家所预言的2020年还要更早的话，也许不会是危言耸听吧！”①故此，该书以一种积极态度，借“生态设计”（Ecodesign）方式，告诉人们如何对待并处理经济发展与环境保护之间的关系，在现行及未来管理过程中植入绿色化运营方式和可持续发展思想。

一、生态设计的内涵与宗旨

所谓生态设计，山本良一的解释是：“从生态设计引发超级生态革新，也就是环境技术革新。归结为一句话，就是以最终减少资源和能源消耗的方式开发能够飞速提高人们的福利和产品性能的技术”②的设计。

生态设计的基本宗旨是：改变原有粗放型生产、生活方式，“即从原料的开采一直到生产、使用、再生循环利用、最终处理的整个生命周期，以实现环境效率最大化为目标。”③生态设计概念产生前，它通常被表述为环境保护、环境修复、环境净化等。另外，它还有Cleaning Production亦即清洁生产之含义。它们大多属于末端处理，指的是尽可能不排放废弃物，或使废弃物排放最小化。而生态设计（Ecodesign）则是逻辑外延扩大化了的概念，它已经将环境理论和技术统

①〔日〕三本良一. 战略环境经营——生态设计[M]. 北京：化学工业出版社，2003.“前言”.
②〔日〕三本良一. 战略环境经营——生态设计[M]. 北京：化学工业出版社，2003. 99.
③〔日〕三本良一. 战略环境经营——生态设计[M]. 北京：化学工业出版社，2003. 27.

一在一起，目的就是为了与可持续发展思想相一致。

二、生态设计的方法

山本良一还进一步阐述了关于生态设计的基本方法，并归纳出与生态设计相关联的层次结构，指出这些方法的层次结构均与可持续发展的整体目标相关联。他认为：结构的第一个层次是“生命圈、人类社会的构成原理”，生态学、生物学和社会学等基本知识均属于该层次。第二个层次是“可持续性原理(Principle for Sustainability)”。相对于第一层次的纯知识性而言，这一层含有价值观的内容。第三层次是“可持续发展的原则（Principles for Sustainable Development）”。“逆向制造”概念就是这一层次，即以实现产品生命周期全程的资源、能源使用量、废弃物等对环境造成的负荷最小为目标的循环型产品生命周期系统的层次等，均属于逆向制造范畴。另外，与逆向制造同一层次的还有“零排放”，它们二者共同构成了第三层次的全部内容。生态设计的第四层次主要指的是“行动”，换言之，它也可被具体称为“生态设计的行动”。生态设计的第五层次，就是将生态设计付诸行动后的“度量标准（计算测定、评价和指标）”。那么，在现实的生产和管理中，如何才能接近可持续发展的原则规定？怎样使自己的产品和环境达到可持续发展规定的效率？按照山本良一的解释，只有通过测定、计算和评价方可得出结论。作为一个尺度，提倡使用LCA(生命周期评价)、EPE(环境性能评价)、MIPS（单位服务的材料强度）、生态足迹、因子X（资源利用效率）、EMS（环境管理系统）等。[①]

那么，达到什么样的程度的生态设计才符合标准规定？事实上，根据具体情况，它所反映的是一种动态平衡演化过程。以“因子X”测定指标为例，若测定得到的分别是2倍、4倍、10倍、20倍、100倍因子[②]，即表示为2倍因子、4倍因子、10倍因子、20倍因子、100倍因子等。山本良一为我们现在和未来可持续发展管理，提供了可操作性的方法，它与新自由主义推行的市场经济“经济人假设前提”的理论和观点绝不是等价意义上的。相比而言前者的思想境界要远

①〔日〕三本良一. 战略环境经营——生态设计［M］. 北京：化学工业出版社，2003. 100~103.

②“因子X”即“Factor X”理论为德国伍珀塔尔研究所提出的理论，意即资源利用效率的理论，它以1990资源利用效率为参照，“因子2”表明资源利用效率提高了2倍，“因子4”则提高了4倍……

远高于后者。今天全球生态环境破坏的严酷事实清楚地告诉我们，新自由主义的风行，事实上已经严重阻碍了人类可持续发展的进程。本书之所以将山本良一生态设计作为未来管理学发展方向和参考依据，就是为了从管理学角度纠正市场经济“看不见的手”加“经济人自身利润最大化”的政策导向所造成的不良后果。

第三节 未来管理发展趋势——三维管理方格

一、三维目标同步管理行为

三维管理方格（见图 5-1）是山西社科院研究员晔枫 1998 年在《突破定势——三维管理方格》一书中提出的管理学思想。2007 年出版的《超越传统——管理科学的绿色化推进与拓展》进一步将这一理论系统化和体系化。所谓三维管理方格是指：根据二维方格中所存在的“外部性结构”缺失情况，在其原有“经济—社会”范畴目标基础上，增设与“外部性”关联的“生态结构维”，从而构成与“经济—社会—生态”三维复合目标系统管理相适应的管理方格。换言之，三维管理方格，它是突破并扬弃德克萨斯学派二维管理方格基础上，以增设“生态结构”为特征，借三维立体结构及方格中各种形式变量对“经济—社会—生态”复合目标三者之间的相互效应关系具有协同运作管理功能的方格理论。它是在确定的共时性指标赋值和“可持续高标准定位”（Sustainable Bchmarking）前提下，反映组织管理在经济、社会和生态三个方面各不相同的目标价值追求的管理系统。

以三维管理方格展开的三维目标协同管理，理论上，可以纠正二维管理因结构缺失所导致的“外部不经济”情况，纠正管理理论上出现的外部性结构缺失的理论短板。其积极意义在于：可同可持续发展过程中三维目标协同管理的整体要求相适应，可有效处理三维目标之间的动态平衡关系。显然，这种结构上的根本改变，旨在从学理上纠正“经济人假设前提”和“经济—社会人假设”的管理学存在的理论问题，使管理学积极顺应可持续发展时代的现实要求。

在三维管理方格理论中，包含“同步管理行为”和“偏执管理行为”两种不同的管理现象。所谓同步管理行为是指在三维管理方格理论中，各维指标赋值和“可持续高标准定位”均以均衡变量关系出现，并反映组织对目标价值追求的均衡关系的管理行为。这种行为，根据组织管理协同运作的优、劣或居中程度及性质，又可分为：全劣同步管理 1.1.1、全居中同步管理 5.5.5 和全优同步管理

9.9.9，以及位于1.1.1至9.9.9型之间的所有其他均衡和同步效应的目标管理。现主要就1.1.1、5.5.5和9.9.9型变量的三维目标管理进行分析和释义。[①]

（一）三维目标全劣同步管理行为1.1.1

当组织管理在经济、社会和生态三个方面均处于最低效率状态时，在三维管理方格中可用1.1.1型目标管理方式来表征。需要指出，评判标准均依据一定共时态的确定的指标赋值和"可持续高标准定位"来进行。而指标体系和"可持续高标准定位"又处在一定可变状态。这说明，1.1.1型目标管理的评判依据也是处在变动过程之中的。因此，只有依据确定的指标体系和"可持续高标准定位"作参照，才能确定三维目标管理的优劣性质。换言之，只有确定的"所指"，才能有确定的"能指"（索绪尔用语）。[②]

在德克萨斯学派管理方格中，全劣管理是用1.1定向来表示的，其具体含义和所指是指对生产和人，亦即对经济目标和社会目标均不关心。就像布莱克和穆顿所说的："真正的目标必须关系到生产或人的问题。1.1定向的管理人员由于对两者都不感兴趣，因而与组织有关的目标对他是无缘的。"[③]显然，1.1定向是二维管理方格中无绩效的标志。而在三维管理方格中，就不只指的是经济目标和社会目标管理的低绩效状况，它还涉及"外部性问题"的"外部不经济"方面。换言之，也就是外部生态效益的低绩效。因此，三维管理方格中的1.1.1目标管理，是指在经济、社会和生态整体上低绩效的一种标志。[④]

（二）三维目标全居中同步管理行为5.5.5

当组织三维目标管理在经济、社会和生态三个方面均处于一定共时态指标赋值和"可持续高标准定位"的9.9.9型及1.1.1型二者之间的中间状态时，在三维管理方格理论中，即可用5.5.5型对之进行评判或表征。如果说，在二维管理方格理论中，5.5型定向的目标管理像布莱克和穆顿所说的那样是指"'中间道路'的理论或'为融洽相处而前进'的假设"，那么，在三维管理方格理论中，5.5.5

---

① 晔枫等. 超越传统——管理科学的绿色化推进与拓展. 北京：中国环境科学出版社，2007. 105.

② 晔枫等. 超越传统——管理科学的绿色化推进与拓展. 北京：中国环境科学出版社，2007. 106.

③〔美〕R. R. 布莱克，J. S. 穆顿. 新管理方格. 北京：中国社会科学出版社，1986. 78.

④ 晔枫等. 超越传统——管理科学的绿色化推进与拓展. 北京：中国环境科学出版社，2007. 106.

型三维目标管理的方式，则指组织在经济、社会和生态方面全部处于居中状态。而这种居中状态确定的“所指”，也只有在特定共时态 9.9.9 型最佳形式变量的“可持续高标准定位”和指标赋值，以及与之相关联的最低绩效状况确定后方可判定。①

（三）三维目标全优同步管理行为 9.9.9

当组织三维目标管理在经济、社会和生态三个方面的“可持续高标准定位”和指标赋值处于特定共时态最优状态时，它在三维管理方格理论中就是全优目标管理 9.9.9 型。即如得克萨斯学派二维管理方格中的 9.9 型管理“是表示对生产和人的关心全在一个高水平上”②那样，三维管理方格的 9.9.9 型也反映组织对经济、社会和生态三维目标方面协同运作与管理的全优状态。换言之，也就是组织在特定共时态上对经济效益、社会效益和生态效益三维目标的全佳追求。必须指出，这种评价，始终都与确定的“可持续高标准定位”发生联系，而 9.9.9 型形式变量也正与这种确定的共时性“可持续高标准定位”相等价。三维管理方格最优形式变量 9.9.9 型，对目标管理的判定是一种在时间过程中的动态赋值，它所追求的是三维目标管理的动态平衡与和谐，抑或“动态的必要张力”。③

二、三维目标管理的偏执行为

在三维管理方格理论中，所谓偏执管理行为是指组织目标管理以非均衡变量呈现的一种管理行为。如前所述，它反映的是组织在一定共时态上确定的指标赋值及“可持续高标准定位”前提下，对经济、社会和生态三维复合目标管理的一种失衡现象，也反映组织在目标价值追求上的某些片面性质。这些偏激的价值取向有多种不同表现，即它们或者是表现为偏执“经济人”的方面，或者是表现为偏执“社会人”方面，或者是表现为偏执“生态人”的方面等。三维目标管理的偏执行为有以下一些主要现象：

---

① 晔枫等. 超越传统——管理科学的绿色化推进与拓展. 北京：中国环境科学出版社. 2007.107.

②〔美〕R. R. 布莱克，J. S. 穆顿：新管理方格. 北京：中国社会科学出版社，1986. 17.

③ 晔枫等. 超越传统——管理科学的绿色化推进与拓展. 北京：中国环境科学出版社，2007. 107~108.

（一）单维偏执管理行为

单维偏执管理行为是指在三维管理方格理论中，在确定的共时性指标赋值及“可持续高标准定位”前提下，其三维目标管理，无论经济、社会还是生态三个向量中的哪一方面，若其中一维单独呈现为强势管理或曰强态（即“9 型管理”），而其他两维均为弱化状态（即“1 型管理”），则为单维偏执管理行为。单维偏执管理行为在逻辑外延上，主要包含三维管理方格中 9.1.1 定向（注重组织经济效益而忽略其他方面动态平衡关系的“经济人”行为定向）；1.9.1 定向（注重社会效益而忽略其他方面动态平衡关系的“社会人”行为定向）；1.1.9 定向（强调生态效益而忽略其他方面动态平衡关系的“偏激的生态人”行为定向）等方面。①

从伦理范式方面讲，显然，9.1.1 型三维目标管理的伦理范式属于“经济人伦理”范畴。倘若属于这种管理，那么，它会常常导致社会和生态领域的目标管理失衡，亦即庇古福利经济学派所说“外部不经济”问题；若属于 1.9.1 型管理，其伦理范式则更侧重社会范畴，或曰“社会人伦理”范畴。这种伦理范式，它所强调的只是社会领域的目标管理内容，而弱化并忽略的则是经济领域和生态领域里的目标管理工作，因而，它属于“偏执社会型”三维目标协同管理行为；若是属于 1.1.9 型管理，其伦理范式就是偏执“生态人伦理”的一种范式，即本书第三章中所说的艾肯斯“四面体”中的“E”型（极端生态主义）目标管理。然而，它所忽略的则是经济和社会领域中的工作，这种情况，同样是一种三维目标管理上的失衡现象，也是一种偏激的伦理行为。按照可持续发展的“公平与和谐”原则来判断，即如 9.1.1 定向会导致“外部不经济”，是一种对自然生态系统和代际关系的不公平现象那样，1.1.9 型目标管理同样是一种不公平。所不同的是，它只不过指的是对代内关系不公平而已。②

（二）双维强态偏执管理行为

所谓双维强态偏执管理行为是指：在三维管理方格理论中，在确定的共时性指标赋值和“可持续高标准定位”前提下，其三维目标管理，无论在经济、社会还是生态三个向量的哪一方面，若其中两维呈现强势管理或曰强态（即“9 型管

① 晔枫等：超越传统——管理科学的绿色化推进与拓展. 北京：中国环境科学出版社，2007. 107~108.

② 晔枫等：超越传统——管理科学的绿色化推进与拓展. 北京：中国环境科学出版社，2007. 108−109.

理”），另外一维则处于弱化状态（即“1 型管理”），便被称为双维强态偏执管理行为。双维强态偏执管理行为，在逻辑外延上主要包括三维管理方格中 9.1.9 定向（注重经济效益和生态效益而忽略社会效益动态平衡关系的目标管理定向）；9.9.1 定向（强调经济效益和社会效益而忽略生态效益动态平衡关系的目标管理定向）；1.9.9 定向（强调社会效益和生态效益而忽略经济效益动态平衡关系的目标管理定向）等。①

与单维偏执目标管理所不同，双维偏执目标管理的共同特点都是侧重于伦理范式的二元现象，其目标管理的失衡现象通常只涉及一种因素。其中，9.9.1 定向所反映的是“经济—社会人”的伦理偏好，而将生态环境保护置之度外。如同 9.1.1 型目标管理将不可避免地会产生“外部不经济”那样，9.9.1 管理同样如此，只不过它所导致的“外部不经济”更侧重于影响自然生态系统。因此，9.9.1 管理所侧重反映的主要是自然生态系统目标管理的失衡情况；在二元偏好的伦理范式中，9.1.9 定向所反映的是另外一种伦理现象。这种现象表明，组织伦理偏好更侧重于经济因素和自然生态因素，它所忽略的则是对人和社会的关心，社会公平问题在这种组织目标管理中得不到应有的重视，其偏激的目标管理行为，凸显为对“经济人自身利益最大化”的热心，连同对生态环境保护的强调方面；而对于 1.9.9 定向的三维目标管理来说，其伦理上的二元偏好则表现在对社会公平及生态环境保护两个方面的重视，它所忽略的却是带有支撑性作用的经济发展。在此目标管理定向中，失衡的则是经济因素，因此，也就失去了支撑其他两个方面的条件和基础。②

（三）双维中态偏执管理

双维中态偏执管理行为是指在三维管理方格理论中，在确定的共时性指标赋值和“可持续高标准定位”前提下，其三维目标管理，无论经济、社会和生态三维向量的哪一方面，若其中两维呈现居中状态（即“5 型管理”），另外一维处于弱化状态（即“1 型管理”），则为双维中态偏执管理。

三维中态偏执管理，主要包括以下两个方面：即经济—社会双维中态目标偏执管理（5.5.1 型）和社会—生态双维中态目标偏执管理（1.5.5 型）。就经济—社

① 晔枫等. 超越传统——管理科学的绿色化推进与拓展. 北京：中国环境科学出版社，2007. 110~111.

② 晔枫等：超越传统——管理科学的绿色化推进与拓展. 北京：中国环境科学出版社，2007. 111.

会双维中态偏执管理 5.5.1 型而言，其中，经济—社会维如前述二维管理方格 5.5 型那样，奉行"'中间道路'理论或'为融洽相处而前进'的假设"，这是布莱克和穆顿为居中状态的目标管理所做的最贴切的评价。但是，在三维管理方格中，5.5.1 定向尽管有两维处于居中状态，其中另外一维，即生态维却是被弱化了的。因此，如果说经济—社会两维居中目标管理在得克萨斯学派管理方格中属于一种中态协同动态平衡管理运作的方式，那么，在三维管理方格理论中，二维管理方格中原有的中态同步管理却变成了一种偏执的目标管理行为。因为该三维结构中的自然生态维处于管理失衡的状态。这种目标管理方式是以"经济—社会两维居中"，而外部自然生态系统不经济为特征；就 1.5.5 型目标管理而言，却是另外一种现象，虽然它并没有完全导致"外部不经济"，但在三维管理方格的经济维结构中，它却处于完全被弱化了的状态，只是"社会—生态"两个方面居中，因此，属于 1.5.5 型定向的目标管理行为。这种行为，即如 5.5.1 型那样，同样是一种失衡的居中目标偏执管理，所不同的只是"内部不经济"而已。①

就总体特征来说，无论 5.5.1，还是 1.5.5，包括前述"同步管理行为"一节中所介绍的"5.5.5"定向的目标管理也是如此。它们所奉行的是一种折中的哲学和价值追求。只不过 5.5.1 和 1.5.5 均出现了结构性的失衡与偏差。布莱克和穆顿对居中管理所奉行的哲学原则曾有描述，他指出："在前进道路上那种总是与别人保持步调一致而决不跑到头里的方式是这种方法的特征。不超越别人所干的范围是衡量办事有度或切中的终极标准。"②布莱克和穆顿还指出："它不是去寻求对生产和人有利的最佳地点（这可能是太'理想'了），而是去寻找两者间可以妥协的地方。"③尽管布莱克和穆顿是对他们的二维管理方格中 5.5 型管理者奉行的哲学伦理学特征所做的评价，但即使在三维管理方格理论中，除了 5.5.1 和 1.5.5 两种方式的中态偏执目标管理特征外，其他方面也是相似的。④

---

① 晔枫等：超越传统——管理科学的绿色化推进与拓展. 北京：中国环境科学出版社，2007. 111.

②〔美〕R. R. 布莱克，J. S. 穆顿. 新管理方格. 北京：中国社会科学出版社，1986. 93.

③〔美〕R. R. 布莱克，J. S. 穆顿. 新管理方格. 北京：中国社会科学出版社，1986. 94.

④ 晔枫等. 超越传统——管理科学的绿色化推进与拓展. 北京：中国环境科学出版社，2007. 112.

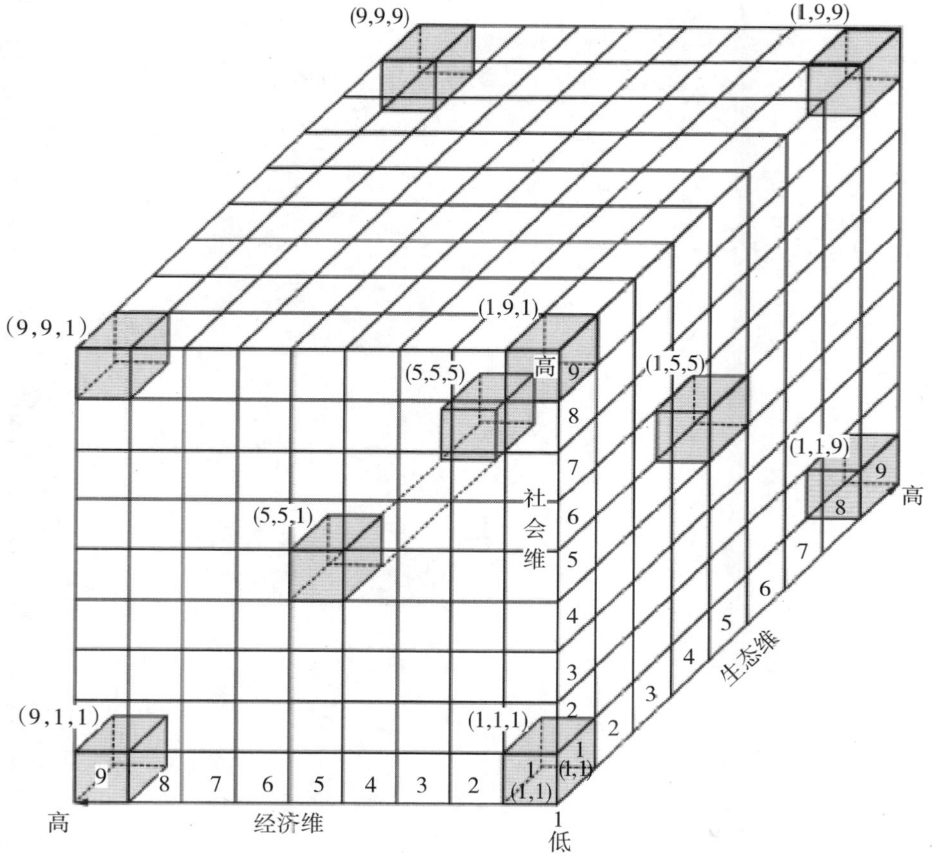

图 5–1　晔枫 三维管理方格[①]

以上是在批评西方大多管理学理论“外部性结构缺失”的理论短板基础上，与未来可持续发展管理直接相关的一些内容。未来管理学理论研究和探讨，既要批判性地分析西方管理学理论存在的问题，又要建构与可持续发展战略宏旨相符合的理论体系。只有这样，才能纠正西方大多管理学理论研究的片面性和结构性的理论失误，进而做出时代性的突破与跨越。

① 晔枫等. 超越传统——管理科学的绿色化推进与拓展. 北京：中国环境科学出版社，2007. 98.

参考文献

(1) 孙耀君. 管理思想发展史.太原:山西经济出版社,1999.

(2) 晔枫,王建设. 超越传统——管理科学的绿色化推进与拓展[M]. 北京:中国环境科学出版社,2007.

(3)〔法〕法约尔. 工业管理与一般管理. 北京:中国社会科学出版社,1998.

(4) 马克思恩格斯全集. 北京:人民出版社,1979.

(5) 马克斯·韦伯. 新教伦理与资本主义精神.北京:生活·读书·新知三联书店,1987.

(6)〔美〕丹尼尔·A. 雷恩. 管理思想的演变.北京:中国社会科学出版社,1997.

(7)〔美〕克劳德·小乔治. 管理思想史. 北京:商务印书馆,1985.

(8)〔美〕赫尔曼·E.戴利. 超越增长——可持续发展的经济学.上海:上海译文出版社,2001.

(9) 詹正茂. 译后记. 见:赫伯特·A.西蒙. 管理行为. 北京:机械工业出版社,2004.

(10)〔美〕弗里蒙特·E. 卡斯特等. 组织与管理——系统方法与权变方法,北京:中国社会科学出版社,1985.

(11)〔美〕E . 拉兹洛. 系统哲学讲演集. 北京:中国社会科学出版社,1991.

(12) 晔枫, 杨必仪. 对经济效率主义的剖析——从权变论管理学生态化跃升视域说起. 兰州商学院学报,2013(1).

(13) UNEP:全球环境展望 3 .北京:中国环境科学出版社,2002.

(14)〔美〕弗兰克·G.戈布尔. 第三思潮——马斯洛心理学.上海:上海译文出版社,2006.

(15) 孙耀君. 西方管理思想史. 太原:山西经济出版社,1987.

(16)〔美〕弗里蒙特·E.卡斯特等. 组织与管理——系统方法与权变方法. 北京:中国社会科学出版社,1985.

(17)〔日〕山本良一. 战略环境经营——生态设计范例 100. 北京:化学工业出版社,2003.

(18)〔德〕马克思恩格斯全集. 北京:人民出版社,1971.

(19)〔美〕E·拉兹洛. 系统哲学讲演集. 北京:中国社会科学出版社,1991.

(20)〔美〕赫尔曼·E.戴利等. 珍惜地球——经济学、生态学、伦理学. 北京:商务印书馆,2001.

(21)〔德〕贡德·弗兰克:白银资本——重视经济全球化中的东方,北京:中央编译出版社.2001 年版.

(22)〔瑞士〕苏伦·艾尔克曼. 工业生态学. 北京:经济日报出版社,1999.

(23)〔美〕奥尔多·利奥波德. 沙乡年鉴[M]. 长春:吉林人民出版社,1997.

(24)〔德〕赫尔曼·哈肯. 协同学——大自然构成的奥秘[M]. 上海:上海译文出版社,2001.

(25)晔枫. 当代工业管理的协同学本质及其特征[J]. 湖北经济学院学报,2007(4).

(26)〔美〕赖斯特·R.布朗. 生态经济学[M]. 北京:东方出版社,2002.

(27)张文昌,于维英编著. 西方管理思想发展史[M].济南:山东人民出版社,2007.

(28)郭成纲.《西方管理思想史》述评[J]. 人力资源管理,2011(1).

(29)论杜威在西方管理思想史上的地位和影响. 理论学刊,2009(9).

(30)殷正坤. 西方管理思想史讲义[M]. 华中科技大学哲学系,2002.

(31)张建. 企业文化与系统工程新论[M]. 企业管理出版社,2000.

(32)陈宇华. 体系新颖 资料丰富 见解独特——评介《西方管理思想史》[J]. 生产力研究,1987(3).

(33)张雷. 经济和传媒联姻:西方注意力经济学派及其理论贡献[J]. 当代传播,2008(1).

(34)刘灿,李萍,吴垠. 西方的马克思主义经济学研究新进展[J]. 河北经贸大学学报,2011(2).

(35)孙耀君. 西方管理思想与学说的追踪——《西方经济管理名著提要》序[J]. 外国经济与管理,1990(3).

(36)王健. 多变的学派不变的论题[J].福建论坛(经济社会版).2001(5).

(37)强天雷,任保平. 当代西方经济学主要研究方法述评[J]. 经济评论,2001(3).

(38)杨建飞,谢良葵. 西方经济学中的数量学派与历史学派[J]. 新疆师范大学学报(哲学社会科学版),2004(1).

(39)李劲辰. 人性悖论:西方管理思想史演进的原点与动力——对西方管理

后 记

十多年前，山西省社会科学院研究员晔枫先生在一次系统科学的国际会议上充满批判精神的发言引起了我的注意，他提倡的绿色管理思想对在西方影响了上的二元管理理论的批判给了我极大的启示。由此我想到可以从批评史的角度思想史作一番考察和研究。以后，在和晔枫先生的交往和学术交流中，最蒙胧思路渐渐浮现出了较为清晰的轮廓，在晔枫先生的催促与鼓动下，我利用教学之余的时间开始了管理思想批评史的撰写工作。

回顾管理思想的发展历程，管理科学的每一发展都有值得总结和评价的方面。现代工业社会的形成为管理思想的系统化发展提供了实践基础。以经济人为中心和以社会人为中心的管理思想为社会经济的发展提供了活力，为现代经济社会的和谐结构提供了思路。但当我们从经济社会的现实中获得种种经济效益的时候，人类的生存环境却产生了前所未有的生态危机，人类以长远利益为代价使环境单纯满足了我们目前的需求，其结果竟是灾难性的，这令我们无限惊愕！基于这种觉醒，可持续发展成了人类社会不能不考虑的新的价值观，于是绿色化管理思想也就成了 21 世纪新的管理思维。从可持续发展的绿色视角去回顾以往的管理思想，给我们的启迪是丰富而又复杂的。本着这一思路，我们完成了这部《管理思想批评史》的研究和写作。诚然，我们知道，管理思想批评史的写作是具有开拓意义的工作，完成它并非易事，由于学识水平有限，现在得以付梓的这部书稿也仅仅是一种尝试。我们仅希望这一研究能为后来的方家学者在研究管理科学史方面多提供一个参考视角，并期盼在不久的将来会有学者奉献出研究更为全面和深入的同类著述，而我们的工作能尽一点抛砖引玉的作用，笔者也就心满意足了。

山西经济出版社对本书的出版给予了大力支持，提供了极大的帮助，出版社赵建廷先生和李慧平女士一直关心本书的写作，并对书稿提出了许多宝贵的修改意见。晔枫先生从对写作提纲的审定，到书稿最后的修润定稿，更是付出了艰辛的劳动，倾注了满腔的热忱和心血，他对学术工作的执著与热爱深深地感动着笔者，令我感慨万千。重庆城市管理学院裴淑娥教授和他的先生不惧暑热，不辞劳累地为本书搜集整理了大量的资料，为写作奠定了研究基础。正是他们的关心、支持和帮助，书稿才能顺利完成，值此特向他们躬身致谢！同时向所有关心和帮助过本书出版的同仁朋友致以深深的谢忱！

作者

2014 年 4 月 18 日于重庆枫丹宛